高质量发展的中国经济

百名学者前瞻中国经济2019

主　　编 / 王忠宏
执行主编 / 李慧莲

中国发展出版社
CHINA DEVELOPMENT PRESS

图书在版编目（CIP）数据

高质量发展的中国经济.2019/王忠宏主编.—北京：中国发展出版社，2019.6

ISBN 978-7-5177-1011-0

Ⅰ.①高… Ⅱ.①王… Ⅲ.①中国经济—经济发展—研究 Ⅳ.①F124

中国版本图书馆CIP数据核字（2019）第094369号

书　　名：高质量发展的中国经济.2019
主　　编：王忠宏
出版发行：中国发展出版社
（北京市西城区百万庄大街16号8层　100037）
标准书号：ISBN 978-7-5177-1011-0
经 销 者：各地新华书店
印 刷 者：河北鑫兆源印刷有限公司
开　　本：720mm×960mm　1/16
印　　张：21.25
字　　数：290千字
版　　次：2019年7月第1版
印　　次：2019年7月第1次印刷
定　　价：68.00元

联系电话：（010）68990642　68990692
购书热线：（010）68990682　68990686
网络订购：http：//zgfzcbs.tmall.com//
网购电话：（010）68990639　88333349
本社网址：http：//www.develpress.com.cn
电子邮件：fazhanreader@163.com

本书编委会

顾　　问： 余　斌

主　　编： 王忠宏

执行主编： 李慧莲

编 委 会： 王忠宏　王　辉　高　峰

李慧莲　姚永福　王　彧

课题组成员：（按姓氏拼音排序）

陈　婧　陈姝含　段树军　范　媛　胡　畔　李海楠

李晓红　刘　慧　吕红星　毛晶慧　潘英丽　石　岩

孙　兆　唐福勇　童　彤　王　南　王彩娜　王晶晶

王静宇　王丽娟　徐蔚冰　张丽敏　张　娜　张　炜

张一鸣　赵海娟　赵　姗　周雪松　周子勋

序 言

2019：变中求进

李伟

今年是中华人民共和国成立70周年。70年，中国迈向社会主义现代化国家之路披荆斩棘，成就斐然。今天的中国，数亿人口摆脱了贫困，绝对贫困现象也将很快消除；政府致力于满足人民对美好生活的期盼，人民群众在共享改革开放成果中不断增强幸福感、获得感；国家政策决策更加科学、民主、规范，公共部门加强履职和问责，国家治理体系和治理能力的现代化取得了长足的进步。特别是40年改革开放，极大改变了中国的面貌。在人类历史上，还没有一个时期如这40年，在如此短的时间内使如此众多的人口享受到现代文明的成果，这是属于全人类的伟大成就，堪称人类发展史上的奇迹。

中国发展持续保持生机活力的关键因素有两条。一是坚持深化改革。深化改革是坚持和发展中国特色社会主义的必由之路，是决定当代中国命运的关键一招，也是决定实现“两个一百年”奋斗目标、实现中华民族伟大复兴的关键一招。二是坚持扩大开放。扩大开放就是要开新渠、引活水，就是要通过实行更加积极主动的开放政策，形成全方位、多层次、宽领域的对外开放格局。但是，中国与世界的开放发展并不总是一帆风顺。当前，世界正处于百年未有之大变局。2019 年，世界经济格局、全球经贸环境、产业转移、风险特征等都在发生深刻变化。贸易保护主义、民粹主义在抬头，既有的全球经济治理体系正面临严峻的挑战，全球经济发展充满不确定性。

2018 年的中央经济工作会议对 2019 年中国宏观经济运行态势作出了“稳中有变、变中有忧”的判断，关键是要把握“稳”“变”“忧”。

“稳”，是中国经济运行的总体态势。2018 年，我国经济运行保持总体平稳，经济结构继续改善，新旧动能持续转换，经济高质量发展开局良好，对世界经济增长的贡献突出。从转型进程看，我国经济由高速增长阶段向高质量发展阶段稳步迈进，经济发展质量持续改善。从就业、物价等一些经济指标的关系看，我国经济实际增长与潜在增速基本一致，核心经济指标之间也比较匹配。从结构调整看，近几年，针对我国经济发展中的结构性矛盾，中央坚定不移地推进供给侧结构性改革和三大攻坚战，在去产能、去杠杆、控债务、控地产、强环保等方面取得了显著成效。

“变”，是世界经济格局之变，体现在全球经济力量对比发生着根本性变化，全球经济治理体系正处于重构关键期；是全球经贸环境之变，体现在全球经济和贸易扩张步伐放缓，主要经济体之间经贸摩擦加剧；是产业转移之变，体现在科技创新和产业变革进入密集活跃期，产业链调整和产业转移出现新特点；是风险特征之变，体现在新旧风险共存叠加，风险应对的难度和复杂度有所加大。我国仍处于经济发展阶段转换期，经济结构调整仍在持续，新旧动能转换仍在进行，旧的风险仍未排除，新的风险特别是跨市场、跨部门、跨地域风险逐步凸显，在总需求趋弱的情况下，协调稳增长、调结构、防风险的关系难度加大。这些重要变化具有长期性、联动性、累积性特点，如果应对不当，可能影响经济运行全局，拖累高质量发展步伐。

“忧”，主要是国际规则调整中被边缘化之忧、资金传导机制不畅之忧、经济下行引发失业之忧、政策协调不当之忧。当前，国际国内环境发生深刻变化，产生了新问题新挑战，增量问题与存量问题并存，长期问题与短期问题交织，特别是在我国推进高质量发展和应对世界经济治理体系变化的过程中，有的问题和困难我们遇到过，积累了一些解决问题的经验；有的问题前所未见，加大了解决问题的难度，更加重了市场和公众对我国经济社会发展的“担忧”。具体而言，如担心中美经贸摩擦改变我国发展进程，在国际经贸规则重构中我国被边缘化；担心实体经济困难，企业效益下降，就业压力加大，国内需求不足；担心国家政策的协调配合和落实效果难到位，市场微观主体活力难以释放；担心关乎国家经济命脉的关键技术受制于人，产业升级步伐受阻等。

中国经济时报 3 月份发布的“百名学者前瞻 2019 年中国经济形势”问卷调查结果，与上述判断基本一致。对 2019 年经济形势的总体判断，受访学者们“乐观”和“悲观”分化明显，说明学者们的共识度在降低，从一个侧面说明 2019 年经济形势比较复杂的现状。如何尽快达成中美贸易谈判协议，控制摩擦的范围和强度？如何发挥民营企业的作用，减少市场准入限制和各种隐性障碍，强化竞争政策的基础性地位，营造公平竞争的制度环境和法制化的营商环境，平等保护非公经济产权、民营企业家的财产及人身安全？如何稳定社会预期，提振信心？等等，成为受访学者们普遍关心的问题，而这些也正是当前最需要消除的不确定性。

消除不确定性，让一个个不确定的因素变得确定，以便更好地应对“变”与“忧”，需要按照中央经济工作会议提出的“八字方针”，坚持稳中求进工作总基调，继续深化供给侧结构性改革的同时兼顾需求管理；宏观政策强化逆周期调节，努力创造良好宏观环境；结构性政策重点在于增强微观活力，提升经济运行效率；社会政策强化“兜底”保障功能，保障社会大局稳定；统筹推进稳增长、促改革、调结构、惠民生、防风险工作，进一步稳就业、稳金融、稳外贸、稳外资、稳投资、稳预期，提振市场信心，保持经济运行在合理区间。

准确研判经济形势，需要汇集百家智慧。从 2013 年开始，中国经济时报每年都在全国“两会”之前开展“百名学者前瞻中国经济形势”的问卷调查，该项目在国务院发展研究中心的支持下，已经持续开展 7 年，获得了致力于经济决策研究的学者们的热情关注和积极参与，国务院主要领导每年都对调研报告作出重要批示，标志着这项调查活动的决策参考价值和社会影响力正在不断增强。希望中国经济时报再接再厉，把这个调查项目做精做好，做出品牌，充分汲取活跃在一线、有影响力的经济学者们的智慧力量，为国家宏观经济决策提供高质量的咨询建议。

是为序。

2019 年 4 月 29 日

（李伟是国务院发展研究中心原主任、第十三届全国政协常委、第十三届全国政协人口资源环境委员会主任）

目 录

前　言

在大变局中寻找稳定的力量

2019年有点不寻常。我国经济面临的内外部环境的错综复杂程度超过以往，下行压力加大，不确定、不稳定、不可控的消极因素增多，身处“前所未有之大变局”。中央经济工作会议在分析总结当前经济形势时强调了我国发展仍处于并将长期处于重要战略机遇期，同时也使用了“稳中有变、变中有忧”的措辞，并再次提出要用“六稳”即稳就业、稳金融、稳外贸、稳外资、稳投资、稳预期来应对变局之忧。在这样的大背景下，2019年的百名学者前瞻中国经济形势问卷调查我们设计了两个主题词：一是形势判断，二是“六稳”之策。研读学者们的千字文和120多份问卷分析报告后，有关2019年经济形势的判断和几个几乎在所有问题中或隐或现的关键词给我留下深刻印象，值得一提。

学者们对于2019年经济形势的总体预判为谨慎乐观。持谨慎乐观以上判断的学者比重（80.5%）为2013年开展这项调查活动7年来的第二低，略高于2016年的79%，比2018年的95.8%下滑15.3个百分点。对经济增长区间的预测，学者选择最集中的区间从2018年的6.5%~7.0%，回落到2019年的6.0%~6.5%，并列为7年来的最低值。需要指出的是，2019年持“乐观”（13.8%）和“悲观”（18.7%）判断的学者比2018年明显增加，都是7年来的第二高。对形势判断的这种分化说明学者们的共识度在降低，这从一个侧面也说明2019

年经济形势比较复杂。

值得一提的关键词有三个，第一个是中美贸易摩擦。这是 2019 年中国经济面临的所有不确定性因素中毫无争议的最大变量，也是对“六稳”都会产生影响的一个因素。在我们的这次调查中，有 50% 的学者把中美贸易摩擦列为 2019 年我国经济发展面临的最大风险或挑战，位列所有风险选项第一。虽然刚刚在华盛顿结束的谈判取得实质性进展，让人们看到它由变量向定量转变的一丝曙光，但还远未到最终落幕时。我特别留意到这次问卷调查的一个结果，在中美贸易摩擦对我国经济产生的多方面影响中，“情绪面影响较大，经济信心下滑”的选择率高达 63.7%，位列第一；其次才是“对 GDP 增速产生负面冲击”，选择率为 40.3%。这说明，在学者们看来，这场有史以来最大的贸易摩擦，将给中美双方、给世界留下深刻、广泛的影响，而无形的、心理上的影响大于有形的、物质上的影响。

第二个关键词是民营企业（绝大多数是中小企业）。在几乎所有问题中都能看到它和它的影子，或者跟它相关。在“今年最期待的改革”问题中，42.7% 的学者选择“支持民企和小微企业发展”，位列所有选项第二位。排第一位的是“大规模减税降费”，也跟民企密切相关。在“六稳”对策中，更是策策离不开它，在多个对策选项中更是被学者们列为首选项。比如，八成多受访学者认为，“为企业减负，稳定企业发展”和“大力扶持中小微企业”是“稳就业”的关键；69.4% 的学者认为“优化营商环境，进一步调动民间投资积极性”是“稳投资”的主要着力点；在“稳预期”的对策选项中，有 51.6% 的学者认为需要“做好对民营经济的政策、资源支持”，排在各选项的第三位。民营企业作为市场微观主体，对中国经济的重要性日益被人们所熟知，学者们的这种建议，可以理解为对民营企业寄予厚望，也可以理解为让市场力量在经济发展中发挥决定性作用的一种期待、一种呼唤。

第三个关键词是预期。在不少受访学者们眼中，稳预期是稳增长的重要前提，它的重要性为“六稳”之首。只有预期稳，其他“五稳”才能稳。只要预期稳，其他“五稳”即便暂时稳不住也不要紧，迟早会稳下来。特朗普挑起中美贸易摩擦是想借改变世界对中国的发展预期来阻止中国对美国这个“老大”的追赶步伐，这种观点已是屡见不鲜。

这些发现是我个人认为最值得分享给大家的内容。因为我们做这次调查的初衷是：在大变局中寻找稳定的力量，为中国经济从高速增长转向高质量发展提供决策参考。所谓寻找稳定的力量，就是通过消除不稳定性，让一个个不确定的因素变得确定。从这个角度看，中美贸易摩擦、民营企业、预期是我们当前最需要消除不确性的三个因素。

如何尽快达成中美贸易谈判协议，控制摩擦的范围和强度，消除这个中国经济发展最大的不确定性是当务之急。与此同时，一定要看到守成大国与新兴大国之间大国博弈的长期性、复杂性，还要看到贸易摩擦向其他领域蔓延的可能性。

如何发挥民营企业的作用，减少市场准入限制和各种隐性障碍，强化竞争政策的基础性地位，营造公平竞争的制度环境和法制化的营商环境，平等保护非公经济产权、民营企业家的财产及人身安全，是另一个当务之急。

如何稳定社会预期，提振信心，是再一个当务之急。稳预期的办法有很多，及时回应关切、消除杂音噪音是要做的，准确把握宏观调控的度也是要做的，最重要的，是像79%的受访学者坚持的那样：“继续深化改革、扩大开放。”只有坚定不移地深化改革、扩大开放，才能提振市场主体信心。因此，加快对“稳预期”有重要影响的重点领域和关键环节改革，并让改革举措真正落地，应是所有当务之急的急中之急。

总之，2019 年我们面临的风险和挑战不少，同时也面临难得的机遇，像新一轮技术进步带来的产业变革、世界经济格局面临深刻调整、“一带一路”建设进入机制化完善阶段等。同时，我国经济具有基本面好、韧性强、回旋余地大等特征，以自贸试验区和自由贸易港为代表的新一轮开放，正在为我国经济持续注入新动能。如果我们能够紧扣重要战略机遇期的新内涵，善于消除各种不确定性因素，培育稳定的力量，化“危”为“机”，促“变”为“稳”，实现经济稳定增长仍有很大可能。还是那句老话，只要把自己的事情做好，就不怕国际环境风云变幻甚至是乌云密布。

（本文为中国经济时报于 2019 年 3 月 5 日出版的“百名学者前瞻 2019 年中国经济”16 个版大型专题特刊的主题评论，作者为中国经济时报副总编辑、国研经济研究院副院长李慧莲）

经济形势谨慎乐观　减税降费最受期待

2019 年是新中国成立 70 周年，是全面建成小康社会关键之年。国内外经济形势复杂、严峻。为了准确研判和把握 2019 年中国经济形势，中国经济时报 30 多位记者围绕 2019 年中国宏观经济发展趋势、面临的风险与挑战以及对于“稳就业、稳金融、稳外贸、稳外资、稳投资、稳预期”的建议等问题，采访了目前活跃在一线、有影响力的百余名经济学者。共回收有效问卷 124 份。

对于 2019 年我国宏观经济发展趋势的判断，调查结果显示，2019 年学者对我国经济增速预判最集中的区间是 6.0% ~6.5%。近七成受访者对我国经济形势持谨慎乐观态度。对于 2019 年我国经济发展面临的风险或挑战，受访者最为担忧“中美贸易摩擦加剧”和“实体经济下滑”。受访者普遍认为，当前中美贸易摩擦对我国经济造成的直接影响有限可控，但对情绪的负面影响较大。“大规模减税降费”成绝大多数受访者 2019 年最期待的改革。

一、近七成受访者对我国经济形势持谨慎乐观态度

对于 2019 年经济形势的判断，有 66.7% 的学者选择“谨慎乐观”，13.8% 的学者选择“乐观”，18.7% 的学者表示“悲观”，没有学者选择“非常乐观”或“非常悲观”（见图 1）。

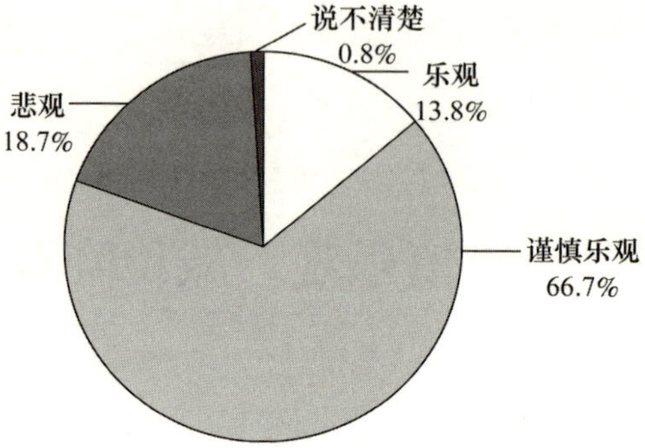

图 1　百名学者对我国 2019 年经济形势的基本判断

相比 2018 年的调查结果，2019 年持乐观态度的学者比例有所下降，“谨慎乐观”和“乐观”两项的选择率合计为 80.5%，而 2018 年这一数据高达 95.5%。同时，悲观者的比例在上升，由 2018 年的 4.2% 升到 2019 年的 18.7%。这表明，悲观情绪在增加，学者们对我国经济增长的信心有所减弱。

持乐观态度的学者们认为，我国仍然具有实现中高速增长的潜力，经济韧性强、回旋余地大的特征没有变。推动经济走稳的积极因素主要有：服务业稳定增长，继续发挥经济增长主引擎作用；居民消费持续升级，经济稳定器功能总体不减；价格水平温和可控，为经济平稳运行创造了有利环境；中高端制造业的全球竞争力稳步提升，新材料、新能源、生物医药等新兴产业和数字经济发展迅速，新动能的良好发展势头有望持续。

谨慎乐观或悲观者则担忧，2019 年我国将面临错综复杂的内外部环境，不确定、不稳定、不可控的消极因素增多。从国际看，全球经济增势减弱，美国经济增速有可能“见顶回调”，欧元区、日本经济增长势头放缓；发达经济体货币政策收紧，有可能引发金融市场震荡；国际经贸规则加快重构，贸易保护主义引发的全球供应链调整，以及部分地区地缘政治动荡，也增大了外部环境的不确定性。从国内看，居民消费稳中趋缓，投资增长动力不足，出口增速受到全球经济放缓、贸易摩擦和2018年高基数的影响有可能回调，企业生产经营困难增多，避险情绪上升，地方政府债务风险和金融市场风险隐患尚存。

二、对2019年我国经济增长速度的预测集中在6.0%~6.5%的区间内

对于2019年我国经济的增长速度，79%的学者预测在6.0%~6.5%之间，共识度较高，而2018年这一区间仅有三成受访者选择。此外，有12.1%的受访者选择5.5%~6.0%区间；3.2%的受访者选择5.0%~5.5%区间。仅有5.6%的受访者选择6.5%~7.0%区间，而2018年这一区间的选择率高达64.2%。5.0%以下区间和7.0%以上区间均无人选择（见图2）。

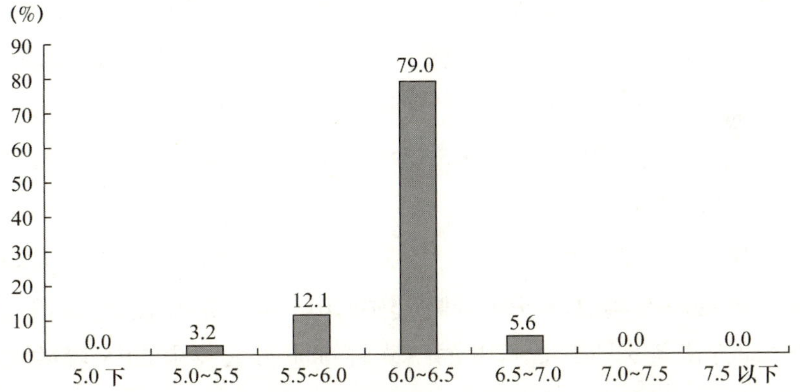

图2　百名学者对我国2019年经济增速区间的预测

2019年学者对经济增速区间的预测主要集中在6.0%~6.5%区间内，与2018年的调查结果（2018年主要集中在6.5%~7.0%区间）相比，下调了0.5个百分点。但值得注意的是，绝大多数受访者认为，经济增速的适度回落是客观规律，因为我国经济已经从高速增长阶段转向高质量发展阶段。同时，这也

是各项政策作用的结果，是符合预期的，比如为了推进高质量发展，国务院实施的去产能、去库存、去杠杆、控风险和治理环境污染等政策，都难免会在短期内导致生产的下降。此外，适当降低 2019 年的经济增长目标，既是“降压”，避免过度调控和资源浪费，也是为调结构、加快新旧动能转换适当“加压”。

三、对于 2019 年我国经济发展面临的风险或挑战，受访者最为担忧“中美贸易摩擦加剧”和“实体经济下滑”

调查结果显示，学者们对于“2019 年我国经济发展面临的最大风险或挑战”的看法相对集中，“中美贸易摩擦加剧”“实体经济下滑”和“民营经济萎缩”位列前三，选择率分别为 50.0%、47.6% 和 40.3%。紧随其后，选择率超过三成的选项有“就业压力增大”（34.7%）、“金融风险加大”（33.9%）。此外，还有受访者担忧“地方债务风险”（19.4%）、“房地产泡沫风险”（16.9%）、“外需乏力”（12.1%）、“国际局势动荡”（8.9%）、“逆全球化浪潮”（6.5%）、“贫富差距拉大”（6.5%）、“汇率波动风险”（3.2%）、“资本外流”（3.2%），等等（见图 3）。

相比 2018 年的调查结果，“金融风险加大”的选择率大幅下滑，从 2018 年的 67.8% 下降到 2019 年的 33.9%，排序也由 2018 年的榜首跌落到 2019 年的第五位。“地方债务风险”选择率的下降幅度也很大，从 2018 年的五成多（52.9%）下降到 2019 年的不足两成（19.4%），排序由 2018 年的第二位下滑到 2019 年的第六位。这表明，在大部分受访者看来，金融风险以及地方债务风险已有所降低。

值得注意的是，与 2018 年的调查结果相比，“实体经济下滑”的选择率大幅攀升，由 2018 年的不足三成（28.9%）上升到 2019 年的近五成（47.6%），

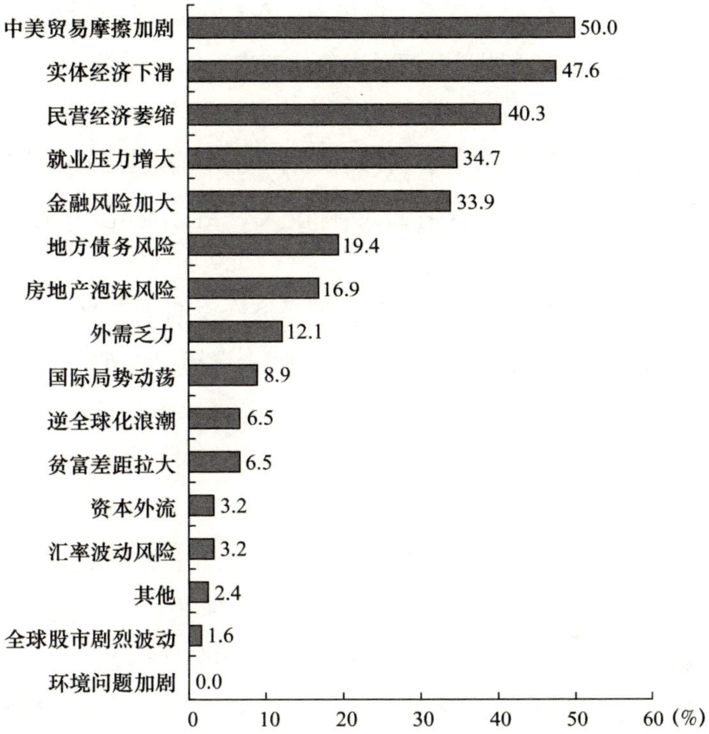

图 3　百名学者对我国经济发展的风险或挑战的看法

排序也由第五升到第二。这表明，受访者对“实体经济下滑”的担忧加剧。而“民营经济萎缩”在这两年的调查结果中都位列前三，可见受访者对民营经济发展的担忧延续。

“中美贸易摩擦加剧”以五成的选择率排在诸多风险或挑战的第一位。持此观点的学者认为，当前中美贸易摩擦有缓和的迹象，但不确定性犹存，对我国经济的挑战将是常态化的。虽然短期来看对我国宏观经济的不利影响有限可控，但不利影响可能会通过改变预期向多个领域扩散。

近五成受访者担忧“实体经济下滑”。持此观点的学者认为，当前困扰实体经济发展的难题仍存，比如融资难、融资贵，税费负担重，劳动力、土地、物流等成本攀升，再加上中美贸易摩擦对出口的冲击，实体经济下行压力加大。

四、六成多受访者认为，中美贸易摩擦对我国经济产生的影响主要在于“情绪面影响较大，经济信心下滑”

调查结果显示，在中美贸易摩擦对我国经济产生的多方面影响中，更多受访者倾向于“情绪面影响较大，经济信心下滑”，选择率为63.7%，位列第一；排在第二位的是“对GDP增速产生负面冲击”，选择率为40.3%；“倒逼我国经济全面深化改革和扩大开放”和“外贸出口增速下滑”以39.5%的选择率并列第三。

此外，还有部分受访者认为中美贸易摩擦将“加速在华外企向境外产业转移”（29.8%）、导致“对美出口订单大幅减少”（21.8%）、对就业造成一定冲击（16.1%）、“倒逼我国外向型企业转型升级”（16.1%）、“对就业造成一定冲击”（16.1%）、“人民币汇率带来贬值压力”（12.9%）以及“对美投资大幅下滑”（6.5%），等等（见图4）。

综合来看，受访者普遍认为，中美贸易摩擦会在一定程度上对我国的出口、GDP增速等方面造成负面冲击，但影响有限且可控。不过中美贸易摩擦对情绪面的负面影响较大，易导致市场预期改变，经济信心下滑，从而牵扯到更多领域。

值得注意的是，学者们认为，中美贸易摩擦对我国经济的影响也有积极的一面，特别是会倒逼我国经济全面深化改革和扩大开放以及加速产业转型升级步伐。中美贸易摩擦使我国仍处于价值链中低端和核心技术受制于人的问题进一步暴露，供应链、价值链、产业链安全受到威胁，迫切需要加快优化提升，

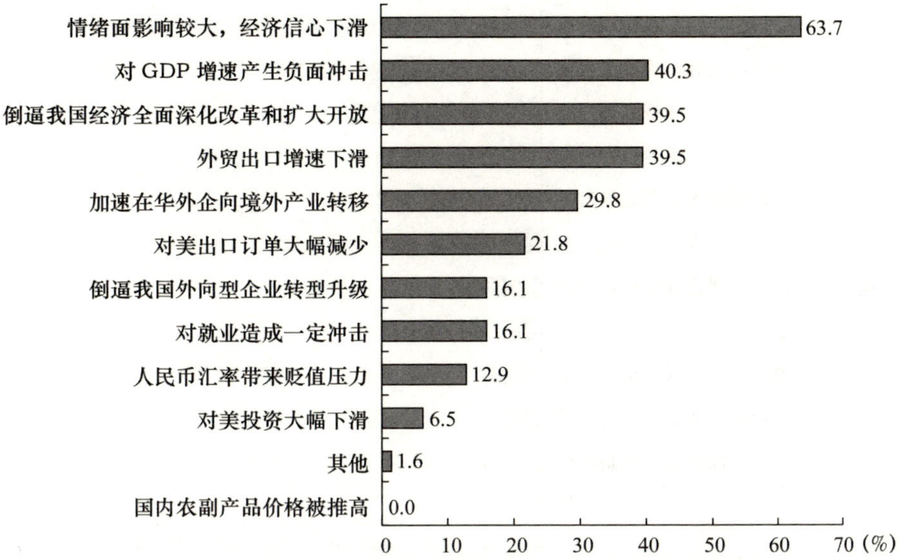

图 4　百名学者对“中美贸易摩擦对我国经济影响”的看法

培育和发展新的产业集群，不断推动产业升级，形成发展新动能。面对外部挑战增多，只要我们保持定力，进一步解放思想，实事求是，进一步优化改革推进的方式方法，切实加快推进重要领域和关键环节改革，就一定能在国际斗争中立于不败之地，从而把压力转化成动力，把坏事转变为好事。

五、“大规模减税降费”成绝大多数受访者 2019 年最期待的改革

调查结果显示，对于 2019 年我国最值得期待的改革举措，学者们具有较高共识度，“大规模减税降费”的选择率高达 76. 6%，位列榜首。呼声较高的还有“支持民企和小微企业发展”，选择率为 42. 7%，位列第二。“国资国企改革”以 37. 1% 的选择率排在第三位（见图 5）。

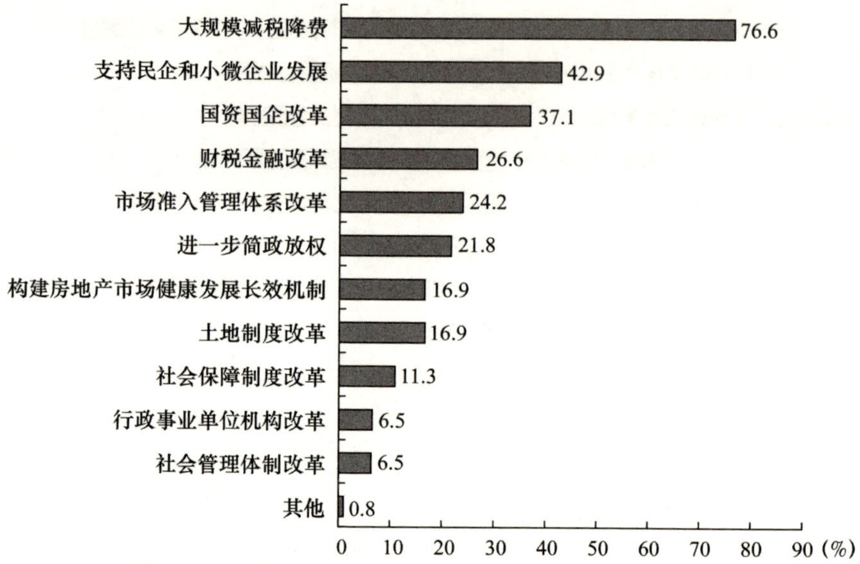

图 5　百名学者对“2019 年我国最值得期待的改革”的看法

“大规模减税降费”被寄予厚望。学者们认为，当前我国企业承担的综合税费负担偏高，推动更大规模的实质性减税降费，不仅可以带动实体企业收益率好转，引导资金流入实体经济，促进产业结构升级，而且还可以增加消费潜力，改善预期，提振市场信心，助推我国经济未来可持续增长。

对于减税，学者们建议，不仅要普遍性地减轻社会税负、降低微观主体成本，而且要注意引导预期，延缓政策效力衰减。可以考虑将更大规模减税纳入稳定经济的宏观调控政策中；减税要兼顾供给与需求两端；面向企业或个人的减税应有不同的侧重点；减税与税改并重，将更大规模的减税作为现代财政制度。对于降费，学者们认为，一方面要改革社会保障体系，确保企业社保缴费实际负担有实质性下降；另一方面要继续清理规范地方政府收费项目，加大对乱收费查处和整治力度。

对于“支持民企和小微企业发展”，学者们认为，企业特别是民营企业的高质量发展是我国经济长久稳定的基础，更是就业稳定的最大保障。要打破国有企业和民营经济间的政策壁垒；营造法治化的营商环境，以及稳定、协调和可预期的政策环境；完善多层次的资本市场，多渠道解决民营企业和中小微企业融资难、融资贵的问题；更大程度地减税降费，切实帮助民企和小微企业降成本、减负担。

此外，学者们认为，2019 年我国最值得期待的改革举措还有“财税金融改革”（26.6%）、“市场准入管理体系改革”（24.2%）、“进一步简政放权”（21.8%）、“构建房地产市场健康发展长效机制”（16.9%）、“土地制度改革”（16.9%）、“社会保障制度改革”（11.3%）、“行政事业单位机构改革”（6.5%）和“社会管理体制改革”（6.5%），等等。

变中求稳　提振信心

中央经济工作会议再次强调，2019 年要进一步稳就业、稳金融、稳外贸、稳外资、稳投资、稳预期。如何看待“六稳”？对于 2019 年有效推进“六稳”有哪些建议？中国经济时报完成的“百名学者前瞻 2019 年中国经济形势”专题调查结果显示，八成多受访者认为，“为企业减负，稳定企业发展”和“大力扶持中小微企业”是 2019 年“稳就业”的关键；对于 2019 年“稳金融”的重点，受访者建议“加强监管，防范化解金融风险”，并且“让金融更好地服务实体经济”；超七成受访者认为，“推进中美经贸磋商取得积极进展”是 2019 年我国“稳外贸”的关键；对于 2019 年我国“稳外资”的着力点，更多受访者青睐于“持续优化投资环境”；受访者普遍认为，促进民间投资和基建投资是 2019 年我国“稳投资”的主要着力点；近八成受访者认为，“继续深化改革、扩大开放”是“稳预期”取得成效的关键。

一、八成多受访者认为，“为企业减负，稳定企业发展”和“大力扶持中小微企业”是 2019 年我国“稳就业”的关键

调查结果显示，学者们对 2019 年“稳就业”的关键举措具有较高共识度，“为企业减负，稳定企业发展”和“大力扶持中小微企业”以 82.3% 的高选择

率并列第一，远高于位列第二的选项“鼓励创业，以创业带动就业”（40.3%）（见图1）。

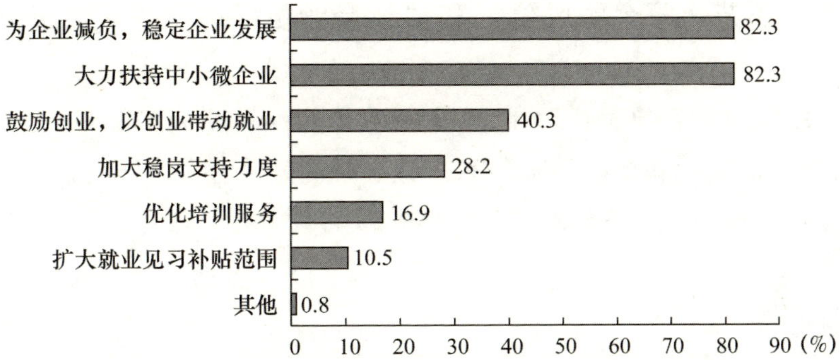

图1　百名学者对2019年我国“稳就业”关键举措的看法

调查结果表明，学者们更倾向于“稳就业”首先要稳企业，特别是吸纳就业人数最多的中小微企业。持此观点的学者们认为，稳就业与稳增长密不可分，只有企业稳定发展，就业的基础才能稳固。当前要进一步优化营商环境，切实减轻企业税费、融资等负担，促进企业进入良性发展轨道，从而创造更多就业机会，减少失业人数。其中，中小微企业是解决就业的最重要载体，要着重加大对中小微企业的扶持力度，形成政策支持中小微企业发展的长效机制，从而增强中小微企业对新增就业的吸纳能力。

此外，学者们认为，2019年我国“稳就业”的关键举措还有“加大稳岗支持力度”（28.2%）、“优化培训服务”（16.9%）和“扩大就业见习补贴范围”（10.5%），等等。

二、对于 2019 年“稳金融”的重点，受访者更倾向于“加强监管，防范化解金融风险”和“让金融更好地服务实体经济”

调查结果显示，学者们对于 2019 年“稳金融”重点的看法相对集中，“加强监管，防范化解金融风险”和“让金融更好地服务实体经济”的选择率最高，位列前二，选择率分别为 51.6% 和 49.2%。紧随其后，有三到四成的受访者选择“把好货币供给总闸门”（41.9%）、“打造一个规范、透明、开放、有韧性的资本市场”（33.1%）以及“重点深化金融体制改革”（31.5%）（见图 2）。

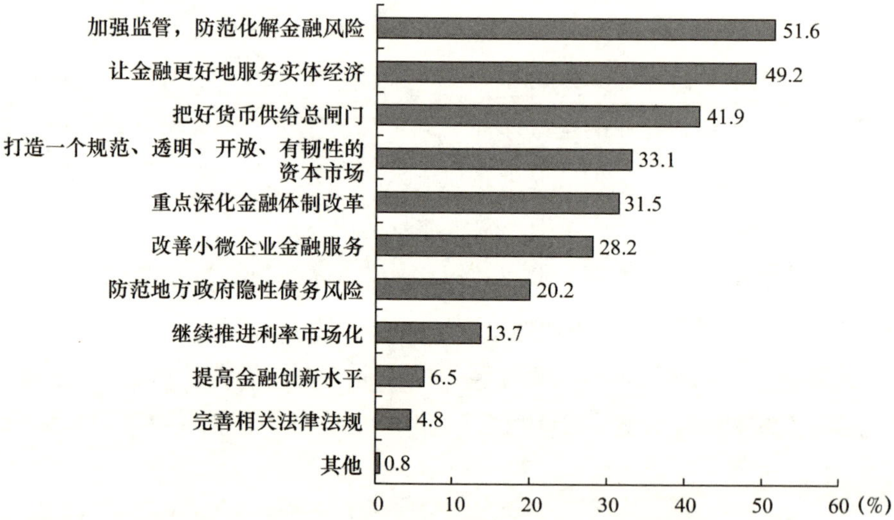

图 2　百名学者对 2019 年我国“稳金融”重点的看法

“加强监管，防范化解金融风险”以五成多的选择率位列 2019 年我国“稳金融”重点的榜首。持此观点的学者们认为，防范化解金融风险不仅是攻坚战也是持久战，重要风险领域要盯紧，比如房地产金融风险、地方政府隐性债务风险、中小银行保险机构的流动性风险、影子银行以及国际金融市场风险等。受访者建议，要尽快建立房地产、资本市场和金融体系的有效联动监管和预警体系；全面动态监测地方政府债务；加强中央与地方金融监管协作等。

学者们广泛呼吁"让金融更好地服务实体经济"，理由是金融的本质就是为实体经济服务，实体经济健康发展是防范化解风险的基础。对于增强金融服务实体经济的能力，受访者建议，完善货币政策传导机制，引导资金流入实体经济；优化金融资源配置，引领金融资源更多地流向实体经济发展的重点领域和薄弱环节，加大对实体经济结构调整和转型升级的支持力度；优化融资结构，加快构建多层次资本市场体系，提高直接融资比重，改善间接融资结构。

此外，学者们认为2019年"稳金融"还要做好以下工作："改善小微企业金融服务"（28.2%）、"防范地方政府隐性债务风险"（20.2%）、"继续推进利率市场化"（13.7%）、"提高金融创新水平"（6.5%）和"完善相关法律法规"（4.8%），等等。

三、超七成受访者认为，"推进中美经贸磋商取得积极进展"是2019年我国"稳外贸"的关键

调查结果显示，对于2019年我国"稳外贸"的关键点，学者们的共识度较高，"推进中美经贸磋商取得积极进展"这一项的选择率高达74.2%，位列榜首。另有51.6%的受访者选择"推动出口市场多元化"，超过三成受访者选择"加速培育外贸竞争新优势，加快转变外贸发展方式"（37.9%）和"推动制度型开放"（32.3%）（见图3）。

超七成受访者认为"推进中美经贸磋商取得积极进展"是2019年我国"稳

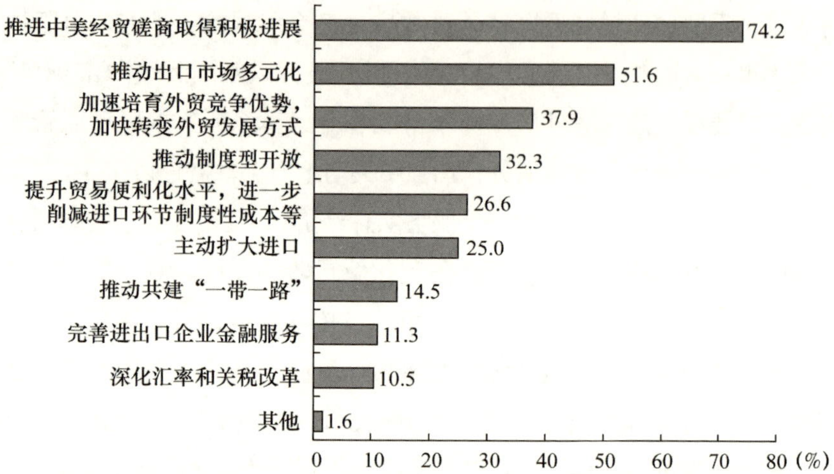

图 3　百名学者对 2019 年我国“稳外贸”关键点的看法

外贸”的关键。做此判断的理由是，中美贸易摩擦对我国部分外向型企业造成了不同程度的负面影响，对我国出口产生一定冲击，特别是对市场预期和经济信心的影响较大。如果 2019 年中美经贸磋商取得积极进展，将改变市场预期，提振信心，有利于我国外贸稳定发展。

“推动出口市场多元化”被五成多受访者看好。持此观点的学者们认为，市场多元化是我国优化出口结构的长远大计，也是短期“稳出口”的有效举措。新兴经济体经济增长速度快，对我国产品需求旺，出口潜力巨大。学者们建议，稳步推进“一带一路”建设，开拓沿线国家市场；加大政策性金融机构对出口的支持力度，扩大政策性金融服务的覆盖面，并降低服务成本；加大对中小出口企业拓展海外市场的支持力度，如支持中小企业到海外参展，发现新客户，开拓新市场。

“加速培育外贸竞争新优势，加快转变外贸发展方式”也获得了相当数量受访者的认可。受访者表示，要用创新增强出口竞争力。高度重视、充分发挥跨境电子商务对扩大出口的作用；支持出口企业加大技术创新，开发新产品，提高出口商品的附加价值，持之以恒实现出口结构的升级；支持工业机器人应用，提高制造业自动化、智能化水平，推动劳动密集型加工出口企业转型升级；继续支持外贸综合服务型企业、市场采购型出口等新模式、新业态的发展，鼓励出口商业模式的创新。

此外，学者们认为 2019 年“稳外贸”的关键点还有“提升贸易便利化水平，进一步削减进口环节制度性成本等”（26.6%）、“主动扩大进口”（25.0%）、“推动共建‘一带一路’”（14.5%）、“完善进出口企业金融服务”（11.3%）、深化汇率和关税改革（10.5%），等等。

四、对于 2019 年我国“稳外资”的着力点，更多受访者青睐于“持续优化投资环境”

调查结果显示，学者们对于 2019 年我国“稳外资”着力点的看法相对集中，选择率排在前三位的选项分别为“持续优化投资环境”（68.5%）、“放宽外资市场准入”（54.0%）和“全面实施准入前国民待遇加负面清单制度”（51.6%）（见图 4）。

综合调查结果来看，受访者认为，过去我国吸引外资的传统成本优势正在逐渐减弱，对外资的“超国民待遇”也不可持续，现在要更多依靠优化投资环境吸引外资，这是与国际经贸投资规则进行衔接的必然要求。打造一个更加符合国际规范、更稳定、更透明、可预期的外资投资环境，是当前我国“稳外资”的关键。建议推动《外商投资法》尽快出台；持续推进外资领域的“放管服”改革。

此外，学者们认为，“稳外资”的着力点还包括“保护外商在华合法权益特

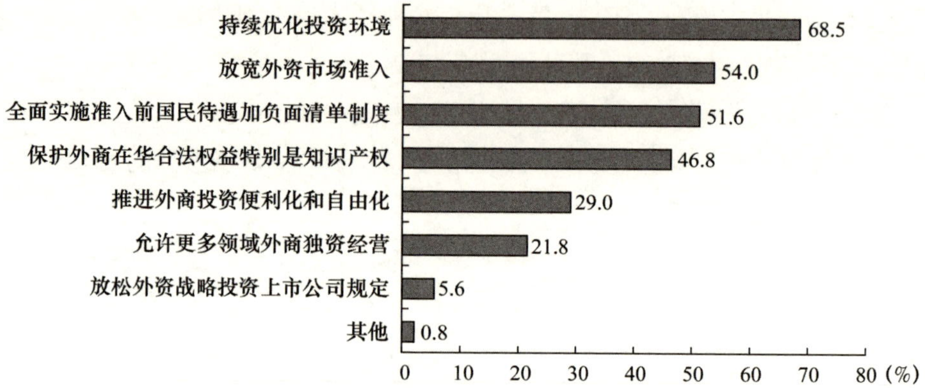

图 4　百名学者对 2019 年我国“稳外资”着力点的看法

别是知识产权”（46. 8%）、“推进外商投资便利化和自由化”（29. 0%）、“允许更多领域外商独资经营”（21. 8%）和“放松外资战略投资上市公司规定”（5. 6%），等等。

五、受访者普遍认为，促进民间投资和基建投资是 2019 年我国“稳投资”的主要着力点

对于 2019 年我国“稳投资”的着力点，学者们的共识度较高，就是要促进民间投资和基建投资。调查结果显示，选择“优化营商环境，进一步调动民间投资积极性”的受访者最多，占比达 69. 4%；紧随其后的两项则是“补齐基础设施和公共服务设施建设的短板”和“加强人工智能、工业互联网、物联网等新型基础设施建设”，选择率分别为 60. 5% 和 55. 6%。还有四成多受访者认为应该“加大制造业技术改造和设备更新”（42. 7%）（见图 5）。

近七成受访者认为，“优化营商环境，进一步调动民间投资积极性”是 2019 年我国“稳投资”的主要着力点。做此判断的依据是，民间投资的稳增长

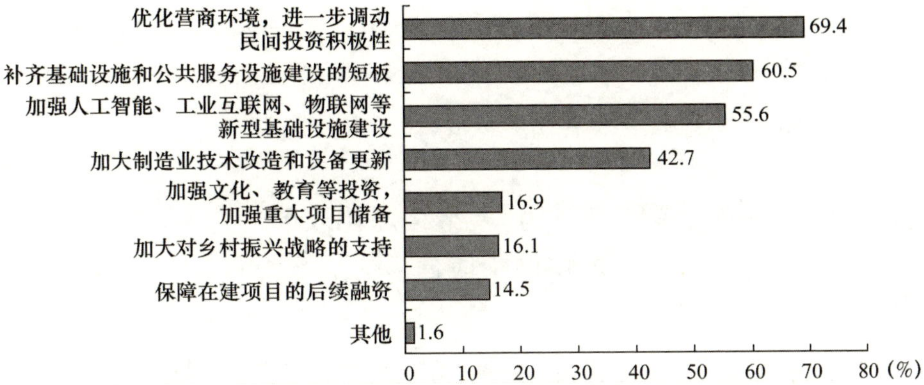

图 5　百名学者对 2019 年我国“稳投资”着力点的看法

效应更明显、投资效率更高，是我国“稳投资”的关键。但当前我国民间投资持续健康发展依然面临不少困难，比如部分领域对民间投资进入仍存在隐性门槛，融资难融资贵、成本高负担重等。学者们建议，通过进一步优化营商环境，破除民间资本进入重点领域的隐性障碍，加大对民间投资的融资支持等措施，激发民间投资活力。

受访者普遍对“基建投资”寄予厚望。其中，六成多受访者倾向于“补齐基础设施和公共服务设施建设的短板”，五成多受访者青睐于“加强人工智能、工业互联网、物联网等新型基础设施建设”。学者们认为，基建投资对经济和就业有明显的支撑作用，在当前经济下行压力加大的背景下，有必要加大基建投资的力度。但要注意基建投资不能过度偏倚“铁公基”，要注重经济投资效率和效益，可强化新型城镇化和乡村振兴中的基础设施和公共服务设施建设短板的投资，以及人工智能、工业互联网、物联网等新型基础设施建设的投资，真正推进经济高质量发展。同时要注意，在促进基建投资的同时，要积极稳妥处理地方政府债务风险，坚决堵住地方政府新增隐性债务的渠道，完善地方债的发行体制，促进地方政府债务融资结构的多元化、市场化、规范化。

此外，学者们认为，“稳投资”的着力点还有“加强文化、教育等投资，加强重大项目储备”（16.9%）、“加大对乡村振兴战略的支持”（16.1%）和“保障在建项目的后续融资”（14.5%），等等。

六、近八成受访者认为，“继续深化改革、扩大开放”是“稳预期”取得成效的关键

对于“稳预期”的有效措施，学者们的观点较为集中，“继续深化改革、扩大开放”以79.0%的选择率位居榜首；另有超过半数的受访者选择“妥善管控中美贸易摩擦，减少不确定性”（58.9%）和“做好对民营经济的政策、资源支持”（51.6%）（见图6）。

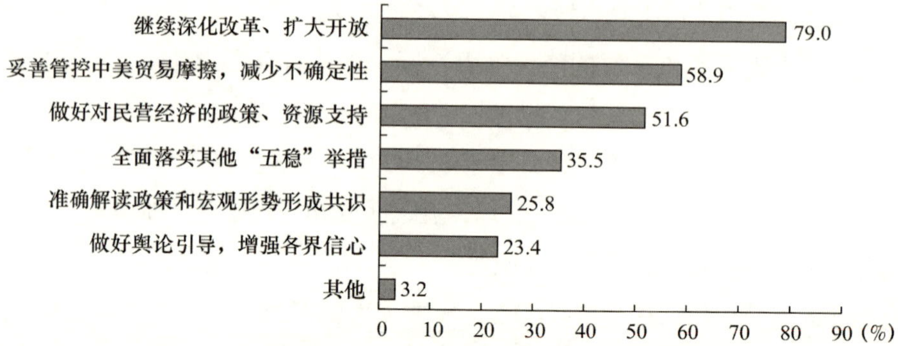

图6　百名学者对2019年我国“稳预期”有效措施的看法

近八成受访者对“继续深化改革、扩大开放”的“稳预期”效果寄予厚望。他们认为，只有坚定不移地深化改革、扩大开放，才能提振市场主体信心。要加快对“稳预期”有重要影响的重点领域和关键环节改革，并让改革举措真正落地。比如，减少市场准入限制和各种隐性障碍，平等保护非公经济产权，营造公平竞争的制度环境，调动全社会的积极性；进一步改进收入分配制度，

完善公共服务体系，提高居民的消费能力，做大国内市场；建立符合国际惯例的开放政策体系，实施国民待遇和负面清单管理，推进全方位对外开放；进一步改进和完善市场监管体系，建立各种风险的防范、预警和治理应对机制，保持社会的稳定性等。

此外，学者们认为，“稳预期”的有效措施还有“全面落实其他‘五稳’举措”（35.5%）、“准确解读政策和宏观形势形成共识”（25.8%），“做好舆论引导，增强各界信心”（23.4%），等等。

中国经济时报“百名学者前瞻2019年中国经济形势”课题组
顾　　问：余　斌
组　　长：王忠宏　王　辉
执行组长：李慧莲
副 组 长：王　彧
协 调 人：赵海娟
报告执笔：李慧莲　赵海娟

学者分析

外部压力或成为影响中国经济的常态

白　明　商务部研究院国际市场研究所副所长

白明，商务部研究院国际市场研究所副所长。先后从南京大学经济学系、韩国庆熙大学亚太国际大学院、中国人民大学经济学院获得经济学学士、硕士和博士学位，曾任中国驻孟加拉国大使馆经济商务参赞处二等秘书。

研究领域主要包括国际经济竞争优势、国际市场大宗商品行情研究及国内外市场环境研究等。主持或参加若干国家重大课题研究，在核心期刊上发表多篇论文，在商务部组织的学术评奖过程中多次获奖。

在刚刚过去的2018年，中国经济经历了严峻挑战。对于中国这个当今世界第二大经济体而言，尽管6.6%的经济增长速度来之不易，但确是近些年来的最低水平，经济增速下行压力清晰可见。在“三驾马车”中，投资拉动经济强度减弱，2018年全国固定资产投资（不含农户）63.56万亿元，比上年增长5.9%，增速比上年回落1.3个百分点。消费扩张节奏也进一步放慢，社会消费品零售总额380987亿元，比上年增长9.0%，为近年来最低水平。相比之下，外贸增长却对于中国经济起到关键的拉动作用。海关总署发布的数据显示，2018年中国外贸进出口总值为30.51万亿元，比2017年的历史高位多出2.7万亿元，同比增长 9.7%，规模再创历史新高。

客观上看，前些年的国际金融危机虽然给我们带来压力，但也令我们下大力气扩大内需。否则，我们今天应对国际市场“风吹草动”还真要“投鼠忌器”。供给侧结构性改革也有助于为现阶段中国出台各种稳增长措施预留出足够空间。不过，一些“顽疾”对中国经济依旧构成挑战，如经济发展方式粗放、各种要素成本上升、金融业发展对实体经济支撑作用不强、证券市场波动幅度过大、一些地方政府负债率居高不下等，现阶段这些内在挑战更多体现为程度上的差异，而来自外部的压力对于中国经济来说构成的冲击反倒更需要重视。针对当今中国经济面临的种种压力，2018 年 7 月底中央果断提出做好稳就业、稳金融、稳外贸、稳外资、稳投资、稳预期工作。原先认为，由于外部环境的不确定性，稳外贸在“六稳”中难度最大，但从实际上来看，稳外贸不仅有成效，而且也为投资和消费的健康发展起到分压作用。不过，对于外贸能否在 2019 年也保持节节高的势头，我虽然依旧抱有信心，但并不盲目乐观。

迄今为止，本轮中美经贸摩擦已经经过了大约一年时间。无论中美经贸摩擦结局怎样，给中国经济带来的外部挑战却是常态化的。即使最终经贸磋商有结果，但也并不是万事大吉。

中美经贸摩擦仅仅是未来中国经济面临的外部压力常态化的一个局部。俗话说“树大招风”，随着中国成为当今世界上的贸易大国，中国在国际市场上面对的竞争压力也很难通过调整贸易结构来规避，无论是低端产品还是高技术产品，也无论是在发达国家市场还是在新兴市场，中国面临的竞争压力也日益成为一种常态。随着中国加快向贸易强国迈进的步伐，这方面常态的危害更大。近些年来，新一轮国际产业分工正在加剧挑战，越南、印度、孟加拉国等一些后发国家也正在劳动密集型产业上对中国制造形成越来越明显的压力。

从中国经济发展的外部环境看，新出现一些负面常态固然值得担忧，但原有的一些正面常态变为“非常态”也同样需要引发警觉。从 2019 年来看，围绕着全球经济治理主导权和话语权的争夺将更加激烈。尽管多哈回合无法向前推进，但世贸组织对于维护当今世界贸易的发展与公平而言依然发挥着重要作用。然而，围绕着世贸组织改革，美国却对世贸组织的作用公开质疑，甚至多次以“退群”相威胁。由于美国针对世贸组织大法官遴选过程设置障碍，不排除世贸组织争端解决机制在 2019 年会停摆。果真如此，中国经济发展的外部环境也必然会遇到规则上的挑战。

针对中国经济发展面临外部压力趋向常态化，2019 年的对策也不能拘泥于“小打小闹”，而是要有“大手笔”，尤其是要用中国经济新常态来应对外部压力的常态化。面对国际市场上的各种经贸摩擦，一方面要从加快中国制造业转型升级入手，夯实中国外贸发展的产业基础，为在经贸摩擦中有本钱做到“我自岿然不动”创造条件；另一方面也要倒逼产业结构调整与体制机制变革，改善营商环境，最终将外部压力转化为内生动力。实际上，在 2018 年 4 月博鳌亚洲论坛主旨演讲中，习近平主席就已经强调了未来扩大对外开放的四点重大举措，其中包括扩大市场准入、改善营商环境、保护知识产权、扩大进口贸易。果真做到了以上四点，中国在应对外部压力常态化方面就会更加主动。

应当指出的是，在 2019 年即使做到了这一切，也不可能完全化解我国经济发展面临的外部压力，特别是带有常态化特征的挑战，但会为中国经济强身健体奠定基础。短期来看，欧美经济正放慢、美元汇率波动、贸易摩擦加剧、国际市场竞争白热化等方面因素依旧会困扰着 2019 年中国外贸的发展，但随着我国稳外贸的各种措施落实到位，进出口贸易倒也不至于陷入日子过不下去的地步。从这个意义上讲，2019 年中国外贸能够取得增长则再好不过，我们要为此付出更多努力。在中国经济的“三驾马车”中，即使外部压力过大，外贸这匹马也要挺住，至少不拉中国经济的后腿，不给投资和消费这两匹马增加负担。反过来看，对于 2019 年中国经济增长速度的看法，也要实事求是。照我看来，2019 年更多的精力还是要放到转变经济发展方式上。

积极财政政策成为供给侧结构性改革的“主攻手”

白彦锋　中央财经大学财政税务学院院长、教授

白彦锋，河北新乐人，中央财经大学财政税务学院院长。2005 年毕业于中国人民大学财政金融学院，获经济学博士学位，同年开始在中央财经大学财政学院任教。教授、博士生导师。2007 年澳大利亚维多利亚大学（Victoria University）访问学者、2013 年美国斯坦福大学亚太研究中心（Shorenstein Asia-Pacific Research Center，Stanford University）访问学者。2011 年入选“教育部新世纪人才支持计划”。2013 年中央财经大学“我国生态文明建设中的能源财政问题研究”青年创新团队主持人。2013 年六部委中央党校全国哲学社会科学骨干第 49 期研修班成员。国家社科基金项目、北京市自然基金评审专家。

主要社会兼职：全国财政学教学研究会副秘书长。

一、我国又到了“大规模实质性减税”的时间节点

2018 年 12 月中央经济工作会议强调要实施“更大规模的实质性减税”，其中既有特朗普税改和国际税收竞争的外因，也有我国经济进入新阶段高质量发展的内因。

从内因来看，人们过去更多的关注点是，减税降费是实施供给侧结构性改革、给企业降低运行成本的需要，而忽略了以下两方面的因素。

第一，2001 年我国入世以来，在外需推动之下，我国经济经历了一段时间的快速增长。然而，2008 年国际金融危机之后，贸易摩擦不断，外需对我国经济的拉动作用大幅下降。同时，我国作为世界第二大经济体，不可能单纯通过外需来保持经济的快速增长。这样一来，内需就显得非常重要。就内需来看，又包括投资和消费两个方面。由于我国有“集中力量办大事”的体制优势，因此投资特别是基础设施投资一直比较稳定，问题可能是民间投资不够活跃。更大的问题还在于，由于近年来政府收入增速超过居民收入，使得我国居民消费相对不足也在很大程度上制约了我国经济的快速增长。从这种意义上说，推动更大规模的实质性减税，实际上是要助推我国经济未来可持续增长。

第二，改革开放以来，我国经济的起飞主要经历了 20 世纪末期的简政放权“改革”和 21 世纪初的“入世”“开放”。就全国财政收入占 GDP 的比重来看，经历了从 1978 年 31.2% 到 1995 年最低点 10.27% 的变化过程，可以说这是我国历史上发生过的、波澜壮阔的、真正的“实质性的大规模减税”，也对我国改革开放和经济发展产生了深远的影响。2017 年，我国一般公共预算收入为 172567 亿元，占当年 GDP 的比重仅为 20.86%，似乎并不高。但是，从全预算口径来看，如果将政府性基金预算收入、国有资本经营预算收入、社会保险基金预算收入都考虑在内，我国“大口径”的宏观税负高达 35.67%，甚至超过了 1978 年改革开放之初的水平。尽管我们可以说，社会保险基金预算“取之于民，用之于民”，国家只是集中“代管”、缴费人退休之后仍然自己会受益，但是从 2018 年社保缴费收入由税务部门统一征收的社会反映来看，其客观上和心理上都构成了社会公众的负担，因此我国总体上减税的空间仍然“可期”。

这样看来，目前我国似乎又到了一个需要通过“更大规模实质性减税”来推动经济发展的关键时间节点。

二、积极财政政策应该成为我国供给侧结构性改革的“主攻手”

当前要实现我国高质量发展，重要的是要推进供给侧结构性改革。也就是说，我国当前经济的主要问题是结构问题，而非规模问题。就财政政策和货币政策来看，货币政策的优势是解决总量问题，而财政政策的优势是解决结构问题。因此，在推进供给侧结构性改革当中，财政政策大有可为。

与美国以直接税为主的税制不同，我国税制以间接税为主。这使得对于我国过去的减税改革，社会公众的获得感和幸福感都不强。为此，我国的减税改革，要逐渐从过去的“减税基”转向“减税率”。

三、当前的大规模实质性减税面临“两难”，全社会对于减税改革不能“叶公好龙”

2018 年 11 月，全国一般公共预算收入 10775 亿元，同比下降 5.4%。其中，税收收入 8051 亿元，同比下降 8.3%；非税收入 2724 亿元，同比增长 4.5%。1 ~ 11 月，全国一般公共预算收入 172333 亿元，同比增长 6.5%。其中，中央一般公共预算收入 82167 亿元，同比增长 6.2%；地方一般公共预算本级收入 90166 亿元，同比增长 6.9%。全国一般公共预算收入中的税收收入 149001 亿元，同比增长 9.5%；非税收入 23332 亿元，同比下降 9.1%。

全国财政收入 2018 年呈现“前高后低”的走势，更大规模实质性减税面临“两难”：税收增速稳定就会有人说“积极财政政策”是“假积极”“不积极”；税收增速回落或者负增长就会被人解读为中国经济下行压力加大的“真实写照”。因此，全社会对于减税改革不能“叶公好龙”，应该给予减税改革更加宽松的外部舆论环境。

2019 年，以进促稳

白振中　陕西现代经济研究院副院长、研究员

白振中，现任陕西现代经济研究院副院长、研究员，陕西广播电视大学特聘教授，富闫新区和有关经济技术开发区及国有企业顾问等职。在陕西省人民政府研究室任职多年，多次参与起草陕西省政府工作报告、经济社会发展规划纲要和领导重要文稿。对陕西经济社会发展情况比较熟悉，独立完成过《建立西咸新区战略研究》《建立关天经济区战略研究》《建立县域产业集中区战略研究》《培育产值过千亿大型企业对策研究》等关系生产力布局和产业结构调整 100 多个课题，得到陕西省委省政府主要领导批示，并转化为政府决策和发展规划。

从 2018 年我国 GDP 跨上 90 万亿元台阶和投资、外贸进出口、消费三大指标体系判断，2019 年我国 GDP 增速将继续保持在 6.5% 左右。我国经济发展的总体态势是：中高速增长的基本面不会改变，高质量发展持续推进，经济结构持续向中高端供给链、供应链和价值链转型升级，市场经济活力进一步显现，统筹国际国内两个市场、两种资源的能力进一步增强，中国继续成为世界经济的最大动力板块。2019 年我国经济工作的主要矛盾是：增长速度下行压力不断加大，稳增长成为严峻挑战；在高质量发展中，中低端产品过剩与劳动力低下成为重要瓶颈制约；地方债务风险持续增加，建立事权与财权相匹配的地方财税体制机制成为财税制度改革的重要内容；世界经济秩序仍处在重构时期，国际贸易摩擦呈现常态化趋势：为持续保持我国经济发展的基本面，建议重点抓

好六个方面工作。

一是坚持以进促稳。所谓“进”，就是要把保持一定的经济增长速度，作为实现“双百年”目标和全面建成小康社会目标的基本前提。经济增速，直接关系着就业、投资、居民生活水平和社会稳定等一系列发展中矛盾的解决。这也是我国改革开放40年的成熟经验。所谓“稳”，就是要正确把握经济增长与就业增长、投资增长、居民生活水平增长、公共服务设施增长、民生和社会事业增长及外贸进出口增长等“六大”关系，从宏观上保持中国经济持续向好的基本面不变。

二是坚持高质量发展。重点在发展高质量消费产品、培养高素质技能型劳动者、形成高效能消费业态三大领域实施新突破。围绕高质量发展的主线，继续深化产业结构调整，促进传统产业由中低端化向中高端发展。加快科技创新，在重点领域，特别是现代制造业领域，形成一批具有自主知识产权的产业和产品，占据国际国内消费市场分工前沿。把结构性劳动力转型放在稳就业的重要位置，推动劳动力向技能型人才转型。针对我国人口老龄化和旅游全民化的特点，在健康养老和特色旅游产业上形成新的经济增长点。

三是坚持高效能对外合作。把扩大开放的着力点放在中国市场的繁荣上，围绕促进中国经济发展主旋律，统筹国际国内两个市场、两种资源。国内市场活力和稳健增长的定力，是提升应对国际市场风险和常态化处理国际贸易摩擦话语权、裁量权的基础。把长效化推进“一带一路”建设，作为对外开放和国际化产能合作、投资合作、贸易合作的基石，精准向发达国家和地区提供高端产品，在发展中国家建设一批具有影响力和引领力的中国产业园区和产业基地，形成具有中国特色的世界经济共同繁荣新范例。

四是坚持发展实体经济。把发展实体经济作为稳就业和壮大新的经济增长极的战略抓手。当前我国发展实体经济的最大矛盾和发展空间均集中在西部地区，主要制约是发展生态滞后，产业配套率低，企业发展成本高等。应在国家“营改增”“放管服”等一系列改革的基础上，重点推进地方政府对企业的收费改革，央地企业股份制合作改革、民营企业市场准入改革、投融资体制机制改革，为实体经济创造良好发展环境。中央财政应加大对地方政府建立中小微企业发展基金、技术改造基金、投融资担保基金和人才培训基金等支持力度，形成区域性实体经济组团和特色产业组团，促进实体经济成为稳增长、稳就业、稳投资的推进器。

五是坚持改革措施落地。把改革的重点放在顶层设计与地方有效落实上。围绕激发地方政府积极性与释放市场内生动力两大主题，完善落实改革的配套措施。继续深化地方政府行政体制改革，严控改革后政府编制机构反弹和人员反弹，建设高效、尽责、担当、落实的政府机关。进一步完善人民群众最关心的就业、医疗、教育、养老、社保、住房、生态保护和法制公平等配套改革措施，加快形成具有中国特色的温馨社会环境。把释放市场内生动力作为常态化深化改革的方向，建立公平、公开、公正、透明的市场体系，为全民参与改革发展创造良好生态。

六是坚持乡村振兴战略。把乡村振兴作为新时代扩大内需、扩大投资和城乡一体化发展的重点。加快推进土地制度改革，形成农村土地集体所有下的规模化经营，促进农业向集约化、规模化、园区化和品牌化发展。推进农村与城市和中心社区功能对接，切实解决农村厕所、污水、垃圾、道路和面源污染治理等方面实际的问题，促进农村成为美丽家园。把农民教育作为乡村振兴的长远之策，以县域为单元，建立职业农民培训机构，常态化培训农民政治素质、文化素质和科学技术，促进农民成为最具吸引力职业。建立城乡互动机制，动员一批政府机关和企业退休人员回乡建设乡贤文化，引导农民转变发展方式和生活方式。鼓励有条件的企业建设特色农业园区，促进城市资本、技术、管理等先进生产要素向农村转移和辐射，拉动农业成为朝阳产业。

加快深化改革和扩大开放

曹明弟　中国人民大学生态金融研究中心研究员

曹明弟，高级经济师。中国人民大学重阳金融研究院绿色金融部副主任、中国人民大学生态金融研究中心研究员。研究领域：绿色金融，环境政策，节能环保产业发展。

参与编著《构建中国绿色金融体系》《生态金融的发展与未来》《绿色金融与“一带一路”》《“一带一路”绿色投资标尺》《“一带一路”投资绿色成本与收益核算》等，在《中国金融》《金融经济》《环境保护》《当代金融家》等期刊和腾讯网、大公网、央广网、央视网、中国经济新闻网等新媒体上发表多篇文章。

2015 年借调到中国人民银行协助筹建中国金融学会绿色金融专业委员（简称“绿金委”），推动绿金委日常运营工作。曾在著名民营管理咨询公司——北京市长城企业战略研究所工作 7 年，担任循环经济部高级项目经理，为北京市有关政府部门、国内开发区提供循环经济、节能减排、产业结构调整、产业发展等相关的规划研究、政策研究、方案制定等咨询服务。

2018 年中央经济工作会议提出，中国经济运行稳中有变，要求保持经济运行在合理区间，进一步稳就业、稳金融、稳外贸、稳外资、稳投资、稳预期，保持经济持续健康发展和社会大局稳定，为全面建成小康社会收官打下决定性基础，以优异成绩庆祝中华人民共和国成立 70 周年。

2018 年，中国对外贸易领域出现重大变化。中美经贸摩擦时松时紧，趋于严重，对我国出口形成一定的不利影响，削弱了外商直接投资（FDI）的信心，出口订单的减少对相关人员的就业造成直接的影响，对人民币汇率的大幅波动产生了不合理的预期。加之地方政府债务风险的不明朗和财政支持能力的弱化，以“去产能、去库存、去杠杆、降成本、补短板”来强化供给侧结构性改革，防范化解金融风险尤为必要，整个经济在向高质量迈进中，增速相比前期有所下降。

2019 年，复杂的外部环境、全球经济放缓的较大可能性，叠加中国经济前期不利因素的累积效应，经济下行压力进一步凸显，但是变中危和机同生共存，紧扣重要战略机遇新内涵，做好“六稳”工作，变压力为加快推动经济高质量发展的动力。

一是进一步发展好对外贸易关系，推进新全球化，以经贸关系为主线稳定外部环境。稳妥应对中美经贸摩擦，稳步发展“一带一路”贸易畅通，积极参与全球经济和贸易治理体系变革与发展，坚持维护 WTO 的多边机制，维护中国在外贸中的合理权益和地位。

二是稳妥处置地方政府隐性债务风险和衍生金融风险。为地方政府“开前门、堵后门”，辅以金融政策支持，为之构建合理的债务处置出口；合理划分中央和地方各级政府的财权、事权，使地方政府的事权和财权相匹配，并有资源能够化解已有的债务问题，使之成为中国经济发展的助推器，而非风险源。

三是加快经济的深化改革和扩大开放。我国经济韧性强健，产业门类齐全，人员技能熟练，经济纵深宽广，抗风险能力强大，加快经济的深化改革和扩大开放，深化国资国企、财税金融、土地、市场准入、社会管理等领域改革，推动体制机制创新，不仅能进一步激发全社会的发展活力，为实现“六稳”目标打下坚实的基础，还能吸引中国经济对国际社会的吸引力，形成互惠互利，提升中国应对全球经济衰退风险的能力，提高中国在推进新型全球化进程中的权益。

近年来，中国绿色发展稳步前进，绿色金融蓬勃发展，位居世界前列，为全球瞩目。特别是2017年国务院常务会议决定在部分省（区）建设绿色金融改革创新试验区以来，多个地方大张旗鼓地发展绿色金融，将“绿水青山就是金山银山”落实到行动和实效中，绿色金融渐呈燎原之势。

绿色金融能够缓和经济发展和环境保护之间的矛盾，有助于推动经济绿色转型升级。我国经济原来主要依靠能源消耗和投资拉动增长，对生态环境成本的提高较为敏感，从而使一些人认为发展经济与保护环境之间存在一些矛盾。而这几年绿色金融作为中国金融业供给侧结构性改革的一大重点和亮点，通过绿色金融基础设施的建设、发展和优化，以市场化为主的机制手段推动经济发展的资源能源产出效率不断提升，促进经济发展质量持续提升。

2019年，随着中国绿色金融不断发展和成熟，在充分发挥市场化机制下的融金化绿效力，贯彻“保护生态环境就是保护生产力，改善生态环境就是发展生产力”，将推动中国高度不对称的经济、资源和环境区位差异形成新的高水平均衡，促进人民日益增长的美好生活需要，特别是生态环境质量的需要，与高质量经济发展之间的平衡，促进经济、社会和环境的可持续健康发展。

优化投资结构　夯实下一轮经济增长基础

曾昭宁　西安石油大学经济管理学院教授

曾昭宁，西安石油大学经济管理学院经济学系教授、产业经济学硕士生导师。

学术与社会兼职：中国劳动学会常务理事、学术委员会委员，中国经济体制改革研究会理事，陕西省委、省政府决策咨询委员会咨询委员，陕西省社科联第五届常务理事，陕西省委政策研究室特邀研究员、陕西省改革发展研究会会长、陕西省经济学学会副会长。

研究方向：发展经济学、产业经济学、区域经济学、社会主义制度经济学。

多年来，大量从事西部、陕西和西安等经济社会发展和改革的重大战略问题和产业结构研究，其成果不同程度地被省、市各级决策层采纳。公开出版学术专著 6 部，发表学术论文、研究报告 100 多篇，主持科研课题 20 多项，研究成果获省部级奖 15 项、副省级奖（西安市）16 项、厅局级奖 15 项。

我对 2019 年中国经济形势的总体看法谨慎乐观，根据如下。

第一，从我国传统动能的“三驾马车”视角分析。一是我国目前的经济增长方式仍以投资拉动为主，固定资产投资（不含农户）增速从“十二五”以来一直在持续下滑，从 2011 年的 23.8% 降至 2018 年的 5.9%。研判短中期投资增速，不容乐观。同时投资效果系数也在不断下降。二是“三驾马车”中消费疲软，社会消费品零售总额增速自“十二五”以来也在不断走低，从 2011 年的

17.1%降到2018年的9.0%，至今看不到触底反弹的迹象。三是中美贸易摩擦影响还未完全凸显，2018年进出口和出口增速分别达到9.7%和7.1%，相比2017年分别下降4.5和3.7个百分点。在我国经济的高外向度态势下，尽管国际经济不确定因素、中美贸易摩擦等仅仅是影响中国经济的次要因素，但短中期的不利影响还会不断扩大。

第二，我国经济下行压力加大是长期各种经济矛盾叠加和积累的结果。我国长期实施投资拉动型增长方式的空间及回旋余地在不断变小，高税率及民营中小微企业的生存状况不容乐观，以及生态环境压力下一些地方政府的“一刀切”政策等等。

综上，我认为2019年中国经济将会是改革开放40年以来最严峻的一年，GDP增速会低于2018年的6.6%。

首先，落实“六稳”的关键是发展，必须保持一定的GDP增速。当前宏观经济形势是产能过剩，社会总供给大于社会总需求（同时还存在结构性矛盾），因此2019年宏观经济仍以扩大有效需求为主，宏观经济政策的搭配上宜采取“扩张性的财政政策和适度宽松的货币政策”，货币政策操作中一定要把握住“适度宽松”的节奏，否则有可能反弹为“滞涨”。需求上去了，保住了增长，也就稳住了就业等。

其次，2008年世界金融危机以来，我国的宏观经济政策一直在刺激总需求，但是着力点偏重投资需求，实施投资拉动型模式现已难以为继，而需求结构中的消费需求严重不足。2019年国家需要调整需求刺激的方向，重点指向消费需求，通过扩大老百姓最终消费来提振总需求，走出通缩阴影。

再次，在当前投资拉动为主阶段的现实条件下，一要扩大投资总量：挤压投资水分（尤其在中西部欠发达地区），强化有效投资；优化营商环境（特别是产业配套环境），加大招商引资力度，进一步“稳外资”“稳投资”。二要优化投资结构，处理好生产性投资和非生产性投资的关系：继续扩大工业和现代制造业的投资，进一步壮大实体经济，完善现代产业体系；基础设施投资增速从2017 年的19%陡降到2018 年的3.8%，2019 年必须拉上去；2018 年房地产投资增速9.5%，与制造业持平，高于基础设施投资增速，需要调控，关键是抑制房价的过快上涨，否则在市场机制作用下资金不会配置到现代制造业和基础设施；给民营中小微企业创造良好的营商环境，保障民间投资的进一步增长，这直接涉及“稳就业”和“稳预期”；优化招商引资结构，一手抓新项目的落地开工，一手抓存量企业技改，引导更多的招商引资资金流向技改。

最后，利用经济调整期进行大规模技改是世界各国普遍的经验做法。在我国已步入经济低位运行期的背景下，对企业而言，利用订单减少的“寒冬期”，对物质资本进行技改和设备更新，对人力资本加大员工的技能培训。从这两方面夯实下一轮经济增长的基础、产业转型升级和经济高质量发展。

提振民营经济是“稳就业”的重中之重

茶洪旺　北京邮电大学经济管理学院教授

茶洪旺，经济学博士，国务院政府特殊津贴专家，北京邮电大学经济管理学院教授、博士生导师；西北大学兼职教授、博士生导师；美国科罗拉多州立大学客座教授。师从国际发展经济学奠基人、著名经济学家张培刚教授研读西方经济学专业，主攻发展经济学和区域经济理论。主要社会兼职：中华发展经济学研究会副会长、中国生产力学会常务理事、中国市场学会常务理事、国际绿色经济协会理事。

1995～1997 年留学于美国科罗拉多州立大学；2004 年和 2006 年先后到日本东京经济大学、韩国延世大学进行学术交流。曾任云南省委、省政府经济发展决策咨询专家；曾主持国务院研究室、工业和信息化部、中央网信办等重点课题 6 项，参与国务院发展研究中心、国家发改委、科技部等重大课题 7 项，主持国家社科基金课题 2 项，在国内外核心学术期刊上发表论文 108 篇，出版个人学术专著 2 部，与他人合著 19 部，主编教材 1 部。曾荣获省部级政府颁发的哲学社会科学优秀学术成果奖 12 项；2010 年获北京市第十一届哲学社会科学优秀成果二等奖。

2018 年底召开的中央经济工作会议基于对我国经济形势“经济运行稳中有变、变中有忧，外部环境复杂严峻，经济面临下行压力”的科学判断，针对性地提出了要采取有效措施“稳就业、稳金融、稳外贸、稳外资、稳投资、稳预期”。“稳就业”居“六稳”之首，足以显现解决好就业问题的重要性和迫切性。直面 2019 年我国就业压力依然严峻的现实，把“稳就业”着力点放在提振民营经济发展上，显然是扎根于中国国情的必然选择。提振民营经济，当务之急就是要从根本上消除对民营经济的所有制歧视和偏见，在政策落实上为民营企业减税降费加力提效。

其一，必须站在讲政治、讲大局的高度，从根本上消除对民营经济的所有制歧视和偏见。党中央、国务院历来支持和鼓励民营经济发展，坚持“两个毫不动摇”是党的一贯立场。但民营经济发展之路并非一帆风顺，时至今日，困扰民营经济发展的“三门三山”问题依然存在，2018 年我们居然还能听到“民营经济离场论”“国进民退”“消灭私有制”等否定、怀疑民营经济发展的言论。凡此种种情况，从本质上看，都是不讲政治、不顾大局的突出表现。中国特色社会主义进入新时代，我们必须站在讲政治、讲大局的高度，从根本上消除对民营经济的所有制歧视和偏见，才能为民营经济的发展创造公平、公正的营商环境，破解长期困扰民营经济发展的“三门三山”问题。当前面对复杂多变的国际环境和国内经济下行压力，任何否定民营经济地位和作用的观点和行为都只能是自乱阵脚，不利于稳定就业，更不利于社会稳定，对此我们应有足够清醒的认识。

其二，必须在政策落实上为民营企业减税降费加力提效。按照党中央、国务院决策部署，2019 年，我国实施更大规模的减税和更为明显的降费，这对长期税负高的民营经济来说是历史上一个难得的利好时期。值得深刻反思的是，近年来国务院已相继出台了减税降费政策，但企业税费负担减轻的获得感并不像减税降费政策本身那样强烈。溯本追源，主要在于政策落实缺位。鉴于历史经验教训，2019 年无论在政策落实的力度上，还是效果上，都必须超过历史上的任何时期，找准着力点，精准施策。一是要在“减”上加力提效，减税降费是深化供给侧结构性改革的重要举措，通过深化改革消除制约减税降费的体制机制障碍，实施更大规模的减税，坚持普惠性减税和结构性减税相结合，重点减轻企业负担的增值税和企业所得税（先减增值税），尤其要加力减轻制造业和小微企业负担，支持实体经济发展。二是要在“降”上加力提效，一方面改革社会保障体系，确保企业社保缴费实际负担有实质性下降；另一方面要着力清理规范地方政府收费项目，加大对乱收费的查处和整治力度。通过实实在在减轻各种企业费用负担，让企业轻装上阵、聚力发展。

我们务必要用改革的诚意和行动的效率帮助民营经济解决发展中的困难，支持民营企业持续健康发展，实现民营经济发展与就业良性互动。民营经济是中国就业问题解决的最主要承担者，任何时候只要我们真正解决了民营经济发展之困，就不会有中国就业不稳之忧。

以供给侧改革打开空间 以需求侧管理稳定总需求

陈道富　国务院发展研究中心金融研究所副所长、研究员

陈道富，毕业于中国人民银行研究生部，现任国务院发展研究中心金融研究所副所长。主要研究领域是货币政策和金融改革。多次作为主要撰稿人参与中财办、国办、全国人大、政协等课题研究，参与“十一五”“十二五”规划研究及各个部委等宏观政策和金融政策的研究、讨论，大部分研究成果已转化为现实政策。发表了《国有银行一揽子改革方案》《中国流动性报告》《中国汇率报告》《外汇储备的战略运用》《中国金融战略：2020》等100多篇专题报告。

在我国面临“百年未有之变局”之际，2018年中央经济工作会议对2019年经济形势进行了高瞻远瞩的预判，并对我国经济可能的挑战和机遇进行了全面分析和部署。我的理解主要有四点。

第一，充分认识到2019年经济面临的下行压力和风险挑战。相对2018年，2019年的消费、投资和外部需求“三架马车”均面临下行压力，需要高度重视。受就业、收入增速下降以及消费信贷高企等影响，消费升级但消费水平面临下行压力。受盈利状况、产业国际布局和对未来预期影响，制造业投资难以大幅回升，在“房住不炒”和“妥善处理地方政府债务特别是隐性债务”环境下，房地产和基础设施投资受政策和资金约束。外部需求则在全球需求放缓、

中美贸易摩擦以及国内2018年“抢出口”透支2019年需求等因素影响下面临较大下行压力。基于此，中央经济工作会议做出了“稳中有变，变中有忧，外部环境复杂严峻，经济面临下行压力”的谨慎判断。

第二，“重要战略机遇期”和“经济长期向好态势不变”的重大判断支撑“经济底”。我国从经济结构转型升级、科技创新、改革开放、绿色发展和全球经济治理体系变革等方面存在的“有所作为”机遇，做出了“我国仍处于并将长期处于战略机遇期”的重大战略判断，当前的转型和挑战，为我国创造出“化危为机、转危为安”的历史性机遇。就经济领域而言，“拥有足够的韧性、巨大的潜力”，具备增强微观主体活力，“利用技术创新和规模效应提升产业链水平”的可能性，可以努力满足最终需求，挖掘投资需求潜力并发挥关键作用，从而支撑着经济“长期向好态势不变”的判断。因此，我国经济虽然面临下行压力，但充分挖掘这个重要战略机遇期，维护经济长期向好态势，就仍会有“底部”支撑的。

第三，当前经济问题是长期和短期、结构性和周期性问题交织产生的，供给侧结构性矛盾仍是经济运行的主要矛盾。造成当前经济局势的原因不是单纯的短期和周期性因素，长期的、结构性的供给面问题仍是主要矛盾。我国经济运行面临下行压力，但微观主体“预期”不稳定，“活力”不强，整个国民经济循环由于体制机制和政策等方面的原因循环不畅，出现了一定程度上的“流动性陷阱”和通缩风险。因而简单地套用“需求逆周期管理”，采取过度宽松的宏观调控政策应对，很容易引发“虚不受补”的状况。2018年包括货币政策在内的宏观调控传导不畅，已深刻揭示了经济运行内部存在的结构性问题。需要针对这些结构性问题，采取结构性政策调节，通过体制机制改革疏通，关键词是稳定“预期”、增强“活力”和确保“畅通”。但考虑到2019年经济形势的复杂严峻，又需要将供给侧和需求侧结合起来，以供给侧改革“打开空间”，以需求侧管理“稳定总需求”，实现总体上的“稳中求进”总基调。

第四，用政策“逆周期调节”防止个别时期经济增长可能的过快下滑。很多政策的出台需要一定的程序，改革措施的效果是长期的，因此即使政策力度和改革措施总体上足以对冲可能的负面冲击，但仍需把握时机，既有助于提升政策和改革的最终效果，又有利于避免可能在个别时期出现的经济过快下滑。近期财政部提前下发了专项债券的发行额度，发改委提前审批部分重点重大项目，人行全面降低 1 个百分点的存款准备金率，都为 2019 年一季度经济运行的平稳提供了支撑。

构建透明型、服务型政府

陈　华　山东财经大学当代金融研究所所长

陈华，现为山东财经大学当代金融研究所所长；泰山产业领军人才；财政部财政科学研究所应用经济学博士后。

在金融风险、财政绩效评估研究领域有一定的学术影响。近5年在各类刊物上发表论文100余篇，A类学术期刊发表论文17篇，科研成果多次被国内CSSCI来源期刊、硕博论文等引用。主持承担了一批亚洲开发银行、国家级、省部级和地方政府委托的重大课题。主要有：主持国家社科基金项目：《中国养老服务业PPP融资模式及风险防控研究（17BGL155）》；主持12万美元的亚洲开发银行技援项目《财税政策支持战略性新兴产业研究——以山东为例》；主持2013年国家科技部国家软科学重大合作项目：《科技金融融合促进山东省中小微企业创新能力提升对策研究》。主持国家软科学项目：《金融创新支持产业结构优化升级研究：以山东半岛蓝色经济区为例（2012 GXS4D111）》；主持教育部社科计划项目：《经济刺激计划的陷阱、财政风险及其应对策略（12YJA790008）》。主持山东省财经重大课题招标项目《财政金融联动支持山东经济社会发展问题研究》。

相关科研成果在中国人民银行济南分行、银监局山东分局、山东省发改委、山东省财政厅、山东省金融办、山东省国资委、鱼台县人民政府、梁山县人民政府等系统得到广泛应用。

2019年中国经济整体趋势不会太好，但也不会太糟。

从国际上看，经济低迷不振，逆全球化趋势加剧。从国内看，拉动经济发展的“三驾马车”——消费、投资及出口都不会太理想。

近几年，城市家庭普遍加大了杠杆，加大杠杆的资金大多购买了住房，金融资产绝大部分是住房资产，百姓手中的闲钱所剩无几。特别是年轻人，大都有银行贷款，每月收入除去按月归还银行按揭贷款，再加上吃饭、交通、通信等刚需外，没有更多的剩余资金进行其他消费。企业家特别是民营企业家大幅投资的意愿不强。受中美贸易摩擦的影响，2019 年的出口市场也不会太理想。

对“六稳”的建议如下。

一是理清政府与市场的职能边界，提高中央政府决策的科学性，减少政府对市场的盲目干预。政府职能归位，理清其边界，政府的交给政府，市场的回归市场，只有有所不为才能更好地有所为。

二是简政放权，全面实现负面清单管理。全面实施市场准入负面清单制度是加快完善社会主义市场经济体制的重大决策部署。实施负面清单管理制度，有利于发挥市场在资源配置中的决定性作用，实现真正意义上的“法无明文禁止即可为”；有利于激发市场主体活力，各类市场主体公平竞争；有利于政府加强事中事后监管；有利于推动相关审批体制、投资体制、监管体制、社会信用体系和激励惩戒制改革，进一步推动政府简政放权，转变政府职能。促进政府向市场主体“放权”，负面清单制度的一个现实意义就是使政府的权力变得更加界限分明。关于政府管理有一个经典说法，即“管得少的政府才是管得好的政府”，政府简政放权，让市场这只“无形之手”去发挥配置资源的决定作用，这样市场的发展才会越来越成熟，越来越好。

三是转变政府职能，构建透明型、服务型政府，把权力装进制度的“笼子”里，减人增效，提高服务意识、服务效率与服务水平。习近平总书记在党的十九大报告中指出，“转变政府职能，深化简政放权，创新监管方式，增强政府公信力和执行力，建设人民满意的服务型政府”。发展社会主义市场经济，就要从根本上改变束缚生产力发展的经济体制，这必然要求转变政府职能。“问渠那得清如许？为有源头活水来”，转变政府职能，关键是处理好政府和市场之间的关系，应紧紧围绕推动高质量发展和建设现代化经济体系，调整优化政府机构职能，合理配置宏观管理部门职能，推动构建市场机制有效、微观主体有活力、宏观调控有度的经济体制，不断增强经济创新力和竞争力，实现政府服务意识与效率的提高。

四是全面减税，特别是对中小微企业、高新企业减低税负，地方政府与企业应该共渡难关。2019 年更大规模的减税被大力推进，仅 2019 年 1 月的前三周，就有多个减税降费新政策落下实锤，涵盖小微企业普惠性所得税、小规模纳税人免征增值税、创投企业个人等多个方面。为了进一步优化经济结构，为实体经济提供足够的金融支持，广义货币和社会融资规模增速应与名义 GDP 增速相匹配，对此，政府应做好定向调控和精准滴灌，落实减税政策，特别是加大对民营企业、中小微企业、“三农”、创新创业等领域的财税优惠与金融支持力度。

五是严防形式主义抬头。常言道，“形式主义害死人”。其危害，不仅在于装腔作势、有名无实，还在于它的“异化”作用，让一切工作变味走样，最后实事泡汤、好事办砸。目前，我国经济发展稳中有进，要想进一步发展，将经济蓬勃发展蓝图变为现实，就要克服形式主义，力戒官僚主义。唯有踏踏实实做事，根基才能稳，社会才能真正发展。

六是高度警惕“左”的思想，毫不动摇进一步扩大开放。

准确把握重要战略机遇新内涵

陈　杰　上海交通大学教授

陈杰，上海交通大学国际与公共事务学院公共经济与社会政策系长聘教授、上海交通大学中国城市治理研究院嘉华教授。复旦大学学士、挪威奥斯陆大学硕士、瑞典乌普萨拉大学经济学博士。研究领域主要为城市与住房的经济学和公共政策问题。曾任教于瑞典乌普萨拉大学、复旦大学和上海财经大学。担任 Urban Studies（SSCI）基金会理事等国际学术组织重要职务。担任 Housing Studies（SSCI）等国际期刊编委。上海市曙光学者，上海市住房保障和房屋管理行业首批领军人才。经常为中央和地方政府提供政策咨询。担任中国投资协会理事、中国资产评估协会理事、上海市房产经济学会副会长等社会兼职。

中国宏观经济形势在2019年将面临较大挑战。最主要的挑战来自国际经济环境的冲击。要防止西方主要国家对华战略形成一定的共识，在技术供给、市场开放、贸易条件等方面采取逐步升级、全方位的对抗与封锁性政策来遏制中国自己独有的经济社会发展模式继续向前；同时，内部经济环境也在跨越中等收入陷阱过程中面临人口和技术代差等红利消失、技术创新能力不足、产业升级转型面临瓶颈、金融风险加大等关键性挑战。但正如2018年末中央经济工作会议指出，“我国发展仍处于并将长期处于重要战略机遇期”。会议同时指出，当前世界格局百年未有重大变局中，危和机同生并存，给中华民族伟大复兴带来重大机遇，要化危为机、转危为安，紧扣重要战略机遇新内涵。

如何深刻和全面准确地理解当前重要战略机遇新内涵，如何将当前重要战略机遇新内涵为我所用，对中华民族伟大复兴具有非常大的决定性意义，是引领经济高质量发展更具动力的基础所在。

所谓重要战略机遇期，说到底是国际国内各种因素综合作用形成的、可以为一国经济社会发展提供良好机会和境遇，并对一国历史命运产生全局性、长远性、决定性影响的某一特定历史时期。回顾历史，21 世纪以来，党带领全国人民，以加入世界贸易组织为契机，变压力为动力，化挑战为机遇，同时又沉着冷静应对 2008 年国际金融危机，让我国得到新的发展机遇。相对之前的重要战略机遇，当前重要战略机遇内涵最大的变化主要包括以下三个方面。

第一，21 世纪初加入 WTO 带来的国际市场实物出口红利正在衰减，但通过进口来推动消费升级和高质量发展的红利出现，服务贸易红利还有很大释放空间。随着我国出口在全世界贸易达到较高份额，以及西方发达国家经济在国际金融危机后陷入长期低增长，21 世纪初以来我国依靠实物出口拉动的经济增长模式在当下无法维系。因为进出口不平衡而产生国际贸易争端越来越多，但这正可以倒逼国内新一轮高质量发展。随着我国人民收入水平和企业技术消化能力的提高，对高品质生活物资和新技术新材料的进口需求不断增长，以扩大进口来推动消费升级、倒逼企业创新能力提升和加快产业结构转型，可以成为新一轮经济发展的动力。同时，随着我国服务业尤其是生产性服务业的竞争力上升，服务贸易的红利还有很大的释放空间。

第二，21 世纪初国际政治秩序相对平和的氛围在消减，但我国在国际秩序建构中对西方国家的依赖度减少，更多主动加强与亚非拉国家的合作，发展得到新动力。近年来以美国为首的西方国家在国际事务中对我国越来越咄咄逼人，对我国发展空间进行围追堵截、对发展潜力进行遏制的意图越来越明显。但不应为此恐慌，也不应过于对抗。应该坚持自我，保持定力，沉着冷静，化危为机，积极稳妥但有策略地走出去，团结广大发展中国家，坚持走和平发展道路。以成熟大国的理性与心态，以负责任的态度，为世界和平、稳定、发展与国际治理作出更多贡献。在国际秩序建构中减少对西方国家依赖性和加强与亚非拉国家合作协助的时候，经济发展中也会减少对西方的依赖性，在亚非拉打开新局面，发展会产生新动力、更具韧性和可持续性。

第三，21 世纪初国内以资源和低成本劳动力等要素驱动的经济发展动力正在消失，但在资源和劳动力成本上升倒逼下，创新驱动的经济发展新动力正在形成。如党的十八大报告所指出的那样，在新世纪的前 12 年，党中央之所以能抓住重要战略机遇期，关键是推进实践创新、理论创新、制度创新。当前新形势新条件下，加快推进资源配置的市场化改革，加快推动国家治理体系和治理能力现代化的建设，切实落实创新、协调、绿色、开放、共享的发展新理念，就能不仅抓住旧的重要战略机遇，还能创造新的重要战略机遇新内涵。

2019 年是新中国成立 70 周年，是全面建成小康社会关键之年，做好经济工作至关重要。经济工作做好了，高质量发展工作就有足够坚实的基石，不会被一时的外来冲击所左右。而只有准确把握好重要战略机遇新内涵，才能变各种压力为加快推动经济高质量发展的动力。

加快推进重要领域改革是经济增长关键

迟福林　中国（海南）改革发展研究院院长、研究员

迟福林，现任中国（海南）改革发展研究院院长、研究员，博士生导师。20 世纪 80 年代初至今的 30 余年间，一直从事改革研究，形成了许多重要的改革研究成果，是具有广泛影响力的改革智囊。

1991 年参与创建中国（海南）改革发展研究院，历任常务副院长、执行院长、院长。

先后受聘为中国经济体制改革研究会副会长、中国行政体制改革研究会副会长；国家行政学院、中国井冈山干部学院、北京大学、东北大学等高校特聘教授；国家“十三五”规划专家委员会委员，国家工商行政管理总局市场监管专家委员会副主任委员，广东、海南等地方政府决策咨询顾问等。第十一届、第十二届全国政协委员。享受国务院特殊津贴专家，曾获全国“五个一”工程奖、孙冶方经济科学论文奖、中国发展研究奖、全国杰出专业技术人才等多项荣誉，入选《20 世纪中国知名科学家学术成就概览（经济学卷）》。

2019 年是我国发展的关键年份。就经济增长而言，既面临明显的不确定性，也面临难得的机遇。关键是加快推进重要领域的改革突破，以改革应对稳定增长，以改革应对挑战，以改革抓住机遇。

一、2019 年经济增长的挑战

2019 年宏观经济面临的主要挑战有三个。

一是经济下滑的压力比较大。投资、消费和出口三个领域都有比较大的压力。投资先行指标之一中国制造业采购经理指数（PMI）在 2019 年 1 月为 49.5%，仍然低于 50%。2018 年全社会消费品零售总额名义增长 9%，为历年来最低，消费潜力释放还面临相关掣肘。在进出口方面，2018 年 4 季度外贸增速比 3 季度明显回落。因此，短期经济下滑的压力仍然比较大。

二是增长中的金融风险挑战加大。经济增速下降直接带来企业和地方政府潜在债务风险的加大。最近一段时间资本市场的异常波动，有深层次的体制原因，也有短期的金融风险加大的因素。对此需要高度重视。稳预期，关键是能否稳住金融领域的预期。

三是经济增速下滑有可能带来社会风险。经济增速下降，尤其是民营企业面临较大压力，将对就业带来较大冲击。由于就业冲击有一个滞后期，如果未来一个季度左右民营经济情况没有明显改善，很有可能出现比较大的就业压力，加大社会风险。

二、2019 年经济增长的机遇

尽管短期我国经济增长面临比较大的压力，但我国中长期仍有巨大的潜力，仍有着重要的战略机遇。

第一，处理好中美贸易摩擦将明显降低 2019 年的不确定性。从全球化新变局看，中美贸易摩擦中长期影响大于短期影响，多边影响大于双边影响，间接影响大于直接影响。但如果管控好，中美贸易谈判在近期取得突破，避免摩擦的进一步升级，我国发展外部环境的不确定性就有可能明显降低，就能再赢得一个比较稳定的发展机遇期。

第二，我国经济转型升级还蕴藏着巨大的增长潜力。比如，在产业升级上，未来5～10年是中国从工业化后期开始向后工业化社会过渡的关键时期。2018年我国服务业占比52.2%，至少还有15～20个百分点的增长空间，产业变革背后蕴藏着巨大市场潜力。再比如，我国正处于消费升级的关键时期，城乡居民服务型消费占比约为45%，消费升级还有15～20个点的空间，由此释放出数万亿的消费需求。此外，在城乡结构和开放结构调整上，我国也有巨大的空间。2019年后的1～2年将是这些结构性调整的关键时期。

外部风险管控好，内部升级推进快，我国在2019年的经济增长就会有一个比较坚实的基础，就有条件实现6.5%左右的增长。

三、用市场化改革的办法实现“六稳”

当前，改革的艰巨程度、复杂程度、深刻程度不亚于40年前。应对增长的挑战，抓住增长的机遇，关键在于全面深化改革。2019年，重在包括但不限于以下几个方面的改革上有重大突破，以稳预期、稳增长。

第一，加快构建竞争中性的市场环境。这是当前市场化改革最为关键的。无论是推动产业变革，释放服务业的巨大潜力，还是引领经济全球化，都需要有一个中性竞争的环境，都需要尽快把竞争中性作为市场运行与管理的基本原则，都需要在产权保护制度化法治化上取得重大标志性进展。

第二，加快释放市场主体的活力。“六稳”关键在于稳民营企业，这就需要更大力度的减税降费，需要在民营企业及企业家保护的法治化上有重大举措，由此扭转并稳定民营企业的预期。当然，要有效地降低税费成本，迫切需要推进政府的自身改革。只有在行政体制上实现大的变革，减税降费才有制度性空间。同时，释放市场主体活力，还需要在国有企业改革上有大的进展，尤其是在管资本的制度创新上有重大举措，在混合所有制改革上有重大举措。

第三，最重要的是，2019 年要在服务业市场开放上有重大突破，这不仅是满足老百姓新需求的重大举措，也是形成国际竞争力、应对外部变局的重大举措。在这方面，预期会有大的进展。

在改革的关键之年，要实现改革的大突破，关键是要营造一个改革的环境。2019 年要在这方面有实质性的转变，以更大的思想解放，实现改革的更大突破。

用更积极的财政政策扭转经济下行趋势

陈　龙　中国财政科学研究院财政与国家治理研究中心副主任、研究员

陈龙，中国财政科学研究院财政与国家治理研究中心副主任、研究员。曾出版《“社会集中分配论”研究》《中国收入分配深层破冰》《预算的建构力：突破中国发展困境与陷阱》等个人独著，合著、参编《大国财政》《中国税收政策报告》等十余部著作，在《人民日报》《学习时报》《财政研究》等报刊上发表学术论文百余篇。主持、参与数十项国家政策及重大课题研究。曾获第五次全国财政理论科研成果一等奖、中青年科研成果一等奖等奖项。

一、更为积极的财政政策：扭转经济下行的“良方”

总体来看，我国经济的韧性较强，具有保持健康发展和中高速增长的诸多优势，但仍需高度重视经济下行压力，以及由此引发的风险积聚。扭转经济下行趋势，货币政策作用有限，无法解决动能不足的深层问题，只能起到辅助性作用，而唯有实施更为积极的财政政策，并辅之适度宽松的货币政策，才能解决深层问题，激发动能，把握主动。更为积极的财政政策，有别于以凯恩斯调控框架建立起来的传统财政调控政策，而是将民生、国有经济资源等一并纳入财政政策范畴，因此，它是一种广义上的财政政策，跳出财政看财政，不是在狭隘的收支里打转转、看问题，在实施逆周期调节时，着力解决制约经济发展的深层矛盾。

二、更为积极的财政政策的要义和逻辑

更为积极的财政政策的主要目标是提振信心、引导预期、激发动能，其要义在于“减税减债、保障民生、调整国有经济布局”。

其一，减税降费，主要是解决经济活力和动能问题。一旦实施更大规模的减税降费，不仅可以带动实体企业收益率好转，引导资金流入实体经济，促进产业结构升级，而且还增加消费潜力，改善预期，提振市场信心，并带动资本市场的繁荣发展。为此，实施综合系统性减税，采取降低增值税和企业所得税相结合，以便照顾不同企业状况，提升减税的普惠性。同时，加快实施部分国有产权划归社保，并与基本养老全国统管等改革结合起来，通盘考虑。

其二，减债，主要解决金融环境和地方压力问题，增加财政政策空间。地方债是当前财政金融问题的“集中症结点”，挤压了民营企业的金融资源，造成了财政资源的扭曲。一旦地方债存量得以实质性削减，不仅可在不造成企业资金紧张的局面下，实现降杠杆，而且释放出大量的金融资源，减轻金融环节和地方政府的压力，解决金融环境问题。需要依据债务形成的性质，实行“一地一策”，分类治理地方债。

其三，保障民生，主要是增加社保、医疗卫生等社会性支出，减轻居民生活压力，逐渐消除社会焦虑情绪，增强经济韧性和社会稳定性。

其四，调整国有经济布局，旨在解决经济长期动力和财政压力问题。当前财政收支矛盾尖锐，财政也“缺钱”，面临不可持续的风险。为此，需要在调整支出结构的基础上，调整国有经济布局，统筹考虑国有经济资源的使用。我国庞大的国有净资产，为减税降费、保障民生提供了空间和支撑。调整国有经济布局，优化国有经济资源配置，在从管资产向管资本转变的基础上，聚焦国有企业做优做强，提升国有企业核心竞争力，以及对国民经济的引领能力。

中国经济仍然具有较大的韧性

陈四汝　中航基金管理有限公司总经理、高级经济师

陈四汝，2001 年 6 月毕业于中国社会科学院研究生院投资经济系，获经济学博士，高级经济师，兼任中央财经大学金融学院硕士研究生导师，从事资本行业超过 20 年，先后在湖北工业大学、中国证券市场研究设计中心、大鹏证券有限责任公司、中国民族证券有限责任公司、中国证监会、东海基金管理有限公司任职，现任中航基金管理有限公司总经理。

对 2019 年宏观经济的走势，市场普遍预期比较悲观。主要逻辑在于“三驾马车”再次走弱，导致 GDP 增速继续放缓；信用紧缩仍然在继续，实体经济尤其是民营经济部分融资难、融资贵的问题并没有有效缓解，确保不发生系统性金融风险仍然面临巨大的挑战；此外，中美经贸摩擦还将持续一段时期。

相较于市场，我们认为中国经济仍然具有较大的韧性。以出口为例，2018 年，中国出口中对美金额占到全部出口金额的 19%，从对出口增长的拉动角度看，对美出口占 23%，而同时对欧盟和东盟的出口增长拉动合计占比超过 33%，成为中国出口增长的更为主要的驱动力，更为均衡的出口结构有利于 2019 年出口情况好于市场的普遍预期。2019 年 1 月，中国对欧盟、东盟和日本等主要市场进出口继续增长，其中对“一带一路”沿线国家的进出口增速高于整体；其中，中欧贸易总值 4448.4 亿元，增长 17.6%，占我国外贸总值的 16.3%，与东盟贸易总值 3566 亿元，增长 7.8%，占我国外贸总值的 13.1%，

中日贸易总值为 1853.4 亿元，增长 6.5%，占我国外贸总值的 6.8%。

从政策角度看，财政政策和货币政策的主基调仍为稳健偏宽松。但从实际效果上看，将呈现“双松”的局面。在固定资产投资中，先进制造业仍然可以保持较高速的增长。2018 年底中央经济工作会议明确将“推动制造业高质量发展”作为 2019 年的首要任务，在这一政策导向推动下，以 5G 建设为代表的制造业新周期和传统制造业设备更新周期持续的背景下，2019 年先进制造业固定资产投资仍将是固定资产投资整体的稳定器。同时，科创板的推出将给国内高技术制造业、战略性新兴产业及高端装备制造业带来更多展示的机会。此外，包括提前加快地方政府新增专项债的发行等政策落地，对于传统基建领域的支持将更加明确，虽然对于固定资产投资的拉动不大，但是政府以此托底经济的目的十分明显。

消费已连续五年成为拉动经济增长的主引擎。2018 年年底中央经济工作会议上再次提出“实施更大规模的减税降费”要求，通过提高收入和降低消费品价格角度促进消费、稳定经济发展。对于消费下行扰动较大的乘用车下行趋势，多部委联合印发《进一步优化供给推动消费平稳增长促进形成强大国内市场的实施方案（2019 年）》，开启“汽车下乡”2.0 版模式。从中长期看，持续减税降费有利于消费升级、释放消费潜力，为经济企稳回升打下良好的基础。

当前情况下，中央政治局已充分科学地分析了当前国内外经济形势，并在此基础上提出了具有很强针对性和可操作性的“六稳”策略，这是有效应对各种风险挑战、推动高质量发展和保持经济社会大局稳定的重要保证。

“六稳”有着丰富的内涵，也有着内在联系。稳就业被置于首位。这是因为，就业乃民生之本、稳定之基，确保就业稳定是维护经济社会稳定的底线。稳金融紧随其后。金融是现代经济的血液，血脉通畅才能发展有力，因此要着力促进金融服务实体经济发展。稳外贸、稳外资，无疑同“外部环境发生明显变化”直接相关。从国际上看，逆全球化潮流愈演愈烈，我国面临的外贸形势依然严峻复杂，同时吸引和利用外资也面临很大挑战，因此推动国际经济合作，从而实现稳外贸与稳外资的双重目标。稳投资，是稳增长的重要依托，要重点对民生、乡村、创新等领域加大投资力度，加强这些领域基础设施补短板的力度。稳预期，关键在信心，正所谓信心比黄金更重要，只有坚定信心才能明确方向，才能激发动力，确保经济又快又好地发展。

中国必须在增长新动能培育、结构调整及空间拓展等三个层面寻求增量机会，突出供给侧结构性改革的主线地位，通过持续改善营商环境、深入推进简政放权等一系列改革开放新措施来化解面前的各种矛盾与挑战。

“减速增质”将向纵深发展

程　实　工银国际首席经济学家、研究部主管、董事总经理

程实，经济学博士，现任工银国际首席经济学家、研究部主管、董事总经理。研究领域为宏观经济和金融市场。在境内外主流报刊发表文章累计2000余篇，出版著作十余部。兼任中国首席经济学家论坛理事、盘古智库学术委员、高校硕士研究生导师、权威学术期刊匿名审稿专家和财经媒体专栏作家。

回顾2018年，受外部贸易摩擦冲击，中国经济增长有所放缓。展望2019年，中国经济深耕以待春来，“减速增质”将向纵深发展。

第一，深耕的基础在于底线仍稳固。相较于2018年，2019年经济下行压力主要集中于三个层面。一是随着贸易摩擦成本的滞后兑现，出口增速预计将明显下滑。二是由于工业企业利润增长放缓，本轮制造业投资扩张将渐次回落。三是随着房价预期的理性化和房企高周转策略的退潮，房地产投资预计将逐步承压。虽然经济下行压力不容轻视，但是供给侧改革红利的释放和经济结构的改善将成为有效的缓冲器，“稳增长”政策亦有望协同发力，增强政策托底效果。由此，2019年中国经济增速有望与上年持平。“L型”筑底的阶段虽将延长，但步伐依然稳健。

第二，深耕的空间在于改革再出发。越过40周年里程碑，2019年新一轮改革开放举措有望提速落地，从根本上纾解短期内外部压力，培育长期增长潜力。

无论是基于历史眼光还是全球视野，中国经济的发展质量预计仍将保持在上升通道。中国新经济的蜕变发展和消费升级的重心下沉，若能得到提前布局、精耕细作，大概率在春暖之日收获长期回报。

基于压力和机遇并存的格局，2019 年实现“六稳”，关键在于多维政策的协同发力。以下四方面的政策举措值得期待。

其一，大规模基建持续发力。从资金来源看，2019 年地方债发行额度亟待扩容，PPP 项目落地预计将持续加快，进而有望推动 2019 年基建投资增速触及 8%。从资金投向看，区域高速公路密集化和城乡公共服务均等化或将成为基建重心，为区域协同和乡村振兴夯实基础。

其二，增值税减税加速落地。增值税并档亟待在 2019 年上半年推进。适用于制造业的 16% 税率建议至少降至 14%，其他两档税率有望在归并后实现有效税率的下降，总共释放减税红利预计不低于 1.2 万亿元，充分发挥增值税减税拉动固定资产投资、更多利好高效率企业的效应。同时，针对小微企业和小微企业所受金融服务的增值税专项减免，亦有待进一步扩大。

其三，货币政策传导提高效能。2018 年连续四次定向降准之后，“宽货币”向“宽信用”的传导依然乏力，加剧了市场对货币政策失效的悲观情绪。2019 年，保持稳健中性、边际趋松的货币政策立场依然必要，建议全年进行不少于 250bp 的定向降准或全面降准。同时，亟待加快推动商业银行的内部考核激励机制改革，修正对中小企业的“信贷歧视”，舒缓银行信贷意愿的顺周期性，打通“宽信用”的传导末梢。

其四，加快激发市场微观活力。一方面，加强金融市场建设，加快科创板的落地，从而扩大中小企业的直接融资渠道，并积极适应新经济企业生命周期中融资需求前移的趋势。另一方面，重点突破利益藩篱，放宽民营资本的市场准入，从根本上为民营、中小企业提供更广阔的发展空间。

被动求稳与主动求变应相结合

程世东　国家发展和改革委员会综合运输研究所城市交通中心主任

程世东，国家发展和改革委员会综合运输研究所城市交通中心主任，主要从事综合交通运输尤其城市和城市群发展战略、规划、政策研究，是交通运输部和北京、广州等城市交通专家咨询委员会委员，负责主持和重点参加了近百项国家、地方的规划与政策的课题研究，参与出版10余部学术著作，发表了100多篇学术论文，多篇文章获国家和省部级领导批示。

经济发展具有强大的惯性，2019年中国经济增速总体仍将维持低位。近几年，因经济增速下降带来收入增长乏力、多年房贷积累等，在2018年已经传导到消费环节，公众消费意愿和能力不会在短期内恢复。产业转型升级、结构调整也需要较长时间，生产性投资在2019年不会有较大增长；房地产投资，不管是主观意愿还是实际行动，即使依然有一定惯性，也不能成为增长点或稳定剂；交通等基础设施建设有效投资领域越来越少，少数薄弱环节投资建设面临较多困难。中美贸易摩擦持续、欧洲经济继续低迷等外部环境，将使得我国外贸出口不会有大的改观。2019年，消费、投资、出口均不可能有大的改观，这决定了经济增长速度必将继续维持低位。

为保持经济运行在合理区间，党中央提出“稳就业、稳金融、稳外贸、稳外资、稳投资、稳预期”的策略。具体举措中，要切实推动更大规模减税、更明显降费。对企业尤其是中小企业减税降费，包括减缓社保缴纳等，是企业摆脱困境、生存下去的重要举措。只有这样，企业才不会裁员甚至倒闭，实现“稳就业”；才有可能再投资转型升级、更有竞争力，带来“稳投资”和长期的“稳外贸”。对个人降税，稳定和增加收入，“稳预期”才会提升公众消费能力和水平，实现生产与消费良性循环，提高消费在经济增长中的比重和贡献。当前，在“稳金融”、防范金融风险前提下的“稳投资”，来保障经济稳定是必要的，但必须尽快逐步减少投资规模、必须严格甄别有效投资领域。

最好的防守是进攻，在被动求稳的同时，也要主动求变，即切实深化改革。深化经济改革的重点是国企国资改革，要加快从管企业向管资本转变，积极推进混合所有制改革，让社会资本在企业决策中具有话语权，从而让企业更有活力；要更大力度划转国有资本充实社保基金，既让公众有切实获得感进而放心大胆消费，又让社会资本有更大发展空间。同时，从宪法层面，强化对民营企业家人身安全和财产安全的保护，免除其后顾之忧。另外，产业、金融等政策不再区分所有制性质，所有企业均享受同等待遇、公平竞争。只有切实深化改革，经济发展才能真正开始反转、行稳致远；只要把自己的事情做好，就不怕国际环境风云变幻。

促进人口红利由数量向质量切换

程伟力　国家信息中心副研究员、经济学博士

程伟力，国家信息中心副研究员，经济学博士。主要从事世界经济、数量经济模型、经济预测研究，决策咨询报告多次得到中央领导批示。主持完成三项国家社科基金课题，研究成果均上报中央，三次获得国家社科基金通报表彰。出版专著《危机预测与转化研究》，在《光明日报》《瞭望》、国务院发展研究中心《经济要参》等中央级刊物上发表论文数十篇。主要社会兼职为北京市科委项目评审专家、国家开发银行特聘专家。

改革开放以来，我国经济经历了持续40年的高速增长，根据发达国家的一般经验，在经济总量达到一定规模之后，经济增速存在回落的内在要求。在此背景下，2019年我国经济增速将略有回落，预计国内生产总值增长在6.3%左右，仍处于合理区间。

不过，与过去40年不同的是，外部经济环境将发生深刻变化，世界经济政治格局面临重大调整，国际经济形势变化的不确定性进一步增强，我国经济发展面临严峻的挑战。一方面，高端产业的发展与发达国家形成较强的竞争关系；另一方面，中低端产业则存在被新兴市场赶超的风险。

为了提高我国经济增长的内生动力，增强国际竞争力，跨越中等收入陷阱，实现高质量发展，笔者认为一方面应尽快实现人口红利由数量向质量的切换，另一方面要加强以机器人为代表的技术设备投资。

改革开放初期，我国从农村转移出来的剩余劳动力逐步增多，形成规模庞大的农民工。与此同步，恢复高考之后的大中专毕业生陆续参加工作，形成新一代知识分子。农民工和知识分子成为推动我国经济持续快速发展的两种重要人力资本，只不过前者在规模和增速上远远超过后者，我国经济发展的人口红利更容易理解为人口数量红利。

2010 年中国劳动年龄人口比例见顶，2018 年中国出生人口创新低，国家也出台了鼓励生育的政策，这将会增加未来 20 年后的劳动力供给，但无法缓解当前劳动力供需矛盾。因此，我国亟待发挥人力资本存量的作用，培养学习型、研究型和创新型产业工人，持续提升工人的劳动生产率，实现人口红利由数量向质量的切换。一方面，发挥教育和培训机构的作用，不断更新知识、新技能；另一方面，20 世纪 50 年代出生的工人在过去 40 年对国家的经济建设作出了重要贡献，2019 年将全部退休，应当充分发挥这一代工人的传承作用。

毋庸置疑，劳动力相对短缺的现象已经存在且有不断扩大趋势。因此，在新的历史时期，需要大力发展机器人技术。在传统产业领域，既可以弥补劳动力供给缺口，也可以降低人工成本，巩固国际竞争优势。在高端产业领域，则可以完成人工难以完成的高精尖技术，提高国际竞争力。

近年来，我国机器人产业发展势头迅猛，但总体上仍处于起步阶段，2018 年产量不到 15 万台（套）。同时，目前我国机器人企业缺乏核心技术，多以二次开发为主，企业规模偏小，综合竞争能力较弱。不过，这同时也意味着这一新兴行业存在巨大发展空间，且对全面提升我国劳动生产率具有重要意义。换言之，不论是在人力资本领域，还是设备技术方面，我国均存在巨大的投资空间，经济发展前景依然看好。

深化改革推进结构结构调整

丛　屹　天津财经大学经济学院教授、博士生导师

丛屹，山东招远人。天津财经大学经济学院教授、博士生导师，校学术委员会委员。现任天津财经大学马克思主义学院院长、天津财经大学珠江学院（独立学院）经济学院（二级学院）院长，天津财经大学习近平新时代中国特色社会主义思想研究中心秘书长。主要社会职务有：中国经济发展研究会理事、中国未来学会雄安发展研究分会会长、天津市社会组织联合会常务副会长。主要研究领域：发展经济学、宏观经济学、政治经济学、劳动经济学。

2019 年是我国结构调整、转型升级的关键之年，内外部的压力凸显，宏观调控以及各种制度性的创新改革，会面临不小的阻力和风险。但从高质量发展路径的建构来看，这是必须坚定面对的新情势，必须努力向上实现突破和创新发展。

虽然有外部的冲击和压力，但解决好自己内部的问题才是关键。经济结构调整的必要性，归根到底，是传统粗放型的增长模式难以为继。一方面，人口、资源和环境的要素条件趋紧；另一方面，全球性分工格局也在动态调整之中，新一轮的科技革命正在快速推进，新一轮的全球竞争正在开启。我国的社会经济发展要保持长久的竞争力和发展势头，就必须在现阶段进行深度的结构调整，这正是中央确定的“五位一体”总体布局和“四个全面”战略布局的核心要义。

众所周知，深刻的结构调整，本质上是生产关系与利益格局的重大调整，必须要通过深化改革才能完成，深化改革是结构调整的本质属性。

“稳中有变”，既要面对变局甚至是“大变局”，也要保持定力、主动而为，防范变局中的各种风险、应对各种挑战，这是2019年的基本情势，了解中国国情的学者都应该有此共识。转型过程中的“稳”，中央提出了六个，是恰当、准确的。发展中不可能没有问题，问题出现了也并不可怕，关键在于有效应对和解决问题。

面对目前普遍的转型压力，业界尤其是实体经济、民营经济的发展是关键。习总书记在民营企业座谈会上提出的“五六七八九”特征，说明民营经济是解决就业和增收的关键，“六条建议”本质上说明必须从政策、体制和制度上进行全方面的改革，才能不断优化营商环境，降低企业的各种要素成本和体制性成本，才能“稳预期、稳投资、稳就业”。须知，政策指向是营商环境和业界信心、预期的主要影响因素。“稳金融”的关键，是引导金融创新更好地服务于实体经济的发展，才能不断优化金融资产的配置效率，逐渐消化之前的泡沫和风险。

外部冲击也不可怕，中国应借助于潜力巨大的内需市场，采取更加包容、开放的发展格局来有效应对。我国内需市场潜力的发挥，一方面对外资仍有巨大的吸引力，另一方面也需要外资的投入来参与和支持。所以，深化投资与贸易体制的改革，尽快对接国际规则、学会适应和运用国际规则，面向全方面开放新格局的目标不断优化外资外贸环境，才是“稳外贸、稳外资”的关键。面对全球性变局，面对西方个别强国所谓的单边主义和贸易保护主义，我们只有用更加笃定的开放发展策略，才能变压力为动力、变挑战为机遇，继续保持并发挥对全球增长的贡献和影响力。

2019 年底经济增速或将企稳

董忠云　中航证券金融研究所所长，国家金融与发展实验室特聘高级研究员

董忠云，金融学博士、博士后，主要从事宏观策略研究。现任中航证券金融研究所所长，国家金融与发展实验室特聘高级研究员。曾任中国证券投资者保护基金公司托管组成员，知名证券公司债券业务部董事、投资银行总部董事总经理、固定收益事业部董事总经理等职务，证券从业 10 余年，对宏观经济、资本市场有较深的理解。

从外部环境来看，2019 年全球经济格局的一个重要变化，预计是从 2018 年美国经济一枝独秀的局面变为全球同步回落。OECD 领先指标和制造业 PMI 显示全球经济复苏已经见顶，主要经济体复苏进程将会转弱。美国国债长短端期限利差已经十分接近倒挂，从历史数据来看，利差倒挂通常对应着后续将出现经济下行以及货币政策的拐点。

外部环境对我国的影响喜忧参半。2019 年全球经济复苏放缓，特别是如果美国经济开始走弱，将对我国外贸产生较明显的负面影响，可能导致 2019 年出口增速较 2018 年有明显下滑。相对利好的方面是，美国经济走弱将导致美联储货币政策收紧节奏继续放缓，这令我国所处的全球流动性环境边际改善，使得货币政策调整能够在内外部均衡之间更多地倾向于内部均衡，即增加我国货币政策宽松的空间。

在国内方面，内需依然面临下行压力。首先，预计 2019 年地产投资增速大概率走低。2018 年房地产新开工面积增速回升，支持地产投资增速的提升。但领先指标显示，2019 年新开工增速大概率回落，相应构成地产投资增速的下行压力。2018 年地产投资回升主要源于土地购置费增速的大幅提升，土地购置费增速 2019 年也将明显走低，进而地产投资也将面临下行压力。此外，从政策和居民杠杆率情况看，地产投资也很难从销售层面获得回升的动力。

其次，消费动力趋弱，需要政策提振。2019 年，居民杠杆率、收入增速都难有显著改善，而经济转型阶段再叠加外部不确定性，居民对未来经济前景难以形成较为乐观的预期，消费倾向预计也难有提升，消费从内生变化趋势来看，增速大概率会和整体经济同步下行。在出台刺激消费政策的情况下，预计 2019 年消费下滑形势会较 2018 年明显减缓，但下滑方向可能难以扭转。

总体而言，出口、消费和投资增速均面临下行压力，需求面将继续走弱。而内需的下行很大程度上源于金融条件的收紧，目前尚未确认金融数据的拐点，2019 年上半年内需以及经济增速预计仍会逐步走低。但 2019 年全年的社融存量增速有望止跌甚至回升，因此年底可能会见到 GDP 增速的企稳。

在政策方面，目前政策调整的方向已经十分清晰，预计 2019 年政策主基调仍将以“稳”为主，宏观调控将加大力度稳增长。但宏观调控政策已进入新常态，总体原则可以概括为“稳定是底线，改革是主线”。我们预期 2019 年经济增长目标会降至 6% ~6.5%，稳增长政策会先从定向的、结构性的、符合改革转型方向的刺激政策着手，如果政策托底效果不佳，再逐步加大刺激力度。

经济增长或将稳中趋缓

杜飞轮　国家发展和改革委员会经济研究所形势分析与预测研究室主任

杜飞轮，经济学博士，现任国家发展和改革委员会经济研究所（中国宏观经济研究院经济研究所）形势分析与预测研究室主任。主要研究领域为宏观经济形势与政策。主持的课题研究主要有《我国经济形势跟踪、预测和对策研究》《宏观调控目标和政策手段机制化研究》等。在《人民日报》理论版、《经济日报》理论版、《宏观经济研究》等报纸杂志发表论文100多篇。多项研究成果得到党中央和国务院主要领导的批示。出版的著作主要有《中国经济：宏观经济预测与监管改革研究》《小趋势——中国经济的关键变数》等。

2019年，我国经济发展仍存在基本面好、韧性强、潜力大等诸多有利条件，但经济运行的困难、矛盾和问题增多，短期宏观增长动力和微观主体活力总体有所弱化，经济增长或将稳中趋缓。

从有利条件看，推动经济走稳的积极因素主要是：服务业稳定增长，继续发挥经济增长主引擎作用；居民消费持续升级，经济稳定器功能总体不减；价格水平温和可控，为经济平稳运行创造了有利环境。从不利因素看，导致经济下行的负面影响主要是：全球经济下行预期和中美经贸摩擦风险，外需紧缩效应更加明显；国内主要市场多重风险交织叠加，经济系统的稳定性面临较大考验；供需增长内生动力总体疲弱，引发经济继续减速的因素增多。

综合来看，需重点关注中美经贸摩擦对我国经济市场运行秩序和社会预期的影响；供给和需求总体保持动态平衡，但结构性矛盾仍将引发供需趋弱；市场点发式风险持续暴露，但不会引发局部性和系统性风险，2019 年经济增长继续保持在合理区间内，预计 GDP 增速在 6.0% ~6.5% 的区间，CPI 涨幅在 3%以内。

为此，要立足当前经济形势的重大变化，对标高质量发展的目标任务和“十三五”规划的预期目标。坚持稳中求进的工作总基调，坚持以供给侧结构性改革为主线不动摇，抵御外部风险和防范内部风险叠加影响相结合，按照中央经济工作会议提出的工作方向，围绕“六稳”，加紧制定应对经济下行的政策体系，切实护稳经济基本盘，着力解决最直接、最突出、最关键的问题，加快改革创新，力促经济在平稳运行中实现高质量发展。

一是实施更加积极有效的财政政策和稳健中性的货币政策，深化供给侧结构性改革与扩大有效需求相结合。进一步加强减税降费力度，提高预算赤字规模，扩大地方政府专项债券发行规模，加大对三大攻坚战和补短板投资力度，强化民生保障；为市场提供合理充裕流动性，增强金融服务实体经济的能力，保持汇率、利率水平相对稳定。

二是把握风险源头和性质，做好情景分析和应对预案，防范风险对经济平稳运行带来不利影响。一方面，有效应对化解中美经贸摩擦风险；另一方面，防范处置国内地方政府债务、金融、房地产、就业等领域的风险。

三是着力推进各项改革举措落地，坚定不移推进高质量发展。加快要素市场化改革攻坚，深化国资国企改革，推进收入分配体制改革，促进民营经济和民营企业发展，通过改革破除体制机制障碍，释放创新活力，推动产业转型升级和经济结构调整。

“六稳”的核心是稳预期

樊建民　宁夏回族自治区发改委经研中心研究员、中国国际交流中心理事

樊建民，现为宁夏发改委经研中心研究员，中国国际交流中心理事，宁夏区党校特聘研究员，宁夏内陆开放型经济试验区、人社厅、扶贫办等部门专家咨询委委员。著有《规划与谋划》《宁夏视角丛书》（三卷本）。近年来，应邀给北京大学燕京学堂、上海交大继续教育学院、北方民族大学讲学；主持并参与完成省部级重大科研成果20多项，其中12项分获优秀科研成果一、二、三等奖。在区域经济、发展规划、资本市场等领域颇有建树。

充分认识形势、把握形势，利用好战略机遇期是时代之需、发展之需。孟子曰：“天时不如地利，地利不如人和。”中华民族如石榴籽一般，紧紧地团结在以习近平同志为核心的党中央周围，向着实现中华民族伟大复兴的中国梦阔步前进。

对于今后一个时期的经济形势，中央经济工作会议做出了重要判断，那就是“我国发展仍处于并将长期处于重要战略机遇期”，“世界面临百年未有之大变局，变局中危和机同生并存”，未来经济运行将呈现“稳中有变、变中有忧”的态势，外部环境复杂严峻。在这种内外“共振”的“双重”压力下，如果宏观调控稍有不当、微观活力减弱，就有可能给中国经济这艘“巨轮”带来区间“失速”的风险。为有效避免这种风险，必须抓好“六稳”（稳就业、稳金融、稳外贸、稳外资、稳投资、稳预期），保持经济运行在合理区间。

"六稳"件件重要、项项关键，必须抓好落实落地。但我认为核心是稳预期，预期属打基础、管长远，"基础不牢、地动山摇"。从促进中国经济增长的"三驾马车"看，任何不注重提升消费、稳定预期、过于强调依靠投资和出口拉动经济增长的观点都是片面的，单方面依赖投资和出口拉动经济增长的时期已经过去。随着经济发展和人民生活水平的不断提高，顺应社会主要矛盾的变化，满足人民日益增长的美好生活需要必须在增加消费、扩大内需上狠下工夫。"手中有粮，心里不慌。"只有预期稳了，消除了人们的后顾之忧，人民群众才敢于消费、乐于消费、愿意消费，也就自然而然地成为"促进形成强大国内市场"的生力军。近年来，尽管国家不断出台扩大内需的政策措施，消费对中国经济的贡献率也在稳步提高，2017 年达到了 58.8% 的历史新高。但据有关研究，美国 19 万亿美元 GDP 里消费占到了 80% 以上，约 15 万亿 ~ 16 万亿美元，而同期中国 12 万亿美元的 GDP 当中消费只占了 60% 左右，约为 7 万亿美元，跟美国比还不足一半。可见，中国消费市场的潜力巨大。那么，如何通过扩大内需，增强人们的消费预期，提高消费对经济增长的贡献呢？除了毫不动摇地按照"巩固、增强、提升、畅通"八字方针深入推进供给侧结构性改革外，多年发展的实践表明，经济措施一定好于行政措施，制度措施一定好于经济措施。

对此，我们要认真梳理总结这些年国家出台的刺激消费的政策措施，及早研究出台用消费退税方式促进消费增长的制度措施。消费退税说白了，就是根据消费者发生的实际消费额，把国家征收的包含在商品里的部分流转税（增值税），借鉴业已实施的部分商品出口退税和离岛免税的成功经验，按照一定比例退还给消费者，让消费者真切地感受到国家鼓励消费的制度措施是长效的、可预期的，而不是临时的、短暂的。它与现行国家出台的各种促进消费的政策比，具有以下明显的优点：一是消费退税的对象是特定的，只对最终消费者，不产生任何中间环节，能够有效地防止腐败行为发生；二是消费退税的所有操作是公开的、透明的、可控的，这将极大地提高政府的执行力和公信力；三是消费退税可以将国家阶段性的减免税、政府补贴等政策性措施长期化、制度化，从而通过法治手段稳定消费预期，鼓励消费、支持消费，进而形成绿色消费习惯，为国民经济可持续发展提供源源不断的内生动力。从目前看，中国实施消费退税的时机已经成熟，国家不仅要注重推动实体经济的更大规模减税，还要加快推进这项有利于提高消费对经济增长贡献的重大改革举措，让扩大内需成为保持经济运行在合理区间的“定海神针”。

稳民营经济发展需解决三方面基本问题

樊　森　北京中研智库秘书长

樊森，陕西彬县人，现任北京中研智库秘书长。主持编著并出版《中国经济增长方式实证研究》《中国循环经济发展模式与案例分析》《低碳经济》《中国西部县域经济数据报告(2016)》《空间规划（多规合一）百问百答》《空间规划（多规合一）综合解决方案》等10余部著作。

当前，我国经济运行稳中有变、变中有忧，下行压力加大，但仍将长期处于重要的战略机遇期。同样，民营经济发展的压力和危机不可小视。如何做好2019年“稳”经济这篇大文章，在全面抓好“六稳”的前提下，要把稳预期置于更加重要的位置，预期稳则方向清、路径明、信心足，稳预期关键是稳具有“五六七八九”特征的民营经济，推动其高质量发展。近年来，从中央到地方出台了诸多支持民营经济发展的政策举措，发挥了重要作用。回顾历史，展望未来，我认为仍需要开创性地持之以恒地解决以下三方面的基本问题。

一是持之以恒提高思想认识问题。思想是行动的先导，从对民营经济及民营企业家的深度了解看，回望过去，时至当下，民营企业家的安全感、成就感的缺失尚未得到根本性改变。细究其由不难发现，对民营经济的社会价值和地位缺乏应有的认同，民营企业自身的独立人格还未真正形成。经济社会发展的根本是思想与文化的进步，因此要推动民营经济持续健康发展，必须从思想、意识、价值、文化、宣传等方面进行长期的跟进和培育，方能营造民营经济发展的良好思想文化和价值认同氛围，开创民营经济永不停滞创业的春天。

二是持之以恒解决体制束缚问题。长期以来，我国以所有制划分经济成分和企业类型的做法，虽然无可厚非，但这种既有历史渊源，也受意识形态潜移默化的影响，将无意中形成体制对立和成为束缚民营经济发展的体制性障碍。尤其在大力发展市场经济、开放型经济的今天，应打破或取消按所有制分类的统计方法，坚持“体制中性和都是自己人”原则，采取国民经济行业和规模分类的方法，发挥好国有资本与民营资本的共同作用，坚持自由平等、公平竞争，通过产业政策等界定相关领域，并引导其发挥作用，不断推动我国经济高质量发展。

三是持之以恒优化资源配置问题。党的十八届三中全会提出“使市场在资源配置中起决定性作用和更好地发挥政府作用”，但在实际发展过程中，如何处理好政府与市场的关系，解决缺位、越位和错位等问题，准确把握政策和法治的界限，时有本末倒置的状况，致使民营经济常常处于跟风站队的朝夕变化和盲目适从状态。因此，要围绕市场经济体制改革目标要求，同时区分资源配置属性，明确划分市场与政府发挥作用的边界，坚持要素资源自由流动，公共资源有效管控，用改革的、法治的手段治理习惯依赖于行政命令管理经济的方式，保持制度的稳定性和连续性，为民营经济持续健康发展持之以恒地营造良好的法治环境和制度保障。

稳预期是“六稳”关键

冯俏彬　国务院发展研究中心宏观经济研究部副部长、研究员

冯俏彬，经济学博士、博士后，中国行政体制改革研究会副秘书长。第三届黄达—蒙代尔经济学奖获得者。2005 ~2006 年美国哈佛大学肯尼迪政府学院访问学者。中国财政学会常务理事。新供给经济学 50 人论坛成员、副秘书长。中国文化金融 50 人论坛成员、学术委员会委员。北京师范大学、山东大学兼职教授。著有《国家治理与财税改革》《私人产权与公共财政》《应急财政：基于自然灾害的资金保障体系研究》《应急管理与公共财政》《新型城镇化进程中的行政层级与行政区划改革研究》《透视供给侧结构性改革》6 本专著，参著、参编著作若干。在《人民日报》《光明日报》《新华文摘》《财政研究》《经济学动态》《财贸经济》等报纸、学术期刊上发表文章 300 余篇。先后主持或参与国家级、省部级、各类委托课题近 40 项。主要研究领域为公共财政与税收、政府经济管理、供给侧改革等。

2019 年，我对中国经济形势总体保持谨慎偏悲观的判断。主要原因如下。一是从大历史的角度看，世界已经迎来了“百年未有之大变局”，巨大变革正在徐徐展开。二是从国际形势上看，中美关系已进入一个以战略竞争对手为主的时期，鉴于美国仍然是当今世界上唯一的超级大国以及现有国际秩序的主导者，因此必定会给正在谋求民族复兴的中国制造巨大的障碍。三是 2013 年十八大以来制定的全面深化改革的诸多战略，由于种种原因没有完全落地。四是各方面存在等待观望的情绪。五是虽然近期各部门、各地区积极出台了一系列促进民

营经济发展的支持政策，但很可能遭遇现实困境。

为了应对这个复杂局面，党中央提出了“稳就业、稳金融、稳外贸、稳外资、稳投资、稳预期”，这是非常正确的，也是非常急迫的。我认为，在这“六稳”之中，最关键的是“稳预期”。理论研究表明，市场经济在某种程度上也可以说是预期经济，对于未来光明或悲观的看法，既影响投资行为，也影响消费行为，而且相互之间还会进一步传导和增强。值今之际，扭转一切问题的关键，在于稳定预期。稳定预期的关键，第一在于方向感，第二在于明白描述问题，第三在于明白表述未来 5 ~ 10 年的发展图景。经济学理论上还存在着一种理性预期失灵的现象，即当所有人都形成了某种预期的时候，很可能这种预期同时也就并不存在了。因此，必须实行有效的预期管理。

关于“稳就业”。必须看到，当前我国就业的 90% 以上集中在中小微民营企业，因此，中小微民营企业能稳定经营，几乎是稳就业的唯一之举。这就要求我们要为民营经济的发展创造更好的条件和氛围。除了现在各地区各部门的“送温暖”行动，更重要的还是要在要素的取得、配置、价格、市场的进入、管理、税费等方面和国有经济平等对待，一视同仁。法治至关重要。另外，“稳就业”还要继续做好“放管服”工作，让现在已经占到劳动力相当比例的高素质年轻人自我雇佣、自我实现、自我成就。

关于“稳投资”。值此经济下行压力加大之际，通过一定规模的政府投资来顶住经济下行的压力，在历史上曾经很有效果。鉴于我国地域广大，区域发展不平衡，因此仍然有不少的投资领域与空间。在当前的特殊情况下，通过加大投资稳住经济增长速度的确是一个可行的选择。但一是要注意投资的方向，或是集中于大家有广泛共识的“补短板”方面，或是集中于围绕新经济发展所需要的新基础设施方面。二是要注意方式方法，努力吸收民资进入，注意克服政府投资所产生的挤出效应。三是要通过营造良好的发展前景与投资环境，让更多的外资、民资成为投资主力，这才是中国经济稳定与增长的不二选择。

“六稳”核心在于稳信心

冯宗宪　西安交通大学教授

冯宗宪，西安交通大学教授，管理学博士、商学博士后。经济与金融学院、金禾研究中心博士生导师，“一带一路”与全球发展研究院首席专家、发展与投资研究中心主任。享受国务院特殊津贴专家。

研究领域为国际贸易壁垒和全球发展战略、“一带一路”区域经济合作及自贸区战略；全球经济治理、产业转移与风险管理。国家社会科学基金重大项目首席专家，主持国家自然科学基金和国家社会科学基金项目10余项，承担世界银行、亚洲开发银行、欧盟、加拿大等国际组织和商务部、科技部、国家发改委及地方政府委托课题30余项。

在国内重要期刊发表论文百余篇。出版专著和教材多部，入选《国家哲学社会科学成果文库》著作1部，入选《高校社会科学文库》著作1部，入选“十一五”国家重点图书著作1部；专著10部，获陕西省哲学社会科学优秀成果一等奖1项、二等奖2项、三等奖4项；商务部全国商务发展研究成果二等奖2项。

2019年，我国经济将面临较大的下行压力，在宏观与微观经济层面均会有明显反映。

宏观经济方面，经济增长将继续下行，但仍能保持在合理区间。

综合来看，经济下行压力主要来自三大方面。

一是中美贸易摩擦升级及全球经济减速将对我国出口增长及就业产生较大

压力。如果中美经贸谈判无果，美国对我国提高关税措施的影响将会在 2019 年一季度开始显现，导致 2019 年我国出口可能出现负增长。中美贸易摩擦升级首先会导致加征关税商品清单中的行业及企业就业减少，长期也必然波及产业链上下游行业及企业的就业。中美贸易摩擦升级还会对国际产业分工体系产生影响，使我国劳动密集型产业加速向外转移。

二是房地产调控的压力。我国一、二线城市累积了较大的行业风险和金融风险。在近年来的宏观调控下，我国房地产市场目前已出现降温态势，预计 2019 年房地产投资和销售下行的压力将增大，房价总体将趋于下降，部分地区下降幅度会较大，这对经济增长会形成一定压力。

三是经济短周期下行的压力。受国际、国内因素影响，经济可能进入周期性下行阶段，预计周期性下行至少将延续到 2019 年，甚至要到 2020 年中期后才逐步结束。

以上三大压力叠加，导致我国宏观经济将出现较前几年更显著的调整，估计自然调整幅度可达 0.5 ~1 个百分点。

微观经济方面，预计将呈现需求、价格、效益三降的走势，不少行业面临较大的生存压力。受国内消费需求继续放慢及出口需求将出现较明显调整的影响，企业面临的需求压力将加大。需求放慢，价格将会走低，对于工业品的影响会更加明显，因为我国不少行业出口依存度较大，出口放慢将使企业销售收入下降，从而加剧市场价格竞争；需求放慢和价格走低，必然影响企业效益。

2019 年是新中国成立 70 周年，是全面建成小康社会关键之年，做好经济工作至关重要。“所当乘者势也，不可失者时也。”2019 年，我国坚持深化改革开放，将带来新机遇，也会面临新挑战。我们要把改革之路走得更快、更稳；开放之门开得更大，开放领域更多；以改革开放新突破带来社会生产力大跃升；通过参与全球经济治理体系变革，推动建设开放型世界经济，为我国经济发展营造更好的外部环境。通过加快绿色发展和经济结构优化升级，加大生态文明建设力度，推动我国经济可持续发展。通过提升科技创新能力，使我国在全球新一轮科技革命和产业变革浪潮中勇立潮头，在关键核心技术创新上取得重大突破，构建起面向未来的经济结构，为我国经济发展增添新动能和新优势。

为做好稳就业、稳金融、稳外贸、稳外资、稳投资、稳预期工作，一定要提高政策的前瞻性、灵活性和有效性。综观“六稳”，核心在于稳预期，而稳预期的核心又在于稳信心，特别要树立敢于爬坡过坎、艰苦奋斗的信心。稳就业既是一个社会问题、稳定问题，又是一个经济问题、发展问题，要作为老百姓千家万户切身利益的社会稳定之锚。加强金融监管和控制风险的同时，推进利率市场化，确保流动性合理充裕，提高金融资源配置效率，加快资本市场改革，为企业融资多元化、化解创新风险、提高资产重组效率，提供强有力的金融发展基础。稳外资和稳外贸是与进一步扩大开放、深化改革相联系的，是经济高质量发展的重要制度保障。稳投资的重点是要进一步推进供给侧结构性改革，加大力度补基础设施建设的短板。在促进投资较快增长、保持合理投资规模的同时，需要更加注重优化调整投资结构、提高投资的有效性和质量效益，重点加强自主创新、社会事业、节能减排和生态环境建设、脱贫攻坚等领域的投资。

以绿色发展方式助推经济发展

高世楫　国务院发展研究中心资源与环境政策研究所所长、研究员

高世楫，博士，1965 年 7 月出生于重庆市开州区。1986 年于国防科学技术大学获学士学位。1992 年于英国 City University 获博士学位。1992 ~1995 年于英国 Sussex University 从事博士后研究。

1996 年加入原国家经济体制改革委员会经济体制与管理研究所（2003 年后为国家发展改革委经济体制与管理研究所）从事经济体制改革研究，历任研究室副主任、主任、副所长，2001 年 12 月获聘研究员。

2004 年 12 月调任国务院发展研究中心发展战略和区域经济研究部副部长；2011 年 12 月 ~2013 年 4 月，任国务院发展研究中心信息中心主任；2013 年 4 月起任国务院发展研究中心资源与环境政策研究所所长。

担任第一、第二、第三、第四届国家信息化专家咨询委员会委员。担任过世界银行、亚洲开发银行和 OECD 等国际机构的项目咨询专家。

2007 年获国务院特殊津贴。获省部级科技进步奖、中国发展研究奖、孙冶方经济学奖（著作）等多项奖励。

2019 年是取得三大攻坚战决定性胜利以如期达到全面建成小康目标的关键之年。面对错综复杂的国际国内形势，2018 年底中央经济工作会议提出“巩固、增强、提升、畅通”的八字方针，坚持以供给侧结构性改革为主线不动摇，更多采取改革的办法，更多运用市场化、法治化手段，推动经济高质量发展。这是党中央基于现阶段发展所面临的主要机遇与重大挑战做出的科学决断。2019

年1月下旬，习近平总书记在省部级主要领导干部“坚持底线思维着力防范化解重大风险专题研讨班”开班式上发表重要讲话强调，要提高防控能力，着力防范化解重大风险，保持经济持续健康发展、社会大局稳定，这体现习总书记和党中央的忧患意识、底线思维理念和战略定力。

就生态文明建设而言，2019年将深入打好污染防治攻坚战，形成与防范化解重大风险和精准脱贫两大攻坚战相互促进的新气象。2018年全国生态环境保护大会召开，党中央国务院对全面加强生态环境保护、打好污染防治攻坚战做出了全面部署，各种专项行动计划或工作方案纷纷出台，全国蓝天保卫战、碧水保卫战、净土保卫战全面打响。特别是随着党和国家机构改革的推进，自然资源的开发利用保护、空间规划的实施将更加有力。生态环境政策、规划和标准得到统一，生态和城乡各类污染物排放统一监管将更加有效。这样，在深化供给侧结构性改革的进程中，强化生态保护红线、环境质量底线、资源利用上线硬约束，可以有效推动形成绿色发展方式和生活方式，走生产发展、生活富裕、生态良好的文明发展道路。

2019年，生态文明建设将在推进高质量发展，统筹推进稳增长、促改革、调结构、惠民生、防风险过程中发挥重要作用，为全面建成小康社会收官打下决定性基础。通过深化改革，以更加法治化、市场化的方式加强生态环境保护，不搞懒政怠政的“一刀切”，这将有利于把环境监管等外部约束内化为企业依法经营的必然要求，转化为企业提高技术水平、管理水平从而提高产品质量、降低生产成本的内在动力，以产品创新和管理创新提高生产效率和提升产品竞争力。以现有技术条件和人类累积的治污经验，中国完全有条件实施有效的环境监管，实现所有生产设施达标排放，在提高环境质量的同时实现稳定就业和保持产品竞争力、产业竞争力。这就是推动经济高质量发展的重要途径。

良好的生态环境、洁净的水和空气，是人民群众对美好生活的迫切需要。

打好污染防治攻坚战既要解决我们在环境中的欠账，又要通过发展不断改变人民生活条件，提升老百姓的生活质量和生活品质，改进民生福祉。这需要我们在绿色生产和生活方面加大投资。在推动产业绿色化和绿色产业化方面，在绿色基础设施方面，在大江大河治理、生态屏障建设、生态区域修复方面，在绿色能源领域，我们都有巨量投资需求，这类投资可以拉动绿色装备制造、引导绿色技术开发，促进产业结构转型升级和经济总体平稳发展。特别是在绿色低碳循环的技术和经济领域，我国提供了以更加绿色的方式实现工业化现代化的独特社会需求和市场空间，为发展绿色技术和绿色产业提供了巨大机会，可以通过有效整合各类技术而建立产业上的先发优势，抢占全球绿色产业竞争的制高点，使中国成为世界生态文明建设的参与者、贡献者和引领者。

中国经济发展韧性强

郭可为　中国工商银行城市金融研究所高级分析师

郭可为，毕业于中国人民大学国际关系学院国际政治经济学专业，硕士研究生学历。现任中国工商银行总行城市金融研究所高级分析师，高级经济师。迄今公开发表文章200余篇，有9篇学术论文独立发表在《亚太经济》《国际经济合作》《日本研究》《日本问题研究》《银行家》等中文社会科学引文索引（CSSCI）和北京大学中文核心期刊上，另有3篇被《人民日报》内部参阅转载。

2018年12月举行的中央经济工作会议明确指出，外部环境复杂严峻，经济面临下行压力。2018年，中美贸易摩擦不断演化对出口的影响逐渐显现，同时叠加国内结构性去杠杆和金融监管政策从严等因素，中国实际GDP增速由2017年的6.8%下降至6.6%。

2019年，中国经济仍然面临错综复杂的内外部环境。一方面，国内经济仍然处于“三期叠加”的转折阶段，“阵痛”仍在持续。一是中央政府对地方政府城投平台融资实施严格管控，缩小了地方政府加大基建投资的空间。二是结构性去杠杆导致信贷收缩，在一定程度上加剧了实体企业“融资难”问题。三是人口红利的逐渐缩小和城镇化进程的放缓，房地产对经济的拉动作用有所降低。另一方面，外部环境不容乐观影响中国经济前景。美国与中国的贸易摩擦在未来有可能出现反复甚至恶化。

但笔者对中国经济的发展韧性保持乐观态度。首先，宏观政策齐发力将有助于实现“六稳”。2018 年中央经济工作会议对 2019 年财政政策的定调是“积极而且要加力提效”，对货币政策的定调是“稳健的货币政策要松紧适度”。可以预见，首先，未来积极的财政政策配合稳健的货币政策，有望成为保持中国经济增长的强心针，特别对“稳预期”也有着积极作用。其次，中国经济增长的新动能逐步形成。高技术制造业和装备制造业发展势头强劲，增加值分别同比增长 11.7% 和 8.1%。相关投资持续保持高速增长，专用设备制造业、电气机械和器材制造业、计算机、通信和其他电子设备制造业投资全年增速分别为 15.4%、13.4%、16.6%，成为拉动经济增长的重要引擎。再次，人民生活水平不断提高使消费的稳定器作用日益凸显。2018 年最终消费对经济增长的贡献率为 76.2%，较上年提高 18.6 个百分点。同时，据测算 2017 年中等收入群体已超过 4 亿人，涉及 1.4 亿个家庭，消费能力十分可观。

综合来看，2019 年中国经济有望保持平稳增长。具体建议：一是财政政策要积极。进一步减税降费，切实减轻企业负担，为企业发展保驾护航。同时加大基础设施等领域补短板力度，增加地方政府专项债券规模。二是货币政策要灵活。适时适度地降准，继续采取 MLF、TMLF、SLF 等公开市场操作加大流动性供给，缓解实体企业融资难问题。三是政府要不断改善营商环境。各级政府要致力于打造公平、透明、便捷、有序的市场环境，逐步放开部分非国计民生领域的资本限制，引导国内外资金流向实体经济。四是实体企业要苦练内功。加大研发力度，掌握核心技术，提升产品质量，打造核心竞争力，让“中国制造”向“中国创造”“中国智造”“中国品牌”“中国服务”升级。

供给侧结构性改革是推动我国经济高质量发展的关键

韩保江　中共中央党校经济学部主任、教授

韩保江，经济学博士，现为中共中央党校（国家行政学院）经济学教研部主任、教授、博士生导师。对社会主义市场经济理论、中国特色社会主义政治经济学、经济体制改革、国有企业改革、收入分配、当代世界经济和经济全球化等问题有独到而深入研究。

个人专著：《西方世界的拯救——现代资本主义收入分配制度变迁与贡献》《全球化时代》《刀尖上的舞者——中国职业经理人制度建设案例研究》《中国奇迹与中国发展模式》《瞭望中国——关于中国发展前途的思考》《新常态下中国经济的难题与出路》《中国特色社会主义经济问题》。同时，主编与合著《国际市场学》《国际金融学》《中国经济：2005 年年度观点》《劳动关系概论》《当前中国经济热点 18 个怎么看》《加快转变经济发展方式政策与实践》《当代世界经济》等著作和教材 20 多部。在《经济研究》《人民日报》《光明日报》《经济日报》《解放军报》《瞭望》《学习时报》等著名报刊上发表论文 200 多篇，有多篇被《求是》《新华文摘》和中国人民大学复印资料全文转载。

从已经公布的 2018 年下半年和 2019 年 1 月份的先行经济指标看，由于制造业 PMI 已堕入 50% 的枯荣线以下，非制造业 PMI 也在下行，2019 年经济增长下行已是必然，当前最主要的任务是把握好“稳增长”和“防风险”的关系。为了“防风险”，党中央做出了稳就业、稳金融、稳外贸、稳外资、稳投资、稳预期的“六稳”工作安排，实践证明是有效的。但也必须看到，“六稳”不是孤立的，与经济增长与否息息相关。换句话说，稳增长是实现“六稳”的物质基础，是防风险的最好的办法。为此，我们必须千方百计守住 2020 年经济增长不低于 6% 的底线，争取更高的增长，实现经济“软着陆”。要“稳增长”，必须激活供给和需求“双重动力”。供给侧结构性改革是我国经济高质量发展的关键。

通过 4 年来的“三去一降一补”，低端无效产能有所削减，生态环境大为改善，房地产库存明显化解，宏观杠杆率逐步趋稳，企业经营成本有所下降，补短板取得积极进展，为经济高质量发展奠定了初步基础，但并不稳固。美国单方面挑起的贸易摩擦，使得我国仍处于价值链中低端和核心技术受制于人的问题进一步暴露，供应链、价值链、产业链安全受到威胁，迫切需要加快优化提升，培育和发展新的产业集群，不断推动产业升级，形成发展新动能，所以，我们要坚持供给侧结构性改革工作主线不动摇。但是，供给侧结构性改革不可能在经济增长失速的情况下深入推进，决不能忽视振兴国内需求和做强国内市场对拉动经济增长的作用。为此，宏观调控要科学精准。

积极的财政政策要加力增效，实施更大规模的减税降费，增加地方政府专项债券规模。稳健的货币政策要松紧适度，保持流动性合理充裕，改善货币政策传导机制，提高直接融资比重，解决好民营企业和小微企业融资难、融资贵问题。结构性政策要坚持向改革要动力，深化国资国企、财税金融、土地、市场准入、社会管理等领域改革。要强化竞争政策的基础性地位，使产业政策由差异性、选择性向普惠性、功能性转换，创造公平竞争的营商环境。实施就业优先政策，着力解决结构性失业问题。加快提高社会保险统筹层次，确保守住群众基本生活底线。

供需两端减税降费
避免通货膨胀和通货紧缩

何代欣　中国社会科学院财经战略研究院财政研究室副主任

何代欣，四川省内江市人，管理学博士（管理科学与工程），应用经济学博士后（财政学）；中国社会科学院财经战略研究院副研究员，财政研究室副主任；中国社会科学院大学（研究生院）副教授，硕士生导师。现任全国专业标准化技术委员会委员。曾担任中国社会科学院博士后联谊会理事长，第21届北京博士后联谊会常务副理事长。

研究方向：国债规模理论，税制改革与税收经济分析、财政政策评估，财税数据挖掘与实验分析。

2018年，我国实施了较大规模的减税降费，全年减税降费规模超过1.3万亿元。2018年12月召开的中央经济工作会议进一步指出，要实施更大规模的减税降费。作为宏观经济政策强化逆周期调节的重要手段，2019年要实施更大规模的减税降费，就不能忽视一些前置条件变化所带来的挑战。研究认为，我国减税降费要实质性地迈入“2.0版”新阶段，不仅要普遍性地减轻社会税费负担、降低微观主体成本，而且要注意引导预期，延缓政策效力衰减。

第一，将更大规模减税降费纳入稳定经济的宏观调控政策中。现阶段，我国稳定经济运行的任务比较重。大力度刺激需求的做法效果未必上佳，而且可能增加新的风险。因此，更大规模减税降费的步伐唯有加快。作为可以稳定经济运行、恢复市场信心的政策选择，减税降费在一些国家已见成效，在我国也是各方期盼。更大规模的减税降费与现实减税需求、社会预期之间的通道亟待打开。首先，要建立减税降费的预期兑现机制。当然，前提是有财力作保障，保证财政的基本稳定。其次，要通过将减税降费的任务精确分解到各个税（费）种的办法完成减税降费目标。再次，要及时跟踪减税降费的政策效果，注重提高减税降费政策的时效性和延续性。最后，及时测算减税降费对稳定经济的贡献度。

第二，兼顾供给与需求的减税降费效果更佳。更大规模的减税降费为同时改善供给和扩大需求提供了可能。当不清楚商品的供给与需求弹性时，尝试在供给和需求两端减税降费，即使不是最优的政策效果，也会是一个次优的理想选择。一是供给端减税降费的主要作用是调结构。这可以发挥财政政策精准发力的优势。相对于传统的增加支出，在供给端减税降费对激励创新发展、削减过剩产能的作用更加明显。二是需求端减税降费的主要目标是促消费。经济下行对就业和收入的影响可能很快显现，而减税降费对价格的影响最终会体现出来，所产生的收入效应不仅不会比直接补贴的效果差，而且还会更加中性。三是具有巩固市场均衡的作用。供给与需求两端减税降费的正外部性便在于此，这是避免总量型货币政策游走于“通货膨胀”和“通货紧缩”之间的调节剂。

第三，面向企业和个人的减税降费应有不同的侧重点。企业和个人对减税降费的政策需求有很大不同，即使在不同企业和不同人群之间，大家对减税降费的获得感都有差异。对于企业而言，减税和降费应区分不同企业进行。一方面，对于有一定盈利能力的企业，应主要考虑通过降低企业所得税 25% 的标准税率实现其减负；另一方面，对于那些获利能力较差的企业，应通过降低其社会保险费等负担实现减负。对于个人而言，应区别不同收入群体制定相应减负措施。一方面，对于高收入人群，应通过考虑降低个人所得税最高边际税率的方式实现减负。笔者认为，降低个人所得税最高边际税率已经到了可以探讨的时候。制度上平衡企业所得税与个人所得税税率能有效降低偷逃税款等现象的发生。另一方面，对于中低收入人群，减税降费还要从影响基本生活品的间接税入手。因为所得税与其关系不大，而具有累退特征的商品税对其影响则很大。

第四，将更大规模的减税降费作为现代财政制度。现代财政制度建设是一项全方位的系统工程，与国家治理现代化高度关联。现代国家的税制体系应与之前有所不同，轻税或许是一个很重要的特征。更大规模的减税降费为税制调整提供了空间，也为税收现代化开启了大门。首先，更大规模的减税降费是减间接税、增直接税的结构调整窗口期（高培勇，2017）。其次，更大规模的减税降费是实现放弃收入计划、执行应收尽收原则的转折点。更大规模的减税降费可以在一定时期之内给收入计划柔性缓冲。最后，以社会减负推动政府职能转型。收入支撑支出。收入规模缩减对支出规模形成硬约束，因此支出部门会权衡供养能力。减税降费的长期作用不容忽视。

国引民进　混序共生

何万篷　上海前滩新兴产业研究院院长、首席研究员

何万篷，上海前滩新兴产业研究院院长、首席研究员、博士，大学兼职教授、博士生导师。兼任上海市青联委员、上海市静安区政协常委、上市公司独立董事、政府顾问等。

世界正处于“百年未有之大变局”。变局首先来自主要经济体的结构性变化，其影响是复杂嵌套、动态迭代的，这些影响集成表征为全球性的剧烈转换——价值转换、动能转换和治理转换。

上海前滩新兴产业研究院基于“政府－市场－社会”的三螺旋模型，开展“情景模拟”和“循证决策”，对2019年展望如下：

——中国经济：略显苍白色的上半年，玫瑰色的下半年；

——“一带一路”高峰论坛2.0和“进博会”2.0，将深刻改变地缘政经景观；

——“上海作为”，将引领高能级再改革新开放；

——全球技术链和产业链“泛政治化”，将有局部“分离”；

——“WTO＋（系统性再造）”将是大概率事件，“WTO－（减员版）”将

是小概率事件；

——美国特朗普总统的“新政效应”，峰值已过；

——中美关系峰回路转，步入“有约束的全面竞争”；

——美股 M 型向下，A 股 W 型向上；

——多数 G7 成员国将遭遇内部大分裂、大动荡。

我们如何应对？必须高度重视建设“稳定之锚”和“发展之源”。这个“稳定之锚”，就是稳健的资本市场政策。这个“发展之源”，就是积极的企业政策。

稳这、稳那，不如稳住资本市场。稳住资本市场就是稳住预期，就是稳住人心。资本市场稳住了，就会显著降低和其他突发事件结合的风险，降低其他风险的破坏烈度，增进整体性安全。这就必须杜绝政策创新简单化、情绪化，过程当中形成的问题应当在过程中解决，不可“一刀切”。“毕其功于一役”的想法，往往是危险的，容易引起“次生灾害”。

这积极、那积极，最需要让企业政策更积极。要实施积极的企业政策，营造政府精准感知生动而多样化的市场需求、企业柔性响应政府规划的良好氛围。打通对企业开放的“最后一公里”（最典型的是“准入不准营”），消除营商环境中的“微障碍”和“程序门”，实质性降低综合税负，要“明减”，不要“暗补”，这就是积极的企业政策。

2018 年，出现了某种“阶段性双趋弱”迹象——外资外企投资扩张意愿弱化、民资民企投资扩张能力弱化。换言之，“增量改革”暂时横盘。这就迫切需要全面激活存量改革。最大的存量，乃是我们的国资国企，必须进行再审视、再谋划、再提升，果敢而凌厉地启动新一轮大改革大开放。

国资国企改革开放，涉及面广、影响面大，是中国特色政治、经济、社会关系的总和，是典型的复杂巨系统，至少受四大因素的影响——市场经济基本规律、改革开放渐进逻辑、国际博弈斗争形势和国内政情社情。在非线性、多维度的刚性约束条件下，既要改革、又要发展、还要稳定、更要和谐，颇不容易。

正因为如此，国资国企的改革开放已经成为各项事业的总开关和总枢纽，是打造“现代政府、现代市场、现代社会”三螺旋的最佳结合点，是衡量经济体制改革是否到位的重要标准，是国家治理体系和治理能力现代化的重要平台。当然，如果操作不好，也可能变成总瓶颈。

深化国资国企改革开放，要坚持“两预两共”原则——科学的预见、务实的预案、广泛的共识、共同的行动。预见先于预案，共识牵引共同行动。尤其要确立这样的共识：在新时代背景、高质量要求下，国资国企超越所有制的藩篱，引领和协同社会资本，首先要打破“挤出效应”，国资国企过于强势，将抑制、挤压社会资本的生存和发展空间；其次要发挥“瀑布效应”，起到策源、破局、踢开“第一脚”的作用；最后要规避“合成谬误”，国资国企和社会资本基于各自视角的利益诉求，就其本身而言都是合理的，但是简单加总拼合后，不一定能代表整体利益的最优化。

简而言之，就是“国引民进、混序共生”。这就是中国特色“体制释放”的魅力。

“国引民进、混序共生”的效果如何，归根到底取决于政府职能的理性转换、主动转换和有效转换。我们不能因为阶段性的迟疑，造成历史性的遗憾。为了构筑新一轮跨越发展战略优势，需要开闸放水、开源赋能，释放资源、释放红利，让国资国企焕发新动能，让社会资本享受最便利的营商环境，开掘最丰富的投资机会，自主创业、自由竞争，一起成为奔腾创新、川流不息的“中国力量”。

成绩和差距是继续改革开放的出发点

贺力平　北京师范大学经济与工商管理学院教授

贺力平，1987 年硕士毕业于中国社会科学院研究生院世界经济与政治系。1996 年获伦敦大学亚非学院经济学博士学位。2002 ~2003 年作为富布莱特学者访问纽约哥伦比亚大学商学院。现任北京师范大学经济与工商管理学院金融系教授，国际金融研究所所长。近年来主要中文著作有：《金融改革开放与中国国际收支再平衡》（与樊纲合编），《“不可能三角”再探讨：资本账户开放、国际收支平衡调整与人民币汇率改革相互匹配研究》（与张燕生合编）。

1978 ~ 2018 年是中国改革开放的 40 年，也是中国经济取得快速增长的 40 年。相比世界各国，成绩巨大，但也存在相当的发展差距。

以世界银行发布的人均国民收入（GNI）指标为例，2016 年中国人均国民收入为 8250 美元，世界各国这个指标的平均值为 10308 美元，中国仅为世界平均水平的 80%。按照国际货币基金组织提供的略有差别的数据，2017 年中国人均国内生产总值（GDP）按现行价格和汇率水平换算为 8643 美元，世界平均值为 10630 美元，中国为世界均值的 81.3%。即使未来年份中国人均 GNI 或 GDP 年均增速可达到 5%，在世界均值的增速不低于 2% 的背景下，中国也需要 6 ~ 8 年甚至更长时间才能达到世界均值。显然，接近或达到发达经济体的人均水平则是一件更加遥远的事情。

过去，在人均收入水平较低的时候，中国经济增长在很大程度上依靠了外部市场需求和国内固定资产投资（包括基础设施建设投资）的不断扩大。但这两个方面近年来都发生了重要变化。即使没有中美贸易摩擦，外部需求也是相对减速的。加上中美贸易摩擦，外部需求甚至可能在一段时间内绝对量上出现减少。

国内固定资产的投资回报率在多个领域内显著下降。即使像高铁和高速公路这样的基础设施项目，人口稠密区的布局已大体形成，新增建设项目主要在人口较不稠密的区域，其边际效益难免递减。房地产和一些工业产品上的固定资产投资也会在不同程度上出现回报率下降的问题。

换言之，中国经济当下面临的下行压力不仅仅是常规周期问题，其中也有长周期和结构性因素。因此，不能指望经济运行快速回升，不能指望宏观政策过度放松。2008 年后国际社会许多成员都实行了超常规的量化宽松政策，包括财政政策和货币政策的“双松”。但与我国不同的是，那些国家在那时都出现了企业破产浪潮和失业人数剧增等严重问题。只要认为我国经济目前和近期未来尚未出现或不太会出现这种问题，何来大幅度调整宏观经济之必要？

2019 年是中国经济从中高速增长转向高质量发展进程中的重要一年。这一年将考验政策决策者们转向高质量发展的意志和定力。如果真正将高质量发展当做未来的方向，那么，对经济增速变动的担忧就应该降低。没有市场供求关系的平衡调整，没有市场出清，哪能有高质量的经济发展呢？

对比世界上许多发达经济体，我国的经济制度尚有许多不成熟的地方。新的改革开放应在这些领域中多多发力。一些领域中的重要改革过去由于种种原因被推迟了或者变形了。为了推动中国经济转向高质量发展，应以新的决心来推进改革开放，把成绩和差距当做继续改革开放的出发点。

坚持高增长向高质量转变

洪　涛　北京工商大学商业经济研究所所长、教授

洪涛，湖北天门市人，教授，博士生导师，北京工商大学商业经济研究所所长、贸易系（含国际贸易）原主任，中国食品安全电子商务研究院院长。

自 1986 年以来，先后在《财贸经济》《中国农村经济》《中国社会科学院研究生院学报》《企业管理》《商业经济与管理》及《人民日报》《经济日报》等刊物上发表论文 507 篇，有 71 篇论文被中国人民大学报刊复印资料转载。自 1990 年以来出版专著 19 部，合著 20 多部，有 21 篇（部）获奖。出版《高级电子商务教程》《电子商务盈利模式案例》《网络营销》《移动商务模式设计》《物联网经济学》等。

先后承担国务院研究室、科技部、商务部、国家发改委、财政部、国资委、中国体改基金会、中国商业联合会、北京社科基金重点课题、国家重点出版基金项目等 20 多项课题。

一、2019 年中国经济大趋势

2019 年中国经济大趋势可以概括为“新、变、慢、好”四个字，而且在相当长的时期，这四个字的特点不会改变。

第一，“新”——许多新理念、新科技、新管理、新产业、新模式、新业态不断涌现。

中国经济正在加速转型升级，其首要特征是“新”，即各种新理念、新科技、新管理、新产业、新模式、新业态不断涌现，这些“新”正在逐渐引领全球经济发展。

第二，“变”——除了不变外，均在变化之中，是万物变化之规律。

在生产领域，中国经济经历了短缺、供过于求，现在进入加速结构调整时期。当前，中国经济总体处于“供大于求”与“供不应求”并存的格局。如中国农产品普遍供大于求，2015 年粮食“十二连增”，2018 年粮食是“十五年丰”。同时，我国进口大量的农产品，如大豆、食用油脂、优质肉类、优质水果等，也大量出口蔬菜、水果、水产品等。

在流通领域，中国经济正处于转型“关键期”，既要种得好、养得好、加工好，还要卖得好、卖出好价钱，消费者得实惠，农民得收入；反过来，通过卖得好、卖出好价钱，促进种得好、养得好、加工好。流通领域越来越具有十分重要的作用。

在消费领域，传统的是，生产是起点、销售是终点；现在是，市场及其“新消费”是起点的“拉式供应链”，即根据市场需求，设计出新的产品，然后形成订单，工厂才开始生产，没有订单就开始生产的时代已经过去了。

在进出口贸易领域，我国正在由一个出口大国变为进口大国，从而满足城乡居民美好生活的需要。2018 年我国进出口贸易总额达到 4.62 万亿美元，其中进口达到 2.14 万亿美元，增长率达到 15.8%，提高 5.9 个百分点。

第三，“慢”——由高增长向高质量转型，这种高质量体现在以下多个方面。

中国经济正在加速三个转型：由追求速度向追求效益、由追求产量向追求质量、由追求产品向追求品质、品牌、服务转型。当速度减缓时，如果提高流通速度，减少损耗和浪费，等于是增加了 GDP 的产出，提高了经济质量和效益。

中国经济改革开放40年来，以高于9%的增长速度向中高速换挡转型，增幅减缓，成为当前经济转型升级的主要标志。2018年中国经济增幅减缓，但在全球范围内看，与3%左右的增幅相比仍然是较高的增长速度。

中国社会消费品零售总额增长由长期以来10%以上的增长，甚至超过22%的增长，到2018年增幅减缓为9%，但是年度总额超过38万亿元。2018年最终消费支出对经济增长的贡献率为76.2%，比2017年提高18.6个百分点，消费继续稳居经济增长的第一驱动力。

“慢消费”方式不断地出现，甚至出现了多种“慢城模式”，且创新了欧美“慢城模式”，使代表消费升级的“慢消费”模式不断涌现。在这种由“快”变“慢”过程中，中国经济质量在不断地提高，中国居民的消费质量也在提高。

同时，中国经济的“快”与“慢”相互交织，如中国经济增长幅度减缓，但在全球范围内的中高速增长、进口增长高于出口，网上购物高于网下，“双十一”成为全球购物盛宴。

第四，“好”——经济结构调整、转型、升级加速，正在由高增长向高质量转型。

在中国经济结构调整、转型升级加速的背景下，剧烈的经济变革必然引起人们的思维观念和衡量标准发生变化。由于不同的立场、观点，加上标准不同，因此，对中国经济社会发展的“新”“变”“慢”“好”的看法也不会一样，“是好得很”，还是“糟得很”？应该辩证地看，我认为：

从经济结构来看，第一产业、第二产业的比重下降，第三产业所占的比例逐渐增大，经济结构调整取得阶段性成效。

从传统产业转型来看，传统产业加速转型升级，新理念、新科技、新产业、新模式、新业态、新方式不断涌现，转型升级取得阶段性的成果，传统企业转型升级效果明显。

从就业来看，由于增速减缓，一些企业亏损倒闭，减少了就业，同时大量新产业解决了大量的就业，第三产业发展，开始解决大量的就业，一方面大量的人工智能在减少工人，另一方面大量的人工在新领域就业。

从消费来看，改革开放40年来，中国恩格尔系数迅速下降，自此，我国居民消费由温饱进入小康，再进入富裕阶层的标准。

从物流效率来看，自2012年以来，我国社会物流总费用占GDP的比率连续5年下降①，由18%下降到2017年的14.6%，到2018年上半年达到14.5%②，可以说是连续6年下降。

二、对中国经济稳定发展建议——坚持“高增长向高质量的转变”

经济高速度增长会掩盖许多发展中的问题，但是，当大海退潮后，许多经济指标减缓后，我们看到了中国经济发展中存在的许多问题，这反过来有利于中国经济社会深层次问题的解决。同时，定制经济的出现，导致许多企业没有订单就不生产，从而引致相对就业下降。

当中国经济由消耗大量能源、靠投资拉动经济快速发展的时候，不利于中国经济可持续发展，我不希望中国经济按照传统经济发展模式、发展结构、发展方式重新高增长，同时，在新经济条件下，传统的高增长不可能，或者没有任何意义了。时代变化了，只有与时俱进，而不可“刻舟求剑”，高增长不等于“好”，相对较高或者较低增长也不等于“坏”。当高增长转变为高质量后，人民真正得福利时，人民称赞“好”，是最重要的事情。

---

① 郁琼源、陈炜伟：“社会物流总费用占GDP的比率连续五年下降”，新华网，2018年4月19日。

② “我国物流业呈现十大新特点”，《中国商网》，2018年9月18日。

实现稳增长要抓三个重点

胡必亮　北京师范大学新兴市场研究院院长、教授

胡必亮，北京师范大学新兴市场研究院院长，经济学教授、博士生导师。曾任美国东西方中心研究实习员、亚洲理工学院研究助理、世界银行经济官员、法国兴业证券亚洲公司首席中国经济学家，中国社科院研究员、博士生导师。

两次获国务院农村发展研究中心优秀成果奖（1988 年、1989 年），两次获孙冶方经济科学奖（1994 年、2006 年），四次获中国社会科学院优秀成果奖，并获 1997 年度国家图书奖提名奖和 2008 年度张培刚发展经济学优秀成果奖。

总体而言，2019 年的中国经济发展面临十分严峻的挑战，形势不容乐观；我们必须认真研判、抓住重点、精准决策、稳定预期、渡过难关。

一、既有来自国际的压力，也有来自国内的压力

从国际因素来看，2019 年中国经济发展所将承受的压力主要来自两个方面：一是周期性的全球经济发展的最好时期逐渐过去；二是中美贸易摩擦带来一系列负面影响。

根据世界银行的统计数据，我们发现 2008 年世界经济危机后，全球和三大发达经济体（美国、欧盟、日本）的经济增长态势基本上是这样的：2011 ~ 2013 年，表现出缓慢回升的态势，2014 ~ 2016 年则加速复苏，2017 年的经济增

长达到 10 年来的最高点，美国是在 2018 年达到最高点。欧盟和日本在 2018 年已经出现了比较大幅的经济增长下滑（分别下滑 0.5 和 0.9 个百分点），美国的下滑则会在 2019 年出现，也在 0.5 个百分点左右。

因此我们说，2008 年经济危机后全球经济恢复性增长的最好时期已基本结束，从 2018 年和 2019 年开始进入下行区。考虑到近年来贸易保护主义抬头和贸易政策的不确定性增大、全球性的债务风险和金融风险也在增大，加上美国利率上升和美元升值以及原油价格波动对新兴市场国家的负面影响日渐增强等因素，世界银行和国际货币基金组织都认为 2019 年的全球经济增长前景总体而言，将是暗淡的。如果不能有效地应对这些问题，有些国家乃至整个世界出现经济衰退的局面也是有可能发生的。伴随着中国经济开放度的不断提高，全球经济发展的总体格局对我国经济发展将产生越来越大的影响，因此从国际宏观背景来看，中国经济在 2019 年也会面临比较大的压力。

国际因素中的另一个十分特殊但对中国经济发展影响很大的因素就是中美贸易摩擦在 2019 年的演变情况。尽管我们目前对此前景还难以做出一个明确的判断，但有一点却是比较明确的，那就是 2019 年中国从中美贸易中得到的实际好处很难超过 2018 年甚至前几年水平的，贸易对经济增长和国际收支平衡的贡献 2019 年很有可能比 2018 年和前几年的情况更差。这对投资、就业以及与就业密切关联的消费都形成更大压力。

从国内因素来看，2019 年中国经济发展所要承受的主要压力仍然还是新旧动能转换期的结构性压力。一方面，进入新时代后具有良好发展前景的新型产业实力不强，也没有形成规模，许多地方甚至都还没有出现，不少地方政府和企业家都还处于迷茫之中；另一方面，传统产业乃至具有相当市场需求的实体经济整体来看，由于种种原因，退出得太快；同时由于多种因素的影响，民营经济尤其是具有创新能力的民营经济的发展动力和活力都显不足。

二、存在新的发展机会

2019年我们除了要认清来自国内外的种种压力外，也要客观地认识到一些新的发展机会。从国际方面来看，“一带一路”倡议提出5年后，已从理念变成行动，从愿景变成现实，受到了100多个国家和几十个国际组织的积极响应与支持，形成了对我国总体有利的国际环境，因此借助“一带一路”国际合作平台，将有利于深化我国与相关国家的贸易、投资、产业发展等方面的合作关系，从一定意义上促进我国和相关国家的经济发展。另一个新的发展机会是借助“一带一路”国际合作平台，可以加快推进亚洲经济一体化发展进程，从整体上促进亚洲经济的更快发展。

从国内方面来看，伴随着人民收入水平的提高以及相应的消费质量要求的提升，加上中国经济结构的进一步调整与转型升级发展，中国的现代服务业、高新技术产业、基础产业等的国内市场潜力也将得以进一步提升，因此是有可能促进形成一个更加强大的国内市场的，从而增强内需，支撑经济稳定增长。

三、稳增长的三个重点

基于以上基本判断，2019年中国经济发展战略与政策的基点应该是在“稳中有进”的基本思路下努力保“稳”。因此“六稳”提法是正确的，但要做到“六稳”，最重要的还是要“稳增长”，如果没有“稳增长”作为保障，其他的“六稳”实际上都是稳不住的。所以，2019年的首要的任务就是要“稳增长”。在目前十分严峻的形势下，要做到“稳增长”，重点应该抓住以下三项工作。

一是处理好与美国的贸易摩擦问题。这件事不仅仅只是“稳外贸”的问题，还涉及其他五个方面的“稳”，尤其与“稳预期”密切相关，这一点在目前形势不好的情况下，又具有特殊的重要意义。

二是为民企和小微企业创造良好的发展环境，促进这些企业加快发展。目前的主要问题并不在贷款难、税费高上，而是相当多的这类企业主对未来的预期不好，担心政策多变，更担心未来政策变化对他们发展更为不利。尽管总书记的重要讲话给他们吃了“定心丸”，但他们投资、经营行为的积极转化可能还需要一段时间。因此我们的好政策要尽快到位，并落到实处，更重要的是要构建长期的法律与制度保障体系。

三是充分利用“一带一路”国际合作平台，务实推进“一带一路”建设工作。在中美贸易摩擦发生并持续、英国脱欧形势复杂、2019 年欧洲多国举行大选等国际形势下，我们必须把“一带一路”工作做得更好，以对冲国际形势变化对我国经济发展造成大的不利影响。

深化供给侧改革　实现高质量发展

胡　迟　国务院国资委研究中心研究员、教授

胡迟，国务院国资委研究中心研究员。毕业于北京大学经济学院，经济学博士，美国华盛顿大学高级访问学者。主要研究领域：经济运行与宏观调控、制造业转型升级、企业可持续发展战略。

曾在财政部综合司从事价格政策与宏观经济运行分析，某国有担保公司（央企）从事担保融资分析工作，某国有大型企业集团（电子信息行业）任总裁助理。曾任中国企业联合会、中国企业家协会研究部副主任。

被国内数家主流财经媒体聘为特约研究员或合作专家，在国内主流媒体发表文章百余篇，有多篇论文被国外媒体及《新华文摘》引用及转载。

2019 年已进入实施“十三五”规划的后期之年，我国发展仍处于并将长期处于重要战略机遇期。展望 2019 年，我国经济仍然有望继续运行在合理区间，但经济下行压力会进一步加大。随着供给侧结构性改革不断深化，“去产能、去杠杆、去库存、降成本、补短板”的五大任务将稳步推进，经济走势从各个侧面会表现出以下四个方面的主要特征。

一、供给侧结构性改革进一步深化

2018 年 12 月召开的中央经济工作会议认为，我国经济运行的主要矛盾仍然

是供给侧结构性的，必须坚持以供给侧结构性改革为主线不动摇。因此，供给侧结构性改革在“十三五”乃至更长时间内，都是中国经济工作的主线，更是企业经营升级的重点工作。2019 年，中国经济调整的供给侧结构性改革将进一步深化。供给侧结构性改革与高质量发展一脉相承。企业只有以供给侧结构性改革为主线，才能培育发展新产业、新产品、新技术、新业态，引导生产要素从效率低的地方流向效率高的地方，提高全要素生产率，向全球价值链高端迈进。

二、创新驱动更好转换发展动力

“十三五”以来，以创新驱动为特征的我国经济发展新动能不断加速壮大，未来这种动力转换的趋势还将延续增强。从微观层面看，未来的创新驱动将更好地与企业经营、技术、管理及行业发展阶段、特点相结合，表现出以下特点：一是管理创新与双创紧密结合。企业将积极构建“互联网 + 企业组织机构”扁平化、虚拟化、平台化创新。二是经营创新与智能化信息技术紧密结合。企业生产经营管理的数字化、网络化、智能化已经成为一个趋势。三是营销创新与服务业制造紧密结合。制造业价值重心向服务领域延伸，企业提供个性化用户需求及服务价值体验。四是管理创新与科技创新和商业模式创新紧密结合，协同推进。企业推动实现创新要素深度融合、互补、匹配，构建协同的创新体系，培育核心竞争力，推动中国制造向中国创造的转变。

三、营商环境不断得到改善提升

世界银行《2019 年营商环境报告》显示，我国营商环境总体评价在 190 个经济体中位列46位，5年来累计上升130位，我国成为营商环境改善最大的经济体之一。当前我国营商环境总体向好，2019年营商环境将从以下方面得到进一步改善。一是更大规模的减税降费，从已发布的政策看，2019年新一轮减税至少将不低于1.3万亿元。二是“放管服”改革继续深化，简政放权将着重多维度权力下放，加强监管将着重联合与责任追究，解决好监管权力划分问题，监管方式手段将不断创新升级。三是政府信息服务能力建设进一步加强，实现各级政府、各部门之间数据整合共享和集中管理，提高政府信息的可获得性，降低市场主体的信息搜索等制度性交易成本。

四、兼并收购活动依然活跃

近年来，并购重组成为国内企业寻求转型升级和业务多元化的主要手段，并购市场一直比较活跃。从政策层面看，2018年8月，国家发改委等5部门联合印发《2018年降低企业杠杆率工作要点》会提振并购市场的交易；科创板与证监会提出的放开并购政策，也将是两剂活跃资本市场的猛药。随着供给侧改革的进一步深入、国内产业升级及“一带一路”倡议的指引，为顺应企业战略发展的需求，并购市场依然会存在许多机会。2019年中国并购市场活跃度有望相对回升。

稳中应变：变压力为动力推动经济高质量发展

胡　敏　中共中央党校（国家行政学院）研究员

胡敏，安徽省芜湖市人，中共中央党校（国家行政学院）研究员，现任中央党校报刊社副社长。原国家行政学院高端智库宏观经济组研究员，中国人民大学经济学博士，中国矿业大学文法学院兼职教授，中国（海南）改革发展研究院特约研究员。近年来主要从事宏观经济政策、产业经济、政府改革等问题研究。在国家级报刊公开发表百万字的经济政策评论和理论文章，担任多家重要财经媒体时事观察员。著有《循着改革的逻辑》《科技与知识经济》等专著。

党的十八大以来，党中央一直坚持“稳中求进”的工作总基调，将“稳中求进”作为治国理政的重要原则和做好经济工作的方法论，强调“稳是主基调，稳是大局”，要求“在稳的前提下在关键领域有所进取，在把握好度的前提下奋发有为”。应该说，面对错综复杂的外部环境和艰巨繁重的国内改革发展稳定任务，我们抵御住各种压力和困难，近年来经济总体保持在合理区间，实现了经济持续健康发展和社会大局稳定。成绩来之不易。

2018 年中央经济工作会议在对形势分析的基础上仍把“坚持稳中求进工作总基调”放在经济工作指导思想中的突出位置。“稳”和“进”是一对辩证关系，必须以“稳”保“进”，以“进”促“稳”。

过去的一年，受外部环境复杂多变的影响尤其中美经贸摩擦加剧，党中央密切关注经济态势的新变化，适时适度调整工作重点；在保持宏观政策连续性稳定性的前提下，根据市场主体需要及时完善政策，把握力度和节奏，精准预调微调，引导市场形成稳定预期，统筹推进稳增长、促改革、调结构、惠民生、防风险各项工作，深入推进供给侧结构性改革，着力在打好防范化解重大风险、精准脱贫、污染防治的三大攻坚战上下工夫。2018 年年中中央经济形势分析会根据形势变化明确提出，“经济运行稳中有变，面临一些新问题新挑战”，强调“要抓住主要矛盾，采取针对性强的措施，加强统筹协调，形成政策合力，精准施策，做好稳就业、稳金融、稳外贸、稳外资、稳投资、稳预期工作”的“六个稳”。这次中央经济工作会议进一步指出“要看到经济运行稳中有变、变中有忧，外部环境复杂严峻，经济面临下行压力”的突出问题，仍然强调做好“六个稳”，“要增强忧患意识，抓住主要矛盾，有针对性地加以解决”。

那么，2019 年如何做到“稳中有进”呢？按照中央经济工作会议的部署，首先还是要稳政策，但又要主动应变，适时微调预调。2015 年中央经济工作会议首提“宏观政策要稳、产业政策要准、微观政策要活、改革政策要实、社会政策要托底”的五大政策组合，2018 年中央经济形势分析会提出要“努力实现最优政策组合和最大整体效果”，这就意味着各项经济政策一定能够协调配合、一定聚焦在主要矛盾，一定能够相向而行，不能顾此失彼，也不能畸轻畸重。针对当前经济运行中的主要矛盾，2019 年突出强调宏观政策“要强化逆周期调节，继续实施积极的财政政策和稳健的货币政策”，着力点则在“积极的财政政策要加力提效，实施更大规模的减税降费”，“稳健的货币政策要松紧适度，保持流动性合理充裕，改善货币政策传导机制”；结构性政策要“强化体制机制建设，强化竞争政策的基础性地位”；社会政策要“强化兜底保障功能，实施就业优先政策，确保群众基本生活底线”，这样才能最优政策组合，稳定市场总需求，激发市场主体活力，稳定市场预期，提振市场信心，从而产生最大整体效果。

其次是稳改革，以改革促发展。在庆祝改革开放 40 周年大会，习近平总书记总结了 40 年来改革开放“九个必须坚持”的宝贵经验，核心还是要高举改革开放的旗帜，将新时代改革开放进行到底，落实到经济层面，就是必须坚持这几年来供给侧结构性改革这条主线不动摇，因为当前我国经济运行的主要矛盾仍然是供给侧结构性的。2018 年中央经济工作会议提出 2019 年必须坚持以供给侧结构性改革为主线不动摇，在“巩固、增强、提升、畅通”八个字上下功夫，在打好“三大重点战役”上加大工作和投入力度。要巩固“三去一降一补”成果，增强微观主体活力，提升产业链水平，畅通国民经济循环，做到这“八个字”就是要更多采取改革的办法，更多运用市场化、法治化手段。

再次就是稳信心，鼓励创造性贯彻落实。要切实加强党对经济工作的集中统一领导，提高党领导经济工作的能力和水平，激励干部担当作为、锐意进取，既敢为天下先、敢闯敢试，又积极稳妥、蹄疾步稳，把改革发展稳定统一起来；拿出抓铁有痕、踏石留印的韧劲，以钉钉子精神确保各项重大政策举措落到实处。

直面内外部环境新变化 开启改革开放新征程

黄剑辉　中国民生银行研究院院长、教授

黄剑辉，现任中国民生银行研究院院长。亚洲金融合作协会首席经济学家委员会副主任，中国银行业协会行业发展研究委员会副主任，全国工商联智库委员会委员，中国新供给经济学50人论坛主要发起人、副秘书长。

《中国改革开放40年的经济学原理》《中国关键：提升经济竞争力》两部著作的主编；《战略与路径：迈向2049的中国》《迈向2049的甘肃——超常规发展的战略思维》课题总协调人及主报告总撰、书稿主编之一；《新供给：经济学理论的中国创新》副主编。

主持研究成果获中国银监会、银行业协会等机构颁发奖项40多项，其中2018年获得特等奖第1名。在《财经》等报刊发表文章、报告数百篇。

一、2019年，我国经济内外部挑战犹存

2019年，我国经济内外部挑战犹存。一是全球经济复苏疲软与贸易摩擦影响渐现使2019年出口承压；二是本轮基建投资扩张着重精准发力、优化结构，“大水漫灌”式强刺激下的高增长不会再现，难以对冲制造业与房地产业投资的趋势性回落，投资仍有下行压力；三是居民收入增长放缓与杠杆率较高将继续制约消费增长空间；四是在经济下行压力加大、金融机构风险偏好持续偏低的

背景下实体经济融资能否有实质性改善存在不确定性。

二、采取以开放、放开为核心的举措实现经济金融平稳发展

2019 年，我国面临的外部环境复杂严峻，困难挑战更多，下行压力加大。面对新挑战、新变化，只有认真总结改革开放的经验，采取以开放、放开为核心的政策措施，才能实现经济金融平稳发展。

具体而言：一是启动新一轮解放思想，倡导百花齐放、百家争鸣，广开言路，放权于地方，放权于民众，并鼓励各地方结合当地实际创新发展方式。二是始终坚持以经济建设为中心。借鉴中国香港、新加坡的法治化治理经验，激发各级政府及全体公务员队伍的积极性。三是以“股田制”激活农村要素市场，启动新一轮农村改革，实现农业工业化、农民工人化、农村社区化，进而实现乡村治理民主化、法治化。四是启动以国有经济布局优化为抓手的新一轮城市改革。各级政府的国有经济进行梳理后，按“四分法”（战略性、公共性、民生领域、竞争性领域）进行有进有退式的布局调整，出售股权资金用于需要加强的领域及充实社保，剩余股权尽可能多划入社保。五是优化中美贸易谈判的战略战术，提出中国自己的谈判要价清单，与美国开展有效博弈，该进的进，该退的退。

财政政策方面，根据逆周期调节的要求，应以减税为核心加力提效。货币政策方面，应通过边际宽松将 M_2 增速提高到 10% 左右，并积极破解中小民营企业融资难融资贵问题，具体可考虑构建“滴灌融资系统”，充分发挥全国工商联及 4.6 万家商会的平台及“管网”作用，将央行放出的“水”直接、顺畅、持续导流进民营企业。

稳增长的三个重要举措

霍建国　中国世贸组织研究会副会长、研究员

霍建国，现任中国世贸组织研究会副会长，原商务部国际贸易经济合作研究院院长。经济学博士，研究员，博士生导师，享受国务院特殊津贴专家。研究方向为世界经济和国际贸易，长期从事外经贸管理及政策研究工作，曾担任过国家经贸委外经贸司副司长和商务部外贸司副司长，先后参与过扩大机电产品出口战略研究、欧洲统一大市场研究、中国外贸外汇体制改革研究。参与中国入世谈判和 APEC 工作，中国入世后，负责牵头组织研究国家 14 个产业部门的应对措施，并取得了积极的效果，且多次承担过多项国家哲学及社会科学重点科研项目以及商务部等重大课题研究，曾参与董建华基金会、中国国际经济交流中心和商务部联合组织的“中美经贸关系未来十年发展前景研究”。在《国际贸易》《国际经济评论》和《中国经贸导刊》等核心刊物上发表上百篇文章，出版过《中国外贸与国家竞争力》和《继往开来话世贸》等著作。在世界经济、国际贸易和世贸组织研究领域有较大影响。

在当前形势下，努力按中央要求全力做好“六稳”工作已是当务之急，而且要特别把握好各项稳定工作的先后顺序和工作着力点，才会取得良好效果。从工作顺序和逻辑关系看，应优先从稳外贸、稳外资和稳投资入手，因为这三个稳直接关系到经济的增长效果，经济增长力度不减，就业就不会受影响。也就是说，着力解决好稳增长，就业自然不会受影响，经济稳定增长，金融风险和压力自然会相应缓解，人们的预期自然会逐步趋稳。从逻辑上讲，

稳增长必须要考虑我国经济的现有结构，特别是消费出口和投资的不同比例和贡献。

我认为做好以下工作对稳增长至关重要。

首先是努力稳定消费环境，积极促进消费升级，努力处理好个税减免和社保缴费的关系。在目前阶段一定要让消费者得到实惠，甚至可以考虑适当放宽企事业单位的工资总额上限，允许部分效益好的企业率先给员工提高工资，继续保持对离退休人员适当提高退休待遇的做法。以上种种措施对于扩大消费都将产生直接的效果。总之，不提高职工收入，促消费将难以落到实处，消费对经济增长的拉动作用也难以充分发挥。

其次是全力以赴确保出口的稳定增长。2019 年即使在中美经贸关系缓和的前提下，我国出口仍将面临一定的困难和压力，要高度关注进出口的平衡工作。积极扩大进口是一项主动的工作，但如果出口上不去，进口长期高于出口增长虽然对缓解贸易顺差起到积极作用，但对经济增长将起到负面影响。因为净出口的减少将导致对经济增长的贡献率的下降，不利于促进经济增长，所以必须兼顾好进出口的平衡关系，处理得不好还会导致经常项下产生逆差，从而对人民币汇率产生不利影响。

再次是适度扩大相关领域的投资，特别是补短板方面的投资应保持一定的力度。可适当加大对城市公共设施建设和社区生活配套设施建设的投入，继续加大对中西部地区、东北地区和贫困地区基础设施建设的投入。总之，要保持一定的投资力度是十分必要的。

当然解决稳增长问题，还要充分考虑体制机制的因素，对外必须继续坚持扩大开放，对内要进一步下大力气打造良好的营商环境，加大对民营企业和制造业的支持力度，通过深化改革解决经济发展的活力问题，解决好国企、民营和外资的公平竞争问题，促进不同所有制企业的全面发展。在上述工作基本到位的情况下，相信2019年的经济工作会呈现前低后高的表现，真正实现稳中有进的良好势头。

上述工作要做到宜早不宜迟、宜快不宜慢。

“六稳”当中最关键的是稳就业和稳外贸

贾　珅　国务院发展研究中心发展战略和区域经济研究部副研究员

贾珅，国务院发展研究中心发展战略和区域经济研究部副研究员，北京大学经济学博士，美国芝加哥大学访问学者，主要研究领域为经济增长、区域经济和政治经济学。

分析逻辑决定结论，判断2019年经济形势首先要明确思考的框架。按照宏观经济的传统二分法，短期变化着重看需求侧，长期增速重点看供给侧。从需求侧来看，按照三大支出增长贡献率与经济增速的滚动相关性分析，2001年后，我国经济增长的主动力从投资转为出口。2018年经济下行压力加大，对消费和投资增速下滑有影响，但引起总需求边际变化的主要因素还是出口。因为从2012年起，我国消费、投资增速就开始逐年下降。2014～2017年，社会消费品零售总额、固定资产投资额增速平均每年分别下降0.8、3.3个百分点。但是2016年初至2017年中，规模以上工业企业收入增速却出现一波上行。这期间，需求侧显著改善的仅有商品出口增速。2017年6月，我国商品出口总值累计增速达到近五年来的最高点14.2%，此后持续下行至2018年6月的4.7%。而同期，社会消费品零售总额、固定资产投资增速分别比上年同期下降1.0、2.6个百分点，消费增速降幅与此前三年基本相当，投资增速变化甚至还强于此前三年。

全球主要经济体经济增速下行是导致2018年我国出口增速下降的主要原因。经合组织国家整体GDP季度同比增速于2016年三季度达到近期低点1.6%，此后逐季上升，至2017年三季度达到近期高点2.9%，随后开始不断下降，2018年三季度降至2.2%。2018年底，制造业新出口订单指数已降至三年来的最低点。

展望2019年，最大的不确定性来自美国，因为美国是主要经济体当中经济增速还未显著下行的唯一一个。从经济基本面和宏观金融数据反映的预期来看，美国不仅难以成为全球经济的稳定器，反而可能是这一轮全球周期最后的风险点。美国经济衰退到来后，我国外需环境将面临更大压力。但由于我们在过去两年坚定不移地推进供给侧结构性改革，为宏观稳定政策打出了空间。新的外部冲击出现后，我们有条件进行一定对冲，这是对未来经济可以坚定信心的原因。

“六稳”当中，最关键的是稳就业和稳外贸。外贸稳了，预期就会稳，投资、外资、金融都会稳。要稳定外贸，一方面要进一步完善对外开放的体制机制，另一方面要继续通过共建“一带一路”，支持其他国家特别是发展中国家经济增长，进而拉动我国的出口需求。对于就业问题，不仅要关注经济下行带来的压力，更要重视产业技术转型带来的长期就业压力。随着我国资本深化和人工智能、自动化等产业技术变革，资本技术越来越多地替代一般劳动力，这将对稳定就业构成长期挑战。尤其与以往不同的是，传统上资本技术替代劳动主要是在制造业部门，由此产生的剩余劳动力可以转移到服务业就业。随着新技术的发展，目前服务行业的资本、技术密集度也日益提高，通过服务业来解决一般劳动力就业的空间不断缩减。过去五年，我们通过“双创”战略，鼓励创新创业，有效缓解了产业技术转型产生的就业压力，未来要继续以创新创业作为稳定就业的根本之策。

强化改革政策落地　持续激发企业活力

金思宇　中国智库理事会高级研究员

金思宇，江苏常熟市人，中国智库高级研究员、中国反腐败司法研究中心高级研究员。

2002 年获全国人事科研一等奖，2003 年获中国企业文化建设二十年“理论成果奖”，2004 年度获“中国十大企业文化建设功勋人物”称号。先后在《人民日报》《经济日报》《管理世界》《中华英才》等全国性报刊发表各类（论）文章 650 余篇，主编或参编出版了《中国企业文化形象大典》《企业文化教程》《中国中央企业》等 60 余部著作，译著《如何制定公司战略》《新型公司治理》《提升您领导力的教练》6 部。

笔者对 2019 年中国经济形势的基本判断是中性，预计 2019 年 GDP 增长速度将下滑到 6.3% 左右。

总体上，全年中国经济运行呈低开后高的态势，基本面稳中求好，但结构性问题仍然突出，外部风险和调整概率增加。2019 年中国经济发展面临的最大风险或挑战，主要是中美贸易摩擦、民营经济待激发等。2019 年最值得期待的改革措施是国资国企改革、市场准入管理体系改革、支持民企和小微企业发展。

从国际上看，2019 年全球经济增速将普遍放缓，预计增长速度为 3% 左右。美国 GDP 增长速度将从 2018 年的 2.9% 回落到 2.5%，英国已从 1.7% 下调到 1.2%。2019 年欧盟的经济增长率将从此前的 1.9% 降至 1.3%。出于对英国无序脱欧和中美贸易摩擦的担忧，德国政府将 2019 年的经济增长速度预期从

1.5%下调到1%。

我们要认真分析国际国内大势大事，认清我国长期向好的发展前景，避免被国际风云变幻和国内短期指标变化所迷思与羁绊，保持战略定力，增强信心和本领，加强市场预期管理，及时回应社会关切，精准把握宏观调控的节奏和力度，强化政策协同和落地，集中精力办好自己的事情，有效应对各种风险和挑战。

2019年“稳金融”重点要抓好加强监管，防范化解金融风险，让金融更好地服务实体经济，打造一个规范、透明、开放、有韧性的资本市场。2019年“稳外贸”的关键点是推进中美经贸磋商取得积极进展，推动出口市场多元化，推动共建“一带一路”。2019年“稳投资”的着力点是加大制造业技术改造和设备更新，加强人工智能、工业互联网、物联网等新型基础设施建设，补齐基础设施和公共服务设施建设的短板，优化营商环境，进一步调动民间投资的积极性。2019年“稳预期”在“六稳”中更为重要，笔者认为要着重做好准确解读政策和宏观形势形成共识，做好舆论引导，增强各界信心，提振市场预期，妥善管控中美贸易摩擦，减少不确定性，使中国经济高质量发展的面更广、力度更大，程度更好、效果更凸现。

2019年将强化改革政策落地，要坚持处理好支持发展与防范风险的关系，始终保持宏观总量中性适度、货币政策保持稳健中性。在经济稳中有变的条件下，当前和今后一个时期要继续坚持以供给侧结构性改革为主线不动摇，以优化供给结构、提高供给体系质量为核心目标不偏离，以“巩固、增强、提升、畅通”的八字方针不松劲。要高度重视大力发展实体经济，筑牢现代经济体系的坚实基础。建设创新引领、协同发展的产业体系，实现实体经济、科技创新、现代金融、人力资源协同发展，使科技创新在实体经济发展中的贡献份额不断提高，现代金融服务实体经济的能力不断增强，人力资源支撑实体经济发展的作用不断优化。

2019 年，国企混改进入加速阶段，将以完善市场化选人用人与激励约束机制为重点，切实引进社会资本、战略投资者，推进国企与民企的产业链条融合。继续加强中国特色现代国有企业制度建设，深化综合性改革，发挥资本市场的作用，积极推进混合所有制改革和股权多元化，切实转换企业经营机制，不断激发企业内生活力和发展动力。央行应会同有关部门综合施策，通过提供适当的流动性，从债券、信贷、股权三个主要融资渠道发力，实施差别化货币信贷支持政策，合理调整商业银行评估参数和指标，鼓励金融机构增加民营企业信贷、债券的投放，支持民营企业拓宽融资途径，帮助民营企业渡过难关，充分激发民营企业的活力。要加速人工智能（AI）的研发和发展运用，着力推动互联网、大数据、人工智能与实体经济深度融合，推动资源要素向实体经济集聚，推动智能技术转化应用和产品创新、营销模式的创新，加速制造业向数字化、网络化、智能化发展，提高全要素生产率、产品附加值和市场占有率。要以构建信息共享和信用体系为契机改善优化营商环境，帮助企业实现降本增效、提升效率，同时提升政府决策科学化、公共服务高效化、治理能力现代化水平。

2019年稳中有变、稳中趋进

兰日旭　中央财经大学经济学院教授、博士生导师

兰日旭，南开大学经济学博士，2007年曾在日本冈山大学经济学部研修；现为中央财经大学经济学院教授、博士生导师，中外经济比较研究中心主任，兼任中国经济史学会理事、国史学会理事、中国商业史学会副会长。主要研究领域：金融理论与近现代金融史、中外经济关系。主持国家社科基金、教育部哲学社会科学基金项目等11项，参与教育部哲学社会科学基金、北京市哲学社会科学重点课题等8项。

在《经济学动态》《经济社会体制比较》《中国经济史研究》等报刊发表学术论文70多篇，同时，出版《中国金融现代化之路》《中国近代银行制度变迁及绩效研究》（被列入国社科中华外译项目，该书获得2014年第二届金融图书“金羊奖”、北京市第十三届哲学社会科学优秀成果二等奖）等6部学术专著。

2019年总的趋势是“稳”字当头，但稳中有变，不确定性因素加大，对网络、金融、科技、贸易摩擦等领域的重大风险需加以重点防范，特别警惕通货紧缩倾向；经济下行压力加大，经济增长率略有下降，大约维持在6% ~6.5%之间。

宏观层面，有利与不利因素喜忧参半。政府政策调控空间较大，运行经验丰富，明确了逆周期调节，推行积极的财政政策、稳健但松紧适度的货币政策目标，减税降费措施的规范和落实，资本项目的进一步开放，供给侧结构性改革向纵深推进，有效地营造了良好的经济运行环境，均有利于我国经济的稳定

发展。但受经济转型中的矛盾叠加凸显影响，金融、房地产市场、地方债务、网络、对外贸易等领域面临风险隐患，将给经济的运行带来较大的不确定性。物价平稳，需警惕通胀收缩，CPI 维持在 2% 左右；就业压力较大，需创造 1300 万个左右的岗位；外部经济环境更加复杂严峻，美国的经济仍将持续向好，欧盟、日本等发达经济体增速回落，除了越南、印度等少数国家外，其他亚洲经济体均存在增速回落趋势；俄罗斯经济回升，拉美等国经济体面临较大动荡；与此同时，美国加息趋势较大，世界金融动荡，地区冲突，英国脱欧进程，贸易摩擦和逆全球化行为，极大地影响了我国进出口贸易对经济增长的贡献度，无疑增加了我国经济运行的不确定性。

行业层面，伴随经济向高质量的转变，投资对经济拉动的贡献率持续下降，消费对经济增长的贡献则逐步上升，且提升空间还很大，内需将成为拉动经济发展的重要力量，外贸受逆全球化行为的影响贡献率仍将进一步下降。但随着 800 多万高校毕业生进入劳动力市场，科技创新能力持续加强，人才红利日益显现出来，成为拉动中国经济稳定发展的重大驱动要素。农业供给侧结构性改革、人工智能等领域的深化发展，尤其是服务业占比的持续提高，成为经济趋稳的强大动力；央行定向降准等措施尽管给实体经济提供了充足的流动性，但民营企业的融资难压力加大，增加了稳就业、稳投资、促增长的难度。微观层面，金融机构惜贷、资金避实就虚、中小微企业融资等难题大大增加了社会经济发展的不确定性。

对“六稳”的建议：首先，继续推进和落实减税降费措施，特别是加大对中小微企业的扶持力度，营造和优化社会经济环境；其次，深化改革，加快资本项目的开放力度，全面实施准入前国民待遇和负面清单制度；再次，补齐基础设施建设中的短板，全面预防社会重大风险，有效管控中美贸易摩擦；最后，切实做好舆论引导，增强社会各界的信心。

积极推进绿色金融发展

蓝　虹　中国人民大学生态金融研究中心副主任，教授、博士生导师

蓝虹，畲族，经济学博士，中国人民大学经济学博士后，美国纽约大学绿色金融博士后，中国人民大学生态金融研究中心副主任，中国人民大学环境学院环境经济学和财政金融学院金融学教授，博士生导师。贵州省绿色金融创新研究院院长，贵安新区绿色金融管委会常务副主任，中国环境科学学会绿色金融专业委员会副主任、中国金融学会国际经济学会理事、联合国环境署可持续金融行动机构高级学术顾问、世界银行绿色金融专家、亚洲开发银行绿色金融专家。农工民主党北京市委生态环境专委会副主任，农工民主党中央生态环境专委委员。北京市海淀区政协委员。被评为“2015 年度中国人文社科最具影响力青年学者”。

从国际环境看，全球经济呈现较为明显的放缓迹象。作为世界经济火车头的美国经济继续在高位平稳运行，但难以实现追高，预计美联储加息步伐停止。全球贸易保护主义形势依然不容乐观，中美贸易磋商难以根本性突破，地缘政治风险面临较大不确定性。

从国内形势看，以战略性新兴产业为核心的新动能加速成长，以传统产业为代表的旧动能正在转换，但前者难以抵补后者的影响，导致中国经济下行压力加大，同时社会风险、金融风险、房地产泡沫风险等问题交织叠加，注定 2019 年经济形势更为严峻。需要强化逆周期调节，注重抓好“六稳”，守住不发生系统性风险底线，实现经济高质量发展。

一是“稳就业”，这是实现高质量发展的根本宗旨和目标。只有实现稳定就业、安居乐业，才能让民众充分享受改革发展成果。二是“稳金融”，其核心是守住不发生系统性金融风险底线。金融稳定是社会稳定、经济稳定的基础。三是“稳外贸”，推动制度型开放，积极融入全球经济发展，共享发展成果；加速培育外贸竞争新优势，加快转变外贸发展方式，提高国际贸易竞争力；推动共建“一带一路”，开拓对外贸易新区域，推动出口市场多元化。四是“稳投资”，优化营商环境，进一步调动民间投资积极性；加强人工智能、工业互联网、物联网等新型基础设施建设，补齐公共服务设施建设短板；加大对乡村振兴战略的支持，推动新型城镇化建设。五是“稳外资”，全面实施准入前国民待遇加负面清单制度；持续优化营商环境，推进外商投资便利化和自由化；放宽外资市场准入，引进外资企业，发挥“鲶鱼效应”，倒逼国内改革。六是“稳预期”，这是实现2019年工作目标的重要信心保障，需要继续深化改革、扩大开放，营造良好的发展环境；全面落实其他“五稳”举措，以经济发展成果强化良好预期；做好舆论引导，增强各界信心。

2019年，全球生态环境危机更加紧迫，我国生态文明建设任务更为艰巨。绿色金融是实现生态环境保护和经济增长共赢的必要手段。随着绿色金融不断推进，生态文明建设各项政策举措的进一步落地实施，青山绿水等自然资本将越来越成为投资热点，成为拉动中国经济增长的绿色动力源。与投资青山绿水等自然资本密切相关的行业：生态农业、生态林业、生态中草药、生态旅游、绿色康养小镇等，在政策红利的引导下，2019年将会有较大发展。

在生态文明建设和生态环境保护强烈需求推动下，绿色金融改革创新试验区推进将会加速。在绿色金融需求端，各试验区绿色项目库的建设和管理将进一步扩大和完善。贵州贵安新区预计在2019年推出超过5000亿元绿色项目与国际国内金融机构对接，并组建包括大型绿色项目库、大型绿色项目与金融机构对接所、绿色金融资源交易所、农业产权交易所、绿色股权交易所、绿色银行、绿色保险、绿色基金、绿色中介机构集聚的绿色金融中心，形成国际第一个以绿色金融需求端建设为主体特征的绿色金融中心。在绿色金融供给端，香港、北京、上海、广州、深圳正在集聚国际国内绿色资金，逐渐形成以绿色金融供给端为主体特征的绿色金融中心。2019 年各绿色金融改革创新试验区经过一年多的探索，将会更精准地找到各自的建设特征和定位，加大试验区辐射广度，推动青山绿色转化为金山银山。

所以，2019 年，国家绿色发展和绿色经济转型，在绿色金融的强力推进下，将会有飞跃性的发展。重点需要加大绿色金融各类激励政策的支持力度，加强绿色金融理念和知识的普及推广，提升绿色金融对生态文明建设重要性的认识，促进金融机构的绿色转型。

2019 年中国经济要突出一个“实”字

李继凯　东亚智库首席经济学家

李继凯，山东滕州人，东亚智库首席经济学家、北京东亚汇智经济咨询中心主任，北京交通大学兼职教授、北京华夏管理学院特邀教授，对外经贸大学硕士生导师、国家发改委产业所客座研究员、“中国的发展道路”课题组组长。主持《中国的发展道路研究》《新发展战略暨区域发展模式研究》《全产业链生态系统建设研究》《区域生态农业体系建设研究》《中日韩自由贸易区前期研究》《中非产业合作研究》《中关村创新发展战略研究》等多项重要研究项目。

2019 年中国经济总体形势可用“稳中有变、变中有忧、忧中有机、机中有新、新中有实”来总体概括。

具体解释如下。

其一，“稳中有变”。总体来看，中国经济向好、向优、向上的大形势、大趋势、大方向没有发生大的变化，但是在稳中向好的同时，外部环境与内部形势不确定因素、不稳定要素、不可控变化进一步加大。

其二，“变中有忧”。不论是外部环境，还是内部行动来看，中国经济形势中的“忧”有进一步扩大的态势。一是世界经济受美国“美国至上”与“逆全球化”政策影响，国际贸易摩擦与市场冲突仍然呈进一步恶化态势，对中国外贸出口与高科技产业发展必将带来影响。从国内市场看，受内外市场需求下降与调整，实体经济下降、环保收紧、金融防范风险等相关政策影响，中国经济可“忧”之处增多。

其三，“忧中有机”。总体来看，虽然中国经济有可忧之处，但仍然存在着诸多的发展机遇。一是2019年“十三五”发展规划中诸多项目正进入全面投资建设期；二是在对外出口受阻后，更多企业积极调整国内市场供应；三是环保政策收紧对地方经济及产业发展影响正逐步降低，四、五、六线小城市房地产消费需求依然旺盛，大量农村人口到小城镇购买房产；四是全面提出的乡村振兴战略将带来重大的投资与产业发展机会；五是传统基础设施投资正面临互联网、物联网、人工智能等新基础设施的替代和升级。以上诸多方面蕴藏着巨大的投资机会与发展机遇。

其四，“机中有新”。当前全球科技与产业变革加速，新技术、新业态、新产业、新模式创新周期及速度进一步加快，以互联网、信息化等为代表的新经济快速发展。因此，2019年既要应对“变”与“忧”，更要做好创新发展的文章。不仅要加快新技术的研发应用，做好新业态培育孵化，做好新产业壮大，更要做好新模式的创新运用。同时，还要重点创新发展思维与发展理论，做好利用“新技术、新产业、新业态、新模式”的“四新”，加快传统产业及传统动能的升级、转换，实现以“四新”促进经济与产业调整传统动能持续发展、新增长点加快培育壮大的发展目标。

其五，“新中有实”。发展新经济不是摒弃传统经济，发展新动能不是淘汰传统动能，而是要提升传统发展模式，实现新旧经济与动能互动发展。因此，2019年中国经济发展重点要突出一个“实”字。首先，观念创新与理论创新，要立足中国国情、立足阶段形势、立足解决困难，做到发展理论要实。其次，发展方向要向实，要重点发展实体经济、实体产业，从前一阶段的“脱实向虚”向“脱虚向实”或“虚实互动”转变。再次，方式、方法、模式要实。2019年政策上要突出实招、实效，比如进一步扶持中小企业发展、优化营商环境、加快金融支持企业发展、政策引导乡村振兴投资等相关政策的出台。同时，还要避免“一刀切”制定政策的粗放化，实施精准化、精细化、精致化的政策。比如，控制一、二、三线大中城市房地产，而适度放开四、五、六线小城市房地产市场；整体上当前农村涉农支持政策形成合力，加快乡村振兴建设步伐，快速启动乡村巨大消费市场等相关务实性政策，促进 2019 年中国经济实现“稳中有升”“升中驱优”“优中向好”的发展态势。

维持6.3%～6.5%的增长速度有实力，也有必要

李　鹏　中共中央党校（国家行政学院）经济学部教授、博士生导师

李鹏，厦门大学经济学博士，现为中共中央党校（国家行政学院）经济学部教授、博士生导师，政治经济学教研室主任。主要研究方向是经济发展和经济体制改革。

在《求是》《人民日报》《改革》等国家权威期刊发表200多篇学术论文，出版学术专著3部。担任中央党校省部班、中青班等班次主讲教员。独立主持国家社会科学基金、世界银行等课题项目，参与中央马克思主义理论工程、“十二五”规划、“十三五”规划等多个中央国家级课题咨询研究。

目前中国经济正处于深化供给侧结构性改革的关键阶段，是传统产业增速递减期、新增长点的萌芽成长期和转向高质量发展的起步期，经济总体会表现为速度适度下行、质量稳中向好。考虑到各种短期不确定性不利因素的可能破坏性冲击影响，我国经济2019年维持6.3%～6.5%左右的增长速度有实力，也有必要。

从支撑经济增长的需求因素看，国内消费需求增长率下滑主要是受部分地方经济连续几年增速下滑后的负面传导效应所致，就业和收入的增速开始减弱，难以持续支撑消费支出的高增长。但是由于中国产业稳定的中低端国际竞争力优势的不可替代性，受上中等收入水平后的消费爆发规律的支配，中国维持较

高速度的消费需求增长率是有潜力和实力的，这为由消费结构升级拉动的供给结构改善和产业结构升级提供了比较充足的市场保障，是我国加快构建现代化经济体系的长期优势所在。

从稳定经济运行的六大政策看，2019 年如何稳投资是首要考虑的政策目标和手段。从投资的需求侧面看，中国经济的信息化、城市化与现代化仍有着较大差距，满足人民美好生活需要的物质、文化、精神和自然生态产品仍然不充分，且配置失衡，这些产业和产品供给侧的短板约束十分明显，应当说潜在需求和有效需求都十分巨大，鼓励、激励和刺激这些领域的投资十分必要，也非常有市场前景。从投资关键的资本供给侧面看，中国经济的货币供应总体比较充足，房地产、互联网、人工智能等领域一定程度的泡沫化，就是反映了中国经济结构性资本过剩而引发的金融脱实向虚问题。可以充分判断，中国经济投资增速的严重滑坡，供求两端的经营主体和市场主体的问题不是主因，根本原因在于新供给和需求之间投资渠道的数量、政策和监管限制过多、不合理。因此，应当以扩大投资规模、提高投资增速、增加投资效益等稳投资相关举措为突破口，协调带动财税、金融、土地、法律等制度性改革和理顺机制性政策体系，使稳投资的举措成为稳预期、稳外资和内资、稳创业和就业的有力抓手。

社会治理现代化　护航经济平稳发展

李　拓　中共中央党校（国家行政学院）教授

李拓，中共中央党校（国家行政学院）科学社会主义教研部中国特色社会主义教研室主任。主攻中国特色理论与实践，中国政府政治，新领导力与执行力、创新思维、战略思维与领导决策艺术、制度领导等。独立主持多个国家哲学社会科学基金项目，出版专著7部、合著7部，发表论文60余篇。多次参与国家级重大课题研究和咨询工作。多次为中央办公厅、国务院办公厅以及国家各部委授课、为多个国有大型企业授课，并为北京大学、清华大学、浙江大学、香港中文大学、复旦大学、武汉大学、中国人民大学、中南财经政法大学等著名高校MBA、EMBA班及研究生班授课。

2019年，是新中国成立70周年，改革开放刚刚走过40个年头，我国经济社会各个领域都经历了翻天覆地地向好变化，其中，社会治理的现代化趋势不可改变，更是经济平稳发展的重要基石。

如果说从改革开放初期到20世纪90年代，我国社会治理致力于突破各类管控迈开了社会治理的步子，那么从20世纪90年代至党的十八大召开的20余年时间，我国社会治理注重构建与社会主义市场经济体制相适应的社会治理基本框架，强调生产力的解放和社会发展的活力，已经通过改革在社会治理的相关领域取得了重大进展。

党的十八届三中全会提出改革的总目标是完善和发展中国特色社会主义制

度，推进国家治理体系和治理能力现代化。具体到社会治理领域而言，就是要实现社会治理现代化，就是要对整个妨碍社会各领域和人民生活的各个方面进行全方位科学治理，既需要政府深化“放管服”改革，也需要人民积极参与治理，继而形成合力确保实现社会治理的现代化，其最终目的，是实现生产力极大解放、人民生活更加幸福安康、社会更加进步以及创新创造活力的不断涌现。

推进社会治理现代化建设，必须把更好地保障和改善民生作为首要任务。比如，在教育、医疗、住房、养老等公共服务提供上始终坚持民生优先，确保教育资源的均衡分配、病有所医、老有所养、居者有其所等。同时，还要不断完善公共服务体系，加强社会保障体系，健全公共安全体系，构筑社会治安防控体系，建设社会心理服务体系，不断促进社会公平正义，不断促进人的全面发展、全体人民共同富裕，使人民获得感、幸福感、安全感更加充实、更有保障、更可持续。

实际上，也只有使社会进步的各类目标不断彰显，人民生活水平持续改善，才能准确真实衡量社会治理成果的大小和优劣，二者的同步推进方能保障社会治理现代化目标的达成。其内在逻辑是：通过经济社会各领域一系列的改革探索，围绕解决民生问题的核心要求，对不断衍生出的问题和弊端在发展中解决和完善，本着社会治理的有序、便捷、高效、活力、创新等基本内涵，真正实现全方位的科学治理，促成社会治理的现代化，继而实现生产力极大解放、人民生活幸福安康、社会更加进步以及创造活力不断涌现。

2019年：经济稳中有降，财政仍须发力

李迅雷　中泰证券股份有限公司首席经济学家兼研究所所长

李迅雷，现任中泰证券股份有限公司首席经济学家兼研究所所长、中泰证券资产管理公司首席经济学家，同时还担任上海市人大常委、人大财经委委员、九三学社中央委员等。中国金融四十人论坛特约成员，上海新金融研究院学术委员，中国首席经济学家论坛副理事长。

从事宏观经济、金融与资本市场研究20多年，曾先后任国泰君安证券首席经济学家、海通证券副总经理兼首席经济学家。编著、翻译经济及证券类书籍多部，并在各类学术性刊物上发表论文、研究报告百余篇，所主持各类课题曾多次获奖。

作为最早从事国内证券市场研究的人士之一，曾多次被权威媒体推选并赋予“本土杰出研究领袖”“上海市十大青年经济人物”“沪上十大金融创新人物”“年度最佳首席经济学家”等荣誉。

2019年政策效应有望逐步发挥，将对中国经济的下行趋势形成一定支撑，预计2019年中国经济增速有望保持在6%～6.3%的区间，增速降幅趋缓。从拉动经济增长的“三驾马车”看，投资增速有望趋稳，消费增速则继续下降，出口形势不容乐观。

投资方面可分为三大块，一是基础设施投资。历史上看，逆周期特征明显。从2018年下半年以来，发改委大幅度加快基础设施项目投资的审批力度，下半年共批复21项合计1.35万亿元的基础设施项目。2018年年末，全国人大授权

国务院提前下达债务指标，包括地方政府一般债和专项债，使得地方政府发债时间大幅度提前。因此，总体来看，从 2019 年一季度开始基础设施投资将显现开工迹象，二季度基础设施建设的力度还将大幅度回升。二是房地产开发投资。大概可拆解为土地购置费和施工投资两块，施工投资方面，从 2018 年底开始，已经出现了下行收窄的迹象。土地购置方面，与地方房价涨跌和购买力密切相关，估计会减少。因此，综合来看，2019 年房地产投资增速会降至 5% 以下。三是制造业投资。2018 年制造业投资回升是亮点，但仔细拆解会发现，跟 PPI 回升有密切关系。从历史上观察，制造业投资与工业企业利润之间存在一年左右的时滞，如果制造业增值税税率能够进一步下调，工业企业利润有望保持相对稳定，对制造业投资形成支撑。整体上看，制造业投资增速与 2018 年持平。

从消费这驾马车看，可分为必需消费品和可选消费品两块。必需消费品相对保持稳定，难以大幅度波动，可选消费品属于经济后周期门类，消费受到居民收入增速下降（经济增速下行）、居民部门杠杆率过高及收入分化的影响，2019 年增速仍将下行。

出口依然不容乐观，即便中美贸易磋商能够达成和解，但由于全球经济步入下行阶段，外需必然减少。2018 年出口之所以还能维持较快增长，与订单提前有关（担心加关税），那么，2019 年的订单就会相应减少，估计出口增速会降至 5% 以下。

因此，总体上看，2019 年的经济增速将仍然呈现出下行的态势，但是下行的斜率有望低于市场预期，对 2019 年经济不用过于悲观。

为此，在政策选择上，还是要侧重在财政政策上发力，因为在居民和企业部门高杠杆背景下，宽货币政策的传导作用有限，紧信用的总体环境难以改变。尽管降税率可以让部门行业和企业受益，但从 2018 年的税收增速看，依然高达 9%，说明全社会的总税负并没有显著下降。因此，2019 年应该进一步扩大财政支出，让积极的财政政策更加积极。

2017 年之前，积极的财政政策主要体现在广义财政上较为“积极”，如 PPP 项目、政策性银行大规模发债等，但这些预算外的支出不利于监管和评估。因此，建议通过中央财政扩大国债发行规模，来加大财政支出的力度，从而带动企业投资和居民消费，通过中央政府的加杠杆来实现企业和居民部门的稳步去杠杆。目前中央政府的杠杆率只有 20% 左右，明显偏低，具备加杠杆的条件，且透明度也较高，便于管控。

以“稳”应“变” 在发展中排“忧”

李永森 中国社会科学院大学金融研究所所长、教授

李永森，中国社会科学院大学金融研究所所长、经济学院教授，中国人民大学金融与证券研究所研究员，资本市场理论与实践领域知名学者，长期从事资本市场、国际金融教学科研工作。主持和参与多项国家级重大科研课题的研究工作，包括国家社科基金重点项目《推进我国资本市场的改革、规范和发展研究》、国家自然科学基金项目《期货交易违法犯罪行为及其规制研究——相关的期货立法建议》，作为核心成员自1999年起连续21年参与《中国资本市场研究报告》的研究和撰写。在《管理世界》《国际金融研究》《中国金融》等刊物上发表近百篇论文，其中16篇分别被中国人民大学复印报刊资料《金融与保险》《证券与投资》等转载。

2018年我国经济在面临复杂的国际环境和国内因素的情况下，取得了来之不易的成绩，较好地完成了经济发展目标。2019年我们要立足于继续把握好所处的长期重要战略机遇期，坚持稳中求进工作总基调，充分认清和分析“变”和“忧”，以“稳”应“变”，在发展中排“忧”，在前进中解决矛盾和问题。变“忧”为“优”，变“危”为“机”，变压力为动力继续推动经济高质量发展。

经济运行中最大的“变”是外部环境的变化，不稳定性增强。2019年全球经济放缓已经是大概率事件，增速下滑的风险有所增加，且不同经济体分化严重：美国经济增速已处高位存在回落可能，加息周期已近尾声；欧元区及英国

经济受脱欧等多重因素影响不确定性增强，经济难有起色；日本经济也面临回落压力。新兴经济体总体上在艰难中保持复苏姿态，增长动能较强，但是不同经济体之间存在较大差异和不同步性，经济周期的不同步必然会表现出宏观政策的差异。国际贸易投资环境受单边主义、保护主义负面效应扩散，贸易摩擦的深层次影响将在2019年进一步显现，从共赢到多输，不仅伤害他国，也不可避免地伤及自身，最终也会伤害全球投资贸易和世界经济。从市场环境看风险正在上升，美国股市经历了长达9年多的大牛市，正在出现剧烈震荡，下降风险越来越大，极有可能波及全球其他股市；以国际油价为代表的大宗商品国际市场价格受经济地缘政治等因素影响，表现出很大波动性。受外部经济体经济因素和宏观政策外溢的综合影响，我国经济外部环境不容乐观。就我国而言，随着经济规模和质量的提升，使得我们在国际产业链上的位置缓慢后移，与发达经济体的经济关系由互补、合作、共赢，发展到具有竞争关系的领域开始增多，在产业链上的错位发展正在淡化，一些领域开始显现同位竞争。从这一逻辑上讲，中国与美国等发达经济体的经贸争端并非偶然。

国内环境的“变”和“忧”既有长期积累的矛盾，也有新时期新出现的新问题。长期积累的结构性矛盾仍然突出，同时，由于经济增速放缓，使得原来的隐性矛盾转变为显性矛盾而更加凸显，并不断出现新的矛盾。微观主体活力不足，企业负担成本高企，民间投资缺乏积极性，能够提供的就业机会难以满足巨大的就业需求，居民消费动机不强，贸易摩擦导致国际经贸关系不确定性增强，出口形势更加严峻，地方政府债务风险和金融市场风险隐患尚存，宏观政策传导机制不够顺畅，政策效应时滞性增加且效应递减明显。新旧矛盾交替、叠加，使得矛盾更加复杂和棘手。

我认为，针对“变”和“忧”，我们应当坚持发展是硬道理的理念，在发展中化解矛盾，在发展中解决问题，很多矛盾和问题会因发展而迎刃而解，如若停下脚步去解决问题，会出现旧的问题尚未解决，新的更多的问题又不断涌现，矛盾和问题反而越来越多的景象。发展的重要内涵是增长，只有保持较高的增长速度，才能为调结构提供更好的环境，使得供给侧改革有更好的效果。经济增长问题需要时时刻刻面对，结构调整既是当前的问题，更是长期的任务，结构改革永远在路上，不是一朝一夕能够完成的，应当谨防掉入忽视增长的误区。中央提出坚持稳中求进工作总基调，统筹推进稳增长、促改革、调结构、惠民生、防风险工作，保持经济运行在合理区间，进一步“稳六”（稳就业、稳金融、稳外贸、稳外资、稳投资、稳预期）。在我看来，“稳”的核心在稳增长，其他的“六稳”也是围绕增长而展开的，在增长中促改革，在增长中调结构，在增长中防风险，在增长中提高质量，在增长中排“忧”前行。

管控中美经贸分歧　应对世界经济挑战

李左东　商务部国际经济贸易问题专家，北京大学经济学院特聘教授

李左东，商务部国际经济贸易问题专家，北京大学经济学院特聘教授，中国人民大学商学院 EMBA 课程教授。

毕业于北京师范大学经济系，后在澳大利亚墨尔本大学学习。在商务部培训中心、商务部研究院、北京大学经济学院、北京大学光华管理学院、北京大学汇丰商学院、清华大学继续教育学院、中国人民大学商学院、中国人民大学国际关系学院、对外经济贸易大学等十几所高校担任专兼职教师。

2002 年于高等教育出版社出版专著《国际贸易理论、政策与实务》。

按照中央做好稳就业、稳金融、稳外贸、稳外资、稳投资、稳预期的“六稳”要求，其中“稳外贸”是非常重要的，因为中国的贸易出口意味着可以提供更多就业、增加外汇收入、增加跨国企业对中国的信心，并且真正稳定投资者对未来增长的信心。中美贸易摩擦不可怕，应对中美贸易的分歧、管控好分歧并且解决分歧，朝着有利于中美两国经济增长、有利于世界经济稳定增长的方向做出调整和安排，才能真正做好 2019 年的“六稳”工作。

2018 年，按美元计价，中国外贸进出口总值 4. 62 万亿美元，增长 12. 6%。其中，出口 2. 48 万亿美元，增长 9. 9%；进口 2. 14 万亿美元，增长 15. 8%；贸易顺差 3517. 6 亿美元，收窄 16. 2%。但是 2018 年 12 月出口同比转负，下降幅度超出市场预期，按美元计价，12 月份出口同比增长 –4. 4%，预计 2019 年第

一季度出口将继续负增长。中美贸易摩擦负向影响开始显现，中国对美国出口跌幅大于对欧盟和日本出口，而且中美贸易摩擦的损伤是双向的，在中国出口受损的同时，用于出口生产的原材料及零部件进口也下降幅度更大，2018 年 12 月中国自美国进口同比下降 35. 8%，低于整体进口增速 28. 2 个百分点。

从中国近期进出口数字来看对稳就业已经造成较大压力，如果管控不好出口下滑的数字可能接下来对经济增长的预期会更加悲观，而中美两国在贸易、金融、技术等领域合作前景广阔，美国提出的保护知识产权、扩大市场准入等要求与中国的进一步扩大改革开放进程无本质冲突，因此中国在 2019 年出台的稳外贸的措施应该是：第一，进一步增加进口，鼓励国内消费，使未来中美贸易接近平衡。预计在未来 15 年中国进口 24 万亿美元，办好 2019 年第二届上海进口博览会。第二，保护外商在华合法权益，使中国继续成为外国企业投资的首选之地。肯定加工贸易企业对中国就业的贡献、对中国经济的贡献。第三，加强知识产权立法和执法，尤其是从舆论上做好知识产权保护的宣传工作，中国技术的突围尤其要靠中国国内知识产品的创造和创新。第四，更多领域向外资开放，包括金融、医药、教育、旅游等服务业，中国市场需求巨大，外资企业有竞争力，可以满足中国消费者。第五，允许人民币汇率有一定的浮动，任何国家的利率和汇率都是服务于本国经济，当经济下行，国内利率下行，而汇率也会有所表现，因此要在中国经济增长乏力、出口难以增长的同时允许人民币汇率有一定程度贬值，待经济好转人民币自然升值，预计 2019 年全年人民币兑美元汇率在 6. 5 ~7 之间浮动。

2019 年可能出现六个方面积极因素

连　平　交通银行首席经济学家

连平，交通银行首席经济学家，博士，教授，博士生导师。中国首席经济学家论坛理事长、中国银行业协会行业发展研究委员会主任、中国金融 40 人论坛常务理事和资深研究员，国家金融与发展实验室理事、亚洲金融智库副主任研究员和首席经济学家委员会副主任，上海市人民政府决策咨询特聘专家，享受国务院政府特殊津贴，多次出席国务院总理主持的专家和企业家座谈会。

主要研究领域涉及宏观经济运行与政策、国际金融和商业银行。发表文章 500 余篇，出版著作 14 部，主持完成国家级、省部级以上研究课题 30 余项。《利率市场化：谁主沉浮》专著获中国银行业发展研究优秀成果评选特等奖。

2019 年内外需求都有减弱压力，经济增长可能放缓。在保护主义抬头、美国经济增速可能放缓和部分发达经济体政策不确定的环境下，全球经济复苏放缓，外需走弱压力加大，目前已经出现出口订单显著减少，2019 年出口增速将明显下降，货物贸易顺差将进一步收窄，经常项目可能出现逆差。受内外需减弱影响，制造业投资和房地产开发投资可能放缓。加大基础设施等领域补短板力度，基建投资加快步伐将对固定资产投资起到托底作用。2019 年宏观政策将持续大力扩大内需，重要工作是促进消费增长。随着消费促进政策释放效力，服务业开放程度的提升，下调和取消部分消费品进口关税，个税改革稳步推进，将为消费增长提供新的动能。三大需求中消费增长相对较快，对经济增长的贡献率或将超过 75%。综合判断，2019 年经济增速可能在 6.3% 左右，经济下行压力主要体现在上半年。随着宏观政策效果显现，下半年经济运行将趋好转，全年经济增速可能前降后稳。

2019 年仍然存在和可能出现一系列有利于经济运行的因素。虽然 2019 年经济下行压力较大，但从长期来看我国基本面是好的，高质量发展的条件在不断改善。2019 年依然存在和可能出现六方面积极因素。一是外部压力可能减小，中美贸易摩擦不排除缓解的可能性，发达经济体政策溢出效应也将在美联储加息进入尾声后减弱。二是政策偏松调节有助于经济增长，2019 年经济工作将从优化提升供给端、扩大增强需求端、扎实推进区域协调、深入推进改革开放等方面展开，助力经济运行在合理区间。三是产业出清带来高质量发展动力，过去几年“去产能、去库存、去杠杆、降成本、补短板”五大任务逐渐取得成效，部分行业已经出现恢复性增长。四是技术创新带来新兴产业崛起，我国科技研发能力逐渐增强，越来越多的领域逐渐接近或达到全球前列。五是区域协调发展带来产业联动效应，经济带状发展、城市群发展和乡村振兴战略落地，将催生新的经济增长空间。六是推动改革走深走实带来新的发展机遇，对外开放由商品和要素流动型开放向规则等制度型开放转变，将形成新的经济增长动能。为此，不应对 2019 年经济运行过度悲观。

宏观政策逆周期调节，加大稳增长的力度。当前我国经济运行稳中有变、变中有忧，宏观政策需要强化逆周期调节。为了保障经济平稳运行，2019 年将统筹推进稳增长、促改革、调结构、惠民生、防风险五项工作，其中稳增长处于首位。稳增长主要体现在进一步做好“六个稳”，提振市场信心，保持经济运行在合理区间。2019 年要继续实施积极的财政政策和稳健的货币政策，确保经济平稳运行。财政赤字率可以从 2018 年的 2.6% 调升至 3%，适度扩大财政支出规模。在地方政府隐性债务的约束下，地方政府专项债规模需要大幅增长，

2019 年安排 2 万亿元以上的专项债，带动基建补短板领域投资增长加快。实施更大规模的减税降费，减轻市场主体税负，激发经济增长活力。稳健货币政策可以边际定向放松，存准率仍有进一步下调的空间，适度增加市场流动性。在非信贷融资存在一定瓶颈的情况下，信贷投放需要适度加快。

2019年GDP增速将在6%~6.5%区间

梁海明　丝路智谷研究院院长

梁海明，丝路智谷研究院院长，“一带一路”国际合作高峰论坛参会专家代表，“文明之光·2016中国文化交流年度人物”获得者。英国《金融时报》中文网财经专栏作家，中国中央电视台财经评论员。

著作有《一本书读懂“一带一路”》《“一带一路”经济学》《你不知道的财经真相：美国退出QE之后的世界》等，并与金立群、林毅夫等人合著《“一带一路”引领中国：国家顶层战略设计与行动布局》，以及《“一带一路”：香港再起飞的最后一次机会?》等。主要研究领域：“一带一路”、宏观经济、粤港澳大湾区等。

面对内外因素的冲击，2019年的经济增速将会受到冲击，相信中国2019年的GDP增速将会在6%~6.5%区间，很有可能出现6.3%左右的增速。随着经济增长目标的改变，中央政府将通过宽松货币及财政政策、扩大内需、培育经济新增长点以及增加新型基建来实现全年GDP在6%以上的增速。

在外部环境方面，除了中美贸易摩擦的影响之外，从法国“黄背心运动”、英国脱欧、美国优先以及“意大利优先”“巴西高于一切”等欧美民粹主义抬头，凸显出经济逆全球化趋势、全球的社会分配机制失效以及过去二三十年发展所依靠的科技进步红利逐渐消失，这些深层次的全球性困境，将阻碍环球经济增长步伐，且有可能持续数年之久，将严重影响中国出口，从而冲击中国经济表现。

在内部环境方面，消费者和投资者信心在前景不明朗且预测较为悲观的情况下已大幅下挫，随之而来的是导致固定资产投资增幅下降，不但影响了 A 股市场和房地产的表现，带来了负财富效应，加上消费者为了“积谷防饥”，进一步削弱了消费需求。

中国的经济增长，主要依靠出口、投资和消费“三驾马车”拉动，“三驾马车”同时遭遇挑战，无疑会影响中国经济稳定，进而影响了中国的就业市场。在经济遭遇内外冲击的情况下，相信中央政府将调整经济增速目标，2019 年不再保6.5%的经济增速，而是令经济增速维持在6% ~6.5%的区间。预计中央政府将采取以下措施，以此做好“六稳”（稳就业、稳金融、稳外贸、稳外资、稳投资、稳预期）工作。

首先，中央政府将会继续通过较为宽松的财政及货币政策刺激经济，预料 2019 年之内，中国人民银行有望下调 2 ~3 次存款准备金率，每次 100 个点，实行定向宽松措施，将资金引导流向中小企业。同时，中央政府也有可能推出大规模的减税、减费措施，以此改善中小企业的经营和稳定就业。

其次，中央政府将促进地方政府发债，以支持和加快基建投资。基建对经济和就业有明显的支撑作用，未来除了将通过中央牵头、地方配合、协同推进的方式，加大在交通运输、水利等传统基建领域的投资之外，还将在生态环保、城市轨交、通航机场、通信网络等新型基建领域增加投资。

在“一带一路”建设领域，“走出去”与“引进来”并重，过去 5 年中国企业“走出去”比重更大，但未来几年，将更加注重和鼓励“引进来”，以此扩大内需，为中国的经济增长作出新贡献。

中央政府采取的另一个措施，则是进一步刺激消费。近年来消费的增长速度，已高于出口与固定资产投资，令消费占 GDP 的比重已过半数，显示中国经济已转向了由消费主导，而且消费零售市场可以吸纳更多的就业人口。在这种情况下，除了继续稳定商品零售额为代表的商品性消费市场之外，相信中央政府将加大对旅游、医疗、教育、文化、体育、娱乐等服务性消费市场的支撑力度，通过为消费市场提供一个新的增长点以促经济稳定增长。

在上述适宜的政策措施之下，相信中央政府将可保 2019 年经济增速在 6% 或以上，如果遇到外围情况急剧下降，中央政府不排除祭出降息的重招以安抚市场、稳定经济。

增强中国经济的预见性和韧性

梁亚滨　中共中央党校（国家行政学院）国际战略研究院副教授，盘古智库高级研究员

梁亚滨，中共中央党校（国家行政学院）国际战略研究院副教授，盘古智库高级研究员。毕业于北京大学国际关系学院，获得博士学位。研究和教学方向为中美关系、东亚安全、海洋问题等，出版专著《美国霸权的金融逻辑》，合著《新时代的大国战略》，参与编辑出版学术著作 4 部，撰写并发表多篇学术期刊论文，主持国家社科基金一项——《美国政府的对华战略走向》。2009 ~2010 年获得国家留学基金委资助到美国康奈尔大学访问学习。近年来多次在美国、意大利、德国、以色列等国家讲学。

2019 年中国经济会怎么样？在年初就讨论这样的问题，肯定是见仁见智。但是，一个不可否认的事实是，当前经济面临巨大的下行压力。也正因为此，党中央在 2018 年一再强调“六个稳”：稳就业、稳金融、稳外贸、稳外资、稳投资、稳预期。这背后也反映出中国经济呈现出“不稳”的苗头，对经济发展来说增大了市场的不确定性和负面预期。在这种情况下，实现“六个稳”的关键在于增强中国经济的预见性和韧性。

目前来看，中国经济面临的最大不确定性就是中美经贸谈判。贸易摩擦带来的最大挑战是未来预期，如果未来预期发生根本性改变，即在中国生产的商品不能够再卖到世界上最大的经济体——美国，那么外商或将加速离开中国。

这不仅带来税收和就业的挑战，更重要的是可能切断中国与美国甚至发达国家之间的经济联系、科技联系和社会联系。这将对我国的改革开放事业形成较大的负面影响。

中美经贸谈判正如火如荼，人们可以通过比较研究的方式来探讨一下中国进一步改革开放的深度和广度。1978 年中国开启了改革开放的伟大事业，不仅彻底改变了中国，而且作为一个成功的榜样影响了很多国家，特别是中国的近邻——越南。1986 年 12 月，越南共产党第六次全国代表大会提出了“革新开放”路线，“以华为师”，导入市场经济和对外开放政策，像中国一样迅速改变了越南长期以来对外封闭的状况，同时大幅度提高了国内人民的生活水平，改善了国际上的形象，使越南进入了经济高速发展时期。

但是我们也要看到，在贸易保护主义抬头的今天，越南进一步推进“革新开放”和融入全球化的步伐更大。2018 年越南与欧盟谈成并签署了《越南与欧盟自由贸易协定》及《投资保护协定》，只待 2019 年欧洲议会批准即可生效。同时，尽管奥巴马政府倡导的 TPP 因为特朗普的反对而被抛弃，但是却被日本捡起来继续推进，与剩下的另外 10 个成员国——包括越南——一起将之改造为 CPTPP（《全面与进步的跨太平洋伙伴关系协定》），并在 2018 年 3 月 8 日正式生效。由此可见，越南已经与世界上最大的三个发达经济体中的两个——欧盟和日本——完成了更高水平的自贸协定，不但致力于取消 99% 的关税和各种非贸易壁垒，而且确实涉及越南国内的诸多结构性深层次改革。

越南能够做到的事情，我们可以做得更好。只要中国与世界在经济上的联系能够继续强化，中国经济发展就会有更多的可预见性和更强的韧性。

2019，期待中国经济行稳致远

梁　正　清华大学中国科技政策研究中心副主任

梁正，清华大学公共管理学院副教授，现任清华大学中国科技政策研究中心副主任。2003 年 7 月毕业于南开大学，获经济学博士学位，同时留南开大学国际商学院工作，历任讲师、副教授。2003 年 10 月在职进入清华大学公共管理学院从事博士后研究工作，2006 年 9 月博士后出站留校任教至今。研究方向：科技全球化、国家创新系统理论与实践、科技政策、技术创新与管理。

参加国家中长期科技发展规划战略研究，中科院知识创新工程试点评估等多项国家级重大咨询课题，主持中国博士后科学基金、清华－中大博士后科学基金项目各 1 项，参加国家社会科学基金、国家软科学研究基金课题，以及科技部、教育部、发改委、国家知识产权局等部委委托课题和咨询项目多项。

研究成果先后获魏埙经济科学奖、谷书堂基金奖，“上海图书奖”一等奖，天津市第九届人文社科优秀成果三等奖等多项奖励。

迄今为止，已在《经济评论》《南开经济研究》《新华文摘》等刊物发表学术论文 20 余篇，出版个人专著 1 部，合著或参编著作 5 部，参编教材 3 部。

2018 年可谓多事之秋，新春伊始，在举国上下筹备纪念改革开放 40 周年之际，“中兴事件”爆发，中美贸易摩擦加剧，7 月和 9 月，美国特朗普政府分别开始对中国对美出口商品“600 亿美元”清单和“2000 亿美元”清单加征关税，外贸出口与对外投资受到直接影响。贸易争端的背后实际上是科技创新领域里的“角力”：从对华裔科学家的重点“关注”，到“敏感”领域留学签证的收紧；从加强对华技术出口管制，到在5G领域以国家安全为由对华为公司进行遏制。所有这些，让我们清醒地认识到，随着中国经济体量的增加、向产业链高端的升级，必然会面临更加激烈的国际竞争、更加复杂的外部环境，只有脚踏实地，稳扎稳打，练好内功，才能以不变应万变，立于不败之地。

从国内来看，在经过了过去几年的高速发展之后，以网约车、共享单车为代表的共享经济突遇寒流，"滴滴"顺风车事件让企业与社会突然意识到，网约车在为人们提供巨大出行便利的同时，也带来了新的公共治理难题。如何在保障用户安全和隐私的同时实现出行供给与需求方之间的信息匹配？如何清晰界定共享出行领域监管部门、平台企业与用户之间的权利责任？如何利用人工智能等新兴技术去应对新经济领域出现的复杂挑战与问题？这些问题，是我们在深入推进供给侧改革、实现经济发展新旧动能转换中必须予以思考和解决的。

必须要看到，新经济、新业态出现的问题是发展中的问题，更是需要通过发展去解决的问题，而中国40年来改革开放的经验告诉我们，问题与挑战恰恰是驱动中国经济发展的动力与源泉所在。

中国信息通信研究院发布的《中国数字经济与就业白皮书2018》显示：2002年，中国数字经济规模只有1.2万亿元，占当年GDP的比重为10.3%；而到了2017年，中国数字经济的规模已经达到27.2万亿元，占GDP的比重达到32.9%。其中，产业数字化的规模达到21万亿元，占数字经济的比重为77.4%，占GDP的比重为25.4%。可见，数字技术已经成为我国经济增长的重要动力，在经过了早期的快速发展，甚至是一定的"泡沫"之后，以信息通信技术深度应用为代表的数字经济发展进入了一个新的阶段。

今天，在数字经济领域，我们拥有世界上最大的移动互联网用户，领先的数字基础设施，丰富而多样的海量数据，以华为为代表的一大批优秀技术企业，随着人工智能、大数据、云计算，共享经济、平台经济等新技术、新业态的迅速发展，特别是与实体经济的深度融合，只要继续坚持改革开放的基本思路，在数字经济、数字社会的治理方面推动观念创新、制度创新，必将带动中国经济转型升级。

2019 年，我们将迎来建国 70 周年，也是全面建成小康社会，迈入创新型国家等重大目标实现的“冲刺”之年。但愈在此刻，愈需要摆正心态，踏实工作，稳中求进，为中国经济的长远未来奠定坚实基础。

2019年经济有两大看点

廖 群 中信银行（国际）有限公司首席经济师兼研究部总经理

廖群，英国牛津大学经济学博士，中信银行（国际）有限公司首席经济师兼研究部总经理。

2002年7月加入中信银行担任副总裁，现为首席经济师兼研究部总经理，主要从事宏观经济分析，并负责中信银行行业、市场及策略研究。曾任职于中国国家计划委员会，担任经济预测处长和高级经济师。加入中信银行前，为渣打银行高级经济师。

2019年我国的经济增长如何？有两大看点。

首先，中美贸易摩擦是否真正缓和。从目前来看，缓和的可能性已大大高于恶化的可能性。美国已认识到如果贸易摩擦继续下去对美国经济的打击不可忽视，而在今后两年防止美国经济增长大幅放缓是美国总统争取两年后连任的关键因素之一。所以，中美贸易谈判最终将接近达成一个贸易协议。当然，一个协议并不意味着贸易摩擦的结束，但表明贸易摩擦缓和。鉴于特朗普政府的多变性和不可预测性，此缓和2019年是否不可逆转，仍有待观察。

其次，央行政策宽松是否如期生效。货币政策与财政政策于2018年中已经转向宽松，2019年宽松的态势已定。但宽松的力度，取决于中美贸易摩擦的激烈程度。贸易摩擦若缓和，力度减小，否则加大。但政策宽松能否如预期收到稳增长的效果，存在两个担忧：一是在政策操作上能否针对贸易摩擦程度在力度上做到精准到位。一方面可能过度，以至于“大水漫灌”，增长鼓上来了但不必要地加大了流动性与杠杆。另一方面则可能力度不够，以至于“水不到渠”，经济得不到应有的支撑进而稳定。在这方面能做到何种程度需要进一步观察。二是现阶段政策宽松的边际效应是否足够大。在财政政策方面，企业从减税获得的资金是否用于扩大投资与生产，基建项目获批后能否及时上马；货币政策方面，宽松政策释放出来的流动性能否能够流到实体经济，也需要观察。

所以，如果这两个方面的回答都是正面的，则2019年经济增长速度将保持在6%以上；否则，可能下滑至6%以下。不过，笔者偏于相信，贸易摩擦能真正缓和，政策宽松能真正生效，因而依然预计2019年内地经济增长速度在6.0%~6.5%之间。

2019 年第三季度经济增速有望逐步企稳

刘　锋　中国银河证券首席经济学家、研究院院长

刘锋，财务金融学博士，中国银河证券首席经济学家、研究院院长，加拿大麦吉尔（McGill）大学管理学院兼职教授，南开大学中国公司治理研究院兼职研究员，亚洲金融合作协会绿色委员会执行副主任委员，智库副主任委员。

曾任现代国际金融理财标准（上海）有限公司创始董事长，国际金融理财标准委员会（FPSB）中国专家委员会秘书长，中国金融教育发展基金会金融理财标准委员会副秘书长；中国银河证券、齐鲁银行、东方基金管理公司、首创金服独立董事；加拿大中国金融协会副会长。先后全职任教于天津大学、加拿大温莎大学、新加坡南洋理工大学、加拿大麦吉尔大学。是 2004 年以来中国首套国际金融理财师（CFP）教科书《投资规划》主编和《理财的逻辑》著者，其研究成果曾获 1987 年国家教委科技进步二等奖，美国中西地区金融学会 1996 年年会投资领域最佳论文奖，国际金融学会 2002 年年会最佳论文奖。荣获 2018 年亚洲资本“金方向”年度卓越金融家奖，福布斯中国优选理财师评选 2009 ~2018 年十周年“卓越贡献奖”。

中国经济经过近 40 年的高速发展取得了辉煌的成绩，目前经济总量和个人财富规模已位居全球第二。2015 年经济结构出现了重大转折，第三产业对 GDP 的贡献超过第一、第二产业贡献之和，成为经济发展的主导力量，标志着中国经济生态结构和驱动方式已发生质的变化，经济发展开始步入了“新经济时代”。新经济的增长动力已开始转向全要素生产率的提高，主要动力来自制度变

革、结构优化和要素升级。

新经济的主要特征体现在以下三个方面。一是增长内涵开始从物质驱动型向服务驱动型转变，增长方式从粗犷型向效率型转变；二是居民消费模式开始由物质型消费主导转向服务型消费主导，中等收入群体的崛起已经开始带来大规模的消费升级和品质提升；三是居民财富积累不断扩大，可支配收入开始由当期消费为主转向跨期消费为主，对个人和家庭财产的安全性和保值增值提出更高的要求，财富管理需求巨大。

展望 2019 年，中国经济预期仍有进一步下行压力。以要素资源配置市场化为核心的供给侧结构性改革红利以及旨在短期承托经济的逆周期调节政策的效果如能进一步释放，可对冲一部分经济下行压力。预计经济短期下行压力将在 2019 年三季度得到控制，经济增速有望逐步企稳并短期见底。债券市场的牛市逻辑上半年将会延续，股市修复则要依赖各项宏观政策如减税降费等措施的落实到位，需要实体企业资产负债表的改善以筑牢业绩底部。预计这一修复过程将贯穿 2019 年上半年并延续至三季度，届时市场底部将渐渐清晰。预期年内能够实现中央提出的“保持经济运行在合理区间，进一步稳就业、稳金融、稳外贸、稳外资、稳投资、稳预期，提振市场信心”的战略目标。

未来经济的有序稳定发展有赖于积极建构一个更加高效的、以信用与法制为基础的、多层次现代资本市场。中国资本市场发展空间巨大，机遇在于服务支持实体经济转型升级。通过提高要素资源的市场化配置比重，完善资产价格发现的市场有效机制，充分促进实体经济有效投融资活动，以促进实体经济经营绩效的实际改善。信用缺失是目前我国资本市场亟待解决的首要问题。2018 年新金融改革成效显著，新经济的资本市场建设体现在两方面：一是构建有效资本市场赖以生存的法律和信用基础；二是构建市场运营的有效机制和规则，形成从立法、司法到执法的配套监管制度和市场规则体系。随着资本市场法制建设和制度改革的进一步推进，相信我国将迎来一个信者长赢的资本市场。

2019 年须提高投资政策的有效性、精准性和针对性

刘立峰　国家发改委投资研究所研究员

刘立峰，1999 年毕业于中国社会科学院研究生院，经济学博士学位。2003 年被聘为研究员。2008 年至今为中国社会科学院研究生院博士生导师。2009 年，被评为新世纪百千万人才工程国家级人选。2012 年，获得国务院特殊津贴。现为国家发改委投资研究所研究员，国家发改委宏观经济研究院学术委员会委员，中国投资协会理事，国家开发银行专家。主要研究领域为政府投资与融资、投资与经济发展战略、投资与经济中长期规划。曾参与数十项重大课题研究，公开发表文章 200 余篇，出版过专著 4 部，主编 2 部，参与 20 多部书籍写作。

2019 年，大规模投资促进政策的效果将有所体现，有利于恢复民间投资的活力，但是结构转型的效果很难在短期体现。中美经贸摩擦的长期化趋势将影响投资预期，加剧等待观望情绪。地方政府的政绩考核体系也在发生变化，将更加关注发展质量，有意调低投资速度目标。受多重因素的影响，2019 年的稳投资面临复杂的局面，任务也较为艰巨。

随着创新驱动战略的有效实施，制造业新产业、新业态、新商业模式投资将保持旺盛活力。与此同时，由于大宗商品价格上涨，下游制造业成本相应增加，利润空间受到挤压，进一步投资的能力有限。另外，未来外需环境不确定

性非常大，出口承受较大压力，劳动密集型制造业向外转移迹象显现。因此，制造业投资增长也很难达到两位数。

由于长期大规模投资，我国基础设施条件日益完备，投资的边际效益下降，可以投入的设施数量逐步减少，具有较强盈利能力、适宜实施 PPP 的项目更少。加之政府预算保民生支出，土地财政功能减弱，以及债务约束增强，像前些年大搞基建拉动投资的局面不会再一次出现，投资只会在中央确定的几个重点领域“补短板”，地方政府依靠自有财力扩大基础设施投资的空间减小。

近期又有放开房地产调控、刺激房地产需求的声音出现，这会增大我国改革和转型发展的困难。房地产泡沫化的危害极大，资金大量流向房地产领域，导致其他制造业陷入衰退；房价上涨伴随地价上涨，企业用地成本增加，导致企业歇业或外迁，降低了城市的竞争力。2019 年，棚改政策收紧，货币化安置政策逐步退出，继续采取适度严格的政策调控房价，房地产市场销售将出现萎缩，影响房地产投资增长继续放缓。

适应供给侧结构性改革、经济高质量发展的要求，投资政策不应采取送温暖、一阵风、运动式的方法；必须提高投资政策的有效性、精准性和针对性，集中精力解决一些长期未得到解决的问题，用真正落地的政策让投资者看到希望，增加市场信心，改善投资预期。

第一，降低企业的税费负担。一次确定大规模的减税目标比“零敲碎打”“挤牙膏”式的政策措施更加有效。进一步加大减税力度，可将目前增值税三档税率分别再下调 1 ~ 2 个百分点，企业所得税基本税率分别调低 2 个百分点。另外，还可以探索降低消费税税率的可能性。

第二，开好合法合规举债前门。根据“稳投资”政策的实际需要，突破现有债务限额，进一步扩大地方政府债券新增发行规模。可将 2019 ~ 2020 年度新增债券发行规模提高到 5 万亿 ~7 万亿元，进一步增加借新还旧债券发行，满足地方政府基本融资需求。

第三，着力解决融资难、融资贵问题。落实民营企业授信尽职免责办法，通过绩效考核倾斜、利润损失补偿等方式予以奖励，提高业务人员积极性。完善融资担保服务功能，建立由政府、融资担保公司、金融机构合作的政府支持的融资担保公司，发挥公共财政对融资担保行业的扶持作用。

第四，营造公平的市场竞争环境。进一步实施行业准入负面清单制度，放开铁路、能源、电信、市政等领域的市场准入；纠正一批社会反映强烈的产权纠纷申诉案件，保护企业家财产权、企业家创新权益、企业家自主经营权；平衡好企业和劳动者的权益，支持企业的合理诉求，避免劳动者保护的泛化。

激发各类主体积极性　提升经济增长预期

刘满平　国家发展和改革委员会价格监测中心高级经济师

刘满平，湖南祁阳人，经济学博士，高级经济师，现任职于国家发展和改革委员会价格监测中心，曾任职于中共中央办公厅秘书局综合调研处，主要研究领域为宏观经济、能源产业经济及价格政策等。在《人民日报》《经济日报》《经济学动态》等发表100多篇学术论文，兼任中国经济学会理事、中国油气产业联盟专家。获得过薛暮桥价格研究奖、国家能源局能源软科学研究优秀成果二等奖，研究报告获得中央政治局常委领导同志批示。

2018年我国GDP突破90万亿元，实际增长6.6%，虽然从数量上看，整体仍然运行在合理区间；从质量上看，也存在诸多好的一面，例如供给与需求结构持续优化；就业形势稳中向好；新增长动能有所提升；等等。但从趋势上看，GDP增速延续了2016年第三季度以来逐季下行的趋势，既没有“触底企稳”，也没有步入稳定复苏的“新周期”，尤其是11月份后，消费和出口等终端需求加快下滑；制造业PMI跌入临界点以下；财政收入跌幅扩大；各类价格指数全面出现环比负增长，工业利润增长由正转负，各种宏观经济数据说明我国经济增速换挡还没有结束，经济阶段性底部还没有呈现，经济下行压力还是比较大的。

综合来看，2019年，生产供给侧方面，经济结构转型时期传统生产动能减弱，劳动力供给持续下滑，劳动力成本、地价成本、自然资源成本持续上升，环保约束压力加重，全要素生产率增长率仍将在低位运行。需求侧方面，在保护主义抬头、美国经济增速可能放缓和部分发达经济体政策不确定的环境下，全球经济复苏放缓，特别是中美贸易摩擦的不确定性，我国外需走弱压力加大，出口增速和货物贸易顺差可能明显回落；消费增长尽管得益于税收降低、消费政策刺激，但仍受制于居民收入增速放缓、杠杆率提升而可能呈现稳中略缓；投资需求中，与出口相关的制造业投资增速也将放缓。基建投资将明显反弹回升，但难以对冲房地产开发投资和制造业投资下行。因此，2019 年国内三大需求整体可能会呈现稳中偏弱，GDP 增速预计在 6.3% ~6.5% 之间，CPI 预计在 1.5% ~1.8% 之间，PPI 涨幅进一步缩小，部分工业领域可能再次出现结构性通缩。

除了经济数据反映出经济下行的压力外，目前社会上诸多市场主体也集中体现了当前我国经济状况的担忧，可以说，经济下行的预期已经形成。这种预期将极大地改变微观主体的行为模式，增加经济稳定运行的难度。正因如此，2018 年 12 月底召开的中央经济工作会议提出要坚持稳中求进工作总基调，坚持以供给侧结构性改革为主线，坚持深化市场化改革、扩大高水平开放，着力激发微观主体活力，创新和完善宏观调控，统筹推进稳增长、促改革、调结构、惠民生、防风险工作，进一步稳就业、稳金融、稳外贸、稳外资、稳投资、稳预期，提振市场信心，保持经济运行在合理区间。具体包括：要实施好积极的财政政策和稳健的货币政策，实施就业优先政策，推动更大规模减税、更明显降费，有效缓解企业融资难、融资贵问题等。

对于“稳预期”，笔者认为主要是稳定市场主体对经济持续增长的预期。这种预期的改变除了宏观政策要强化“逆周期”调节外，更长远、更深层次的应是激发各类主体积极性，促进经济增长，通过提升个体的预期来达到稳定或提升整个社会的预期。事实上，纵观改革开放 40 年经验，我国经济之所以能够取得如此大的成就，其中一个重要原因是打破体制机制约束，提升各类主体的生产积极性。微观层次上，家庭联产承包制度激发了农民生产的积极性；企业产权改革激发了企业职工的积极性。中观层次上，税收制度改革以及政绩考核机制改革促使不同地区之间开展经济竞争与发展。自步入新时代，经济进入新常态以来，在追求经济高质量发展的情况下我国面临的一个难题是：不仅一些市场主体等微观主体积极性和创新性不足，就连部分地方政府和地方政府官员发展经济的动力不足，不作为，积极性未被充分调动。这种现象的出现一方面与这些地方及地方政府官员有关；另一方面也与新时代如何建立和完善激励机制有关。所以，笔者认为，应坚持向改革要动力，深化国资国企、财税金融、土地、市场准入、社会管理等领域改革，强化竞争政策的基础性地位，创造公平竞争的制度环境，鼓励中小企业加快成长，增强微观主体活力。对于地方政府及官员，要建立健全激励和约束机制，促进正向激励和优胜劣汰。

2019年中国区域经济协调发展有四大趋势

刘　勇　国务院发展研究中心发展战略和区域经济研究部研究室主任、研究员

刘勇，国务院发展研究中心发展战略和区域经济研究部研究室主任，多次参与国家经济社会发展规划项目研究，参与中国区域发展战略和城镇化发展战略研究。中国人民大学区域经济学博士、中科院地理研究所博士后，在美国哈佛大学肯尼迪政府学院做过访问学者，专门从事区域经济研究。

主持和参与完成的重要研究项目主要有《"十五"计划和2010年发展战略的研究》《西部大开发和区域协调发展战略研究》《"十一五"发展战略和规划思路研究》《"十二五""十三五"规划前期研究》《东北工业化城镇化与土地问题研究》《河北霸州产业结构调整规划》《江苏镇江出口加工区升格国家级综合保税区的可行性研究》等，出版了《中国特色城镇化研究》《地区主导产业研究》等多部专译著，撰写的研究报告和著作曾获得国家科技进步奖、中国发展研究特等奖等重要奖项。

在宏观经济形势严峻和产业经济发展艰难的背景下，我国区域经济发展是个亮点，成为稳定我国经济发展的重要抓手之一。2019年以及今后相当长一段时期，我国区域经济协调发展在以下四个方面将继续取得较大进展。

第一，区域经济一体化将通过"四纵四横"的经济轴带，实现全中国的"一日经济圈"的目标。

一是硬件一体化，指城乡区域之间交通通信等基础设施互联。按照沿海、沿江、沿线和沿边等"四沿"战略，构建我国"四纵四横"的综合区域经济一

体化空间体系（或轴带）。“四纵”指沿海纵线、京哈—京九线、二（连浩特）三（亚或沙）线、西部沿边线；“四横”指北方捷道、陇海线—兰（州）喀（什）线、沿江线和台湾瑞丽线。

二是软件一体化，指城乡区域之间市场及经济贸易和社会政策的互通，涉及产品和要素两类市场。市场规则一体化方面，如产品和要素技术标准、交易规则、投资规则以及市场监管体系等。经济社会政策一体化方面，如就业、收入均衡政策，社会福利和保障政策，以及生态环境保护政策。

第二，将逐步形成以县域为基础区域单元的四层次区域分工与合作新体系。

都市圈层，指一个地级都市县和其周边若干产业关系密切农矿县构成的城乡分工协作体系，相当于我国的地级市行政区范围。

城镇群层次上，指三个或以上都市圈构成的都市分工协作体系，主要是城市与城市之间的分工合作。未来将建设 21 个地区级和国家级城镇群。

城镇群绵延带层次上，指三个或以上城镇群构成的都市分工协作体系，包括沿海“长三角”地区、珠江三角洲地区、京津冀地区以及以武汉为中心的长江中游地区和以成渝为中心的四川盆地地区等。

第三，区域平衡发展将从相对差距缩小向绝对差距缩小方向转变。

我国正在实施西部大开发、中部崛起和东北振兴等区域平衡发展战略。目前，我国中西部与东部之间的地区相对差距已经在缩小，但地区绝对差距仍然在扩大，未来工作的重点在于逐步实现缩小地区间绝对差距的目标。

第四，通过贯彻实施绿色发展理念，区域可持续发展将呈现经济适度快速增长与生态环境质量得到有效提高的和谐发展关系。协调经济社会发展与生态环境之间的关系，实现经济与环境的可持续发展，有利于缓解人地之间的紧张关系（人类是自然的一部分），有利于正确处理经济发展与环境保护之间的辩证关系（生态环境质量也是一种经济产品），有利于全面推广先进的绿色发展理念和模式（可持续发展理念）。政府干预手段包括：资源综合利用，绿色循环低碳；产业技术进步和合理布局；生态保护与治理；环境污染防治；生活宜居环境条件的创造等。

多方施策稳出口

隆国强　国务院发展研究中心副主任、研究员

隆国强，湖南邵阳人，经济学博士，研究员。国务院发展研究中心副主任、党组成员。党的十九大代表。享受国务院特殊津贴专家。

兼任对外经贸大学博士生导师、北京大学等多所大学教授、研究员。商务部经贸政策专家委员会主任、中国贸促会专家委员会主任、中国国际经济合作学会副会长。

长期从事中国对外经济政策的研究，在对外贸易、跨国投资、经济合作、特殊经济区、区域经济合作等领域完成多项重大政策研究报告；研究领域还包括宏观经济、产业政策、粮食经济、汽车工业等。多次参加国务院和相关部委的经济形势分析与政策研讨会议，2007 年为中共中央政治局集体学习讲解《扩大对外开放，维护国家经济安全》。

在我国比较优势加速转换的背景下，面对中美贸易摩擦和全球经济减速导致外需不足双重挑战的叠加，稳出口并非易事，不能指望“一招灵”，需要多方施策。要标本兼治，既实现短期“稳出口”，更促进产业国际竞争力升级，推动贸易大国向贸易强国转变。

第一，着力降成本，增强出口竞争力。一是要进一步落实好金融服务实体经济的各项政策，改善对出口企业特别是中小型出口企业的金融服务，解决“融资难、融资贵”问题，降低资金成本；二是适当提高出口退税率，尽可能实现足额退税，进一步加快出口退税进度；三是要保持人民币汇率稳定，避免人

民币升值；四是要更大力度推进供给侧结构性改革中“降成本”的力度，降低政府对能源、运输等基础产品与服务定价，清理对出口企业的各种收费，减少出口企业缴费负担；五是继续推进通关便利化改革，把改革重点从压减通关时间转向压减通关环节的各种收费，切实降低通关费用成本；六是进一步推进“放管服”改革，降低制度性交易成本。

第二，大力开拓新市场。市场多元化是我国优化出口结构的长远大计，也是短期稳出口的有效举措。新兴经济体经济增长速度快，对我国产品需要旺，出口潜力巨大。一是稳步推进“一带一路”建设，开拓沿线国家市场。5 年来我国与沿线国家对外贸易增长速度比整体外贸增长速度高 2 ~ 3 个百分点，说明“一带一路”倡议可以有力带动我国对沿线国家的出口增长。二是加大政策性金融机构对出口的支持力度。进出口银行、中信保等政策性金融机构对支持出口具有重要作用，应扩大政策性金融服务的覆盖面，并降低服务成本。三是加大对中小出口企业拓展海外市场的支持力度，如支持中小企业到海外参展，发现新客户，开拓新市场。

第三，用创新增强出口竞争力。一是要高度重视、充分发挥跨境电子商务对扩大出口的作用。跨境电商增长速度快，潜力巨大，也是开拓新兴市场的利器。例如，2018 年中国向俄罗斯发送的包裹价值达到 2446 亿卢布（约合 250 亿元人民币），增长率达到 18.8%。二是要支持出口企业加大技术创新，开发新产品，提高出口商品的附加价值，持之以恒实现出口结构的升级。三是要支持工业机器人应用，提高制造业自动化、智能化水平，推动劳动密集型加工出口企业转型升级。四是继续支持外贸综合服务型企业、市场采取型出口等新模式、新业态的发展，鼓励出口商业模式的创新。

第四，大力推动服务出口。近年来，服务贸易增长快、潜力大，我国具有发展服务出口特别是知识密集型服务的多种有利条件，特别是人力资源优势。

新一年要深入推进服务贸易创新发展试点工作，及时总结推广成功经验，加快形成有利于增强服务业的体制环境。进一步扩大服务业对外开放，引入国际优势资源和竞争压力，增加服务业国际竞争力。牢牢把握信息技术进步对促进服务出口的战略机遇，大力支持数字化服务的出口，鼓励服务出口模式创新，大力发展服务外包。

2019 年中国外经贸将稳中提质

刘英奎　中国贸促会研究院国际投资研究部主任

刘英奎，中国贸促会研究院国际投资研究部主任，兼任中国世界贸易组织研究会理事、北京城乡创新发展博士研究会副会长等职。长期从事国际经贸、对外经贸等领域的理论与政策研究，主持、参与部委、有关省市委托的研究课题 50 多项，撰写、主编著作 20 余部，发表专业论文 100 余篇。多次接受中央媒体采访，并为知名高校干部班、企业家培训班授课，为大型企业提供咨询服务。

2018 年以来，国内外经济形势复杂多变，中国对外经贸发展面临前所未有的挑战与压力，但基本发展条件依然存在，2019 年稳中提质仍可期待。

一、四大压力挑战外经贸平稳发展

一是全球经济增速放缓。2018 年年中以来，国际知名机构纷纷预测，2019 年全球经济增速将出现温和的周期性放缓。全球经济增速放缓必然导致国际市场需求萎缩、投资信心下降，进而对中国产品出口和吸引外资形成负面影响。

二是国际贸易保护主义抬头。中美贸易谈判存在较大的不可预知性，全球贸易政策动荡，欧美发达国家强化对外来投资的安全审查，跨国贸易和投资受到限制，中国对外经贸发展的国际环境日益复杂多变、不确定。

三是中国经济增速放缓。在经济总量基数提高、产业结构调整、人口红利逐渐释放等多重因素作用下，中国经济增速逐渐放缓，自 2015 年 GDP 破 7% 以来，2018 年下降为 6.6%，2019 年预计只有 6.3%，国内投资和消费需求意愿降低。

四是国内成本上升与国际竞争加剧。中国对外经贸面临国内劳动力、土地等生产要素成本快速上升和东南亚、南亚等国家产业竞争加剧的双重挤压局面。

二、四大优势支撑外经贸维稳提质

尽管压力巨大，2019 年推动中国外经贸发展的主要动力和积极因素仍在，增速可能放缓，但质量效益将持续提升。

一是全球经济温和增长，不至于出现断崖式下降。受中美贸易摩擦影响，中国对美贸易、投资难有大的突破，甚至可能出现快速下滑，但中美市场的彻底切割也不现实；同时，中国与日、欧等发达经济体的经贸联系将因此加强，对新兴经济市场的开拓力度也将相应加大，中美经贸关系削弱造成的空缺将得到一定程度的弥补，中国独有的抗压韧性和巨大的国际回旋空间有助于平稳渡过这一难关。

二是中国具有稳定而良好的营商环境。首先，中国政局稳定，治安良好，这是外商投资十分看重的条件。其次，中国对外开放的决心坚定明确，各级政府促进经济发展的进取精神依然强劲。再次，中国基础设施和产业配套条件优越，综合竞争优势依然存在，总体营商环境不断优化。

三是中国拥有潜力巨大的国内市场。根据中国贸促会的问卷调查，企业投资最看重市场规模。中国拥有 14 亿人口，近几年 GDP 仍将保持 6% 以上的中高速增长，中产阶级人口超过 2 亿，消费支出对 GDP 的贡献率已达 76.2%，且消费结构不断升级。这是任何一个跨国企业都无法忽视的巨大市场。外商对华投资信心不减，中国依然是最受各国企业青睐的贸易和投资市场。

四是中国拥有世界上最完整的产业体系。尽管部分劳动密集型产业出现对外转移迹象，但一些高端产业和大项目的进入弥补了部分低端产业腾挪的空缺，东南亚、南亚等新兴市场的综合竞争优势，在相当长时间内还难以与中国匹敌。

综合起来看，中国对外贸易将延续 2017 年冲高之后逐渐下滑趋势，2019 年增速达到 5% 应有保障；吸引外资和对外投资在保持 1200 亿 ~ 1300 亿美元的总量基础上，投资区域结构、产业结构和质量效益也将沿着近几年的高质量发展轨迹继续提升。

三、多管齐下保障外经贸高质量平稳发展

当前，中国正处于从贸易大国向贸易强国转变的关键时期，应对前所未有的严峻挑战，需要运用高超智慧和多种政策手段，稳妥处理大国关系，加快市场多元化布局；需要加快产业转型步伐，提高企业自主创新能力，推动对外经贸高质量发展。

一是培育新兴产业，鼓励自主创新。要大力培育新能源、新材料、生命生物工程、节能环保、信息技术和移动互联网、新能源汽车、人工智能、高端装备制造等战略性新兴产业，以及现代服务业、现代制造业等高技术、高附加值产业，加大前沿科技的自主研发扶持力度，增强产业国际竞争力。

二是要加大对外开放力度。继续推进与“一带一路”沿线国家的务实合作，大力开拓一些区域性重要市场；进一步压缩外商投资负面清单，加快金融、医

疗、数字经济等市场开放步伐。

三是冷静处理中美经贸摩擦。力争将中美摩擦控制在贸易范围并尽快重返互利合作轨道。

四是打造国际一流的营商环境。

寻找突破性的经济增长动力

刘正山　东北财经大学中国战略与政策研究中心副主任

刘正山，陕西人，清华大学博士后，东北财经大学中国战略与政策研究中心副主任。

著有《老子经济学》《当代中国土地制度史（上、下）》《幸福与幸福指数：理论构建与计量分析》《大国地权——中国五千年土地制度变革史》《寓言经济学》《幸福经济学》等20多部书。在《经济学（季刊）》《思想理论内参》《学习时报》《经济参考报》《经济日报》《联合早报》《南风窗》等刊物发表各类文章数百篇。参与全国人大、中央党校、中央财办、国务院发展研究中心、国土资源部、农业部、国家自然科学基金、国家社科基金等50多项课题研究。

当前中国经济发展面临一系列的风险与挑战，包括民营经济不振、地方债务风险等。不过，从过去几十年的经验来看，只要稳住就业，并保持一定的经济增长速度，这些风险与挑战都可以化解。

2019年乃至今后一段时期，中国经济走势不会出现悲观状况，虽然2019年的经济增长速度可能会相对于过去的高速增长有所下降，但增速必定保持在6%以上。因为一方面我国经济统计存在一部分漏算，比如城镇保姆的经济贡献、农村中农民建房的经济贡献、城镇居民住房装修中的相当一部分经济贡献等；另一方面我国宏观经济调控的政策空间较大，改革红利可期。

从理论上看，货币政策或许作用在递减，但是大规模减税的效应可期，新经济业态开始发力，加上财政政策仍有很大的腾挪空间，比如“补短板”，在高铁、高速公路、轨道交通、农村基础设施和水利工程等方面，仍有很多工作可做，尤其是从中长期看，如果将水利工程与“胡焕庸线”改造结合起来，或许成为经济发展的突破性新动力。“胡焕庸线”的下侧区域，未利用土地资源短缺，水资源丰富；“胡焕庸线”上侧区域，39.54 亿亩未利用土地资源大部分分布在此，但是水资源短缺。通过水、土等资源的置换和重配，向华北和西北调 500 亿～700 亿立方米的淡水，将“胡焕庸线”上侧区域改造为适宜发展的区域，我国至少可以增加 8 亿～10 亿亩可供利用的土地，不仅让现有的水资源和未利用土地资源得以高效率利用，还可以获得巨大的经济动能，并吸收富余劳动力，确保生态安全、粮食安全等。

除了宏观政策，还有改革红利，尤其是土地改革。20 世纪 80 年代的家庭联产承包责任制改革，极大地激发了农村经济活力，推动了经济的高速增长。党的十八大以来，我国土地改革稳步推进，最新的《土地管理法》《城市房地产管理法修正案（草案）》明确要缩小征地范围、规定非农建设用地将不再必须国有等等，这将进一步释放改革红利，推动新一轮经济增长。我们承担的国家社会科学基金项目（17BJL002）“推动中国经济实现中高速增长的突破性改革研究”认为，如果将土地改革与水资源再平衡和改造“胡焕庸线”结合起来，将可以在今后的 8～10 年中带来年平均 3 个百分点的经济增长动能，加上减税费稳定增长，改革户籍、公共服务、住宅、社保等体制促进人口和劳动力双向流动，改革农村土地产权形成的资金进入农村和农业形成增长动能。并且通过存量和增量区域土地产权的明确化和永佃化，吸收过多货币，稳住向外流动的资金，在未来的 8～10 年中，实现国民经济 7% 左右的增长速度、产权安全和经济基本面的预期，增加良性资产，稳固制造业基础，使人民币值保持稳定，完全可以稳步地在 2035 年前进入高收入国家行列。

预计 2019 年我国 GDP 增长率为 6.3%

娄　峰　中国社科院数量经济与技术经济研究所经济系统分析研究室主任

娄峰，金融学博士，研究员，博士生导师，现任中国社会科学院数量经济与技术经济研究所经济系统分析研究室主任。专注于宏观经济预测和政策模拟分析研究。在《中国社会科学》《经济研究》《世界经济》《中国工业经济》《数量经济技术经济研究》等核心期刊发表论文；出版《中国经济－能源－环境－税收动态可计算一般均衡（DCGE）模型理论及应用》等多部专著；主持和参与几十项国家社科基金、国家自然基金、部委课题；获得部级一等奖 2 项、部级二等奖 4 项、部级三等奖 4 项、中国数量经济学年会一等奖 2 项。

展望 2019 年，我国经济持续平稳的基本面不会发生变化，转型升级和结构调整的向好态势也不会发生变化。我们预测，我国经济增速将在新常态下运行在合理区间，就业、物价保持基本稳定，预计 2019 年我国 GDP 增长率为 6.3%。相关政策建议有以下三个方面。

第一，加强稳健货币政策和审慎监管政策的相机抉择性和逆周期作用。包括：继续创新并综合运用货币信贷政策工具，稳定流动性合理增长，防范流动性风险；综合运用货币信贷政策和审慎监管政策的结构性工具，引导金融配置精准“滴灌”和服务实体经济；结合资本市场制度建设完善金融结构，疏通货币信贷政策传导机制；等等。

第二，保持积极的财政政策，提高针对性和有效性。在贸易保护主义抬头、国内经济面临下行压力、企业经营面临更多困难的情况下，我国仍需要采取积极的财政政策，增强政策效果的有效性。一是以减税降费为核心，保持财政政策积极性。在财政政策工具的选择上，在保持一定财政投入力度和支出强度的同时，需要将积极财政政策的主要着力点放在加大减税降费力度、降低实体经济成本上，减少增加政府消费和投资等直接扩大总需求的政策工具使用。二是提高财政政策的针对性和有效性。切实降低科技创新企业、小微企业、先进制造业、现代服务业等重点行业的税费负担，增强企业竞争力和发展后劲。鼓励企业进行科技研发活动，促进我国企业从规模化向质量效益性转型升级。通过财政担保贷款贴息、国家融资担保基金等多种方式解决小微企业、初创企业融资困难。

第三，落实高质量发展要求，推动制造业转型升级。一是优化改善制造业发展环境，推动制造业供给侧结构性改革，全面提升制造业发展后劲。一方面，要推动制造业供给侧改革，增强高品质、高复杂性、高附加值制造产品的供给能力，加快制造业从粗放型、数量型的中低端制造向集约型、质量型的高端制造转变；另一方面，要拓展制造业市场空间，以提升中高端制造业竞争力为主线加快国际产业分工定位调整，以国内消费升级为契机推动制造业向高质量发展转型。二是完善制造业创新生态系统，增强制造业创新能力建设，引领驱动制造业转型升级。在这一过程中，既要构建新型制造业创新平台，提高科技成果转化率，还要构建制造业创新网络，提高制造领域开放协同性，此外，还要构建制造业新型产业链，增强创新要素整合程度。三是推动构建靶向人才培养和引进机制，聚焦制造业核心技术攻关，切实推动制造业高质量发展。

2019年多在“六稳”上下功夫

卢永真　国务院国资委研究中心副主任、研究员

卢永真，现任国务院国资委研究中心副主任，研究员。兼任工业和信息化部信息通信经济专家委员会专家。先后毕业于北京大学和西南财经大学，经济学博士。

自1995年4月至今，先后在国家经贸委和国务院国资委工作，一直在国有企业改革、国有资产监管、公司法人治理、多层次资本市场、私募股权基金、信息通信经济等领域从事研究工作。参与和主持有关部委、地方政府和大型企业集团委托的多项重大研究课题和企业咨询项目。

2019年经济下行压力不容忽视，GDP增速预计在6%左右。

在稳就业方面，中小企业是解决就业问题的最重要载体，要着重加大对中小企业的扶持力度，切实减轻企业负担，改善营商环境，促进企业进入良性发展轨道，从而增强中小企业对新增就业的吸纳能力。

在稳金融方面，在守住不发生系统性风险的前提下，加快建设完善的多层次资本市场，更加注重发挥证券市场的作用，大幅提升直接融资比重；大力培育风险投资、私募股权基金等新型投资机构，让金融更好地服务于实体经济；提高金融监管的协同性，注意政策的叠加效应。

在稳外贸方面，站在历史发展的战略高度积极推进中美经贸磋商取得良好进展，积极推进建设更高水平的开放型经济；提升贸易便利化水平，完善对外贸企业的金融服务；加快转变外贸发展方式，以技术创新和优质服务推动形成

新的外贸竞争优势。

在稳外资方面，在更大范围放宽外资准入，加速推进准入前国民待遇加负面清单制度；积极推进外商投资便利化和自由化，放宽股权比例限制；切实保护外商在华合法权益特别是知识产权，积极回应外资关切。

在稳投资方面，加大在技术创新和民生领域的投资力度。在大数据、云计算、人工智能、5G 等新技术领域加大投入，尽快形成新的经济增长点；加速推进工业互联网、物联网等产业化，提升制造业特别是装备制造业的技术水平；加大国有资本对公益性事业的投入，补齐基础设施和公共服务设施建设的短板。

在稳预期方面，继续深化改革，扩大开放是稳住预期的根本之策。坚持两个毫不动摇，支持民营经济持续健康发展；做好政策解读，引导舆论减少各种误解。

2019 年要推动国资国企改革加速发力。2018 年 10 月召开的全国国有企业改革座谈会，提出六个“突出抓好”（即突出抓好中国特色现代国有企业制度、突出抓好混合所有制改革、突出抓好市场化经营机制、突出抓好供给侧结构性改革、突出抓好授权经营体制改革、突出抓好国有资产监管），进一步明确了国资国企改革的重点任务。

座谈会提出了“从战略高度认识新时代深化国有企业改革的中心地位”“充分认识增强微观市场主体活力的极端重要性”“当前国有企业改革正处于一个行动胜过一打纲领的关键阶段”等重要观点和判断，明确以“伤其十指不如断其一指”的思路和决心，扎实推进国有企业改革，大胆务实向前走。一定要把这些要求落实到位，让 400 多户中央企业的子企业和地方国有骨干企业入围的“双百行动”，扩围到 21 户的中央企业国有资本投资、运营公司试点及地方的相关试点早出成效，快出成效。这将对 2019 年的经济运行大有裨益。

2019 年中国经济预计继续温和放缓

鲁政委　兴业银行首席经济学家

鲁政委，兴业银行首席经济学家，华福证券首席经济学家，兴业研究副总裁。中国金融 40 人论坛（CF40）特邀成员，中国首席经济学家论坛理事，新供给 50 人论坛成员，西安交通大学兼职教授，武汉理工大学兼职教授，深圳证券交易所绿色金融方向博士后指导专家组成员，中欧绿色能源研究所学术委员会委员。“上海金融领军人才”“首届沪上十大金融创新人物”，2010 年度第一财经金融价值榜“最佳中国分析师”。2011 年和 2012 年连续两年被香港专业投资者杂志《The Asset（财资）》评为亚洲“人民币债券最佳分析师”。2013 年被《新京报》评为“中国青年经济学人”。2016 年在路透社获中国经济指数预测调查第一名。

展望 2019 年，外需将继续放缓，国际经济协调预计仍需在未知水域继续摸索。面对这种态势，“关键是要把自己的事情办好”，进一步扩大内需将是整个宏观政策的轴心，但稳杠杆是在稳增长时必须要做好的平衡。总的来看，2019 年经济预计继续温和放缓，经过政策的持续调适，下半年经济下行压力预计将逐步消退。

在外需方面，即使中美最终达成一项贸易协议，但贸易摩擦的滞后负面影响将在 2019 年显现，更重要的是 2019 年世界经济周期将趋于下行，由此将给未来我国出口带来压力，也将挤压顺差、影响对新产能的投资以及消费者信心，从而对产出构成拖累。

在内需方面，随着汽车购置税的短期扰动逐渐消退，2019 年汽车销售或逐步有所反弹。在房地产方面，一方面随着房地产调控政策因城施策的调整完善，一亿人口落户要求政策的落实，之前暂时被抑制的大城市房地产需求或有机会逐步释放；但另一方面，随着棚改货币化政策的实施力度减弱，由此可能使得三、四线房地产销售和居民消费持续放缓。随着前期政策效果逐步显现，目前基建投资增速已经开始触底并温和回升，未来在平衡宏观杠杆率的前提下，预计反弹一段时间后会进入区间震荡。

在物价方面，2019 年 CPI 上涨动力总体不强，预计全年 CPI 中枢稳定在 2.0% 左右。贸易摩擦叠加世界经济景气下行，或施压石油等工业品价格，2019 年我国 PPI 或继续回落，不排除若干月份出现通缩的可能性，全年中枢可能在 0.5% 左右。

在政策方面，2018 年 12 月的中央政治局会议曾指出，未来一段时间的经济工作重点在于“六个稳”——稳就业、稳金融、稳外贸、稳外资、稳投资、稳预期。市场上对“六个稳”逐个分解的分析和建议比较多，但从整体上把握的比较少。我们认为，“六个稳”是一个有机整体，终极目标是“稳就业”，但牛鼻子或许是“汇率”。随着我国资本账户对外开放力度越来越大，这种“稳”更多不是静态的，而是动态的。也就是说，未来不能简单地“以静求稳”，要逐步适应“动中求稳”。

经济下行压力加大　形势较为复杂

罗建钢　中国财政科学研究院研究员

罗建钢，湖南省祁东县人，2004 年 7 月博士毕业于财政部财政科学研究所财政专业，2005 年 10 月任硕士生导师，2007 年 12 月任中国财政科学研究院研究员。研究领域：PPP、宏观经济、国有经济、财政政策、公司治理等。

学术兼职：中国财政学会第八届理事会常务理事，中国财政学会投融资研究专业委员会常务理事，中国财政科学研究院政府与社会资本合作（PPP）研究所理事。代表著作有：《清产核资实务操作手册》（合著）、《部门预算问题研究》（合著）、《财政支出效益评价》《委托代理：国有资产管理体制创新》（专著）、《合并会计报表理论与实务》（合著）。

从当前经济运行来看，总体上表现为经济下行压力持续加大，预计 2019 年 GDP 增长会在 6.0% ~6.5% 区间运行；就业和投资问题有所凸显；债务风险仍然维持高位，未能得到有效化解。在 2019 年，我国经济运行的关键是解决好以下六大矛盾和风险。

第一，外部环境复杂严峻。2018 年中美经济关系出现重大调整，在一定程度上形成了贸易摩擦的态势，成为影响世界经济形势和国际经济格局的重大事件。从 2018 年 3 月 23 日起，中美两国共实施了三轮贸易制裁和反制裁，共涉及 3660 亿美元的商品被纳入附加 25% 或 10% 关税的范围，在损害我国经济利益和产业发展的同时，给世界经济的运行带来重大影响和直接损害。从 2019 年的情况来看，以中美贸易摩擦作为主要矛盾的全球经济运行依旧十分复杂，并对我国的外部经济运行环境带来了较大的压力。

第二，经济面临下行压力。从推动经济增长的“三驾马车”来看，2018 年的运行情况均出现了“稳中有降”的特点，经济内部增长动力有所下滑。全年全社会消费品零售总额的增速仅为9%，成为近年来增速较低的年份；固定资产投资增速仅为5.9%，基础设施投资增速下降明显。相较于内部需求，出口在保持了 3 个季度的快速增长之后，四季度的增速出现了较为明显的降低，11 月的出口规模仅为2274 亿美元，增速为5.4%，明显落后于前 10 个月12.6%的增速水平，而12 月的数据则出现进一步的下滑，中美贸易摩擦的负面影响开始显现。

第三，金融出现偶发性的异常波动和共振。2018 年 7 ~ 10 月，我国金融市场一度出现股市、汇市、债市相关联的异常波动，并影响到国家的金融稳定和经济安全。从金融市场的杠杆管理和平衡指标来看，我国 2018 年的内生性金融风险的水平已经明显降低；表外资金已经较好地纳入监管，并逐步回归表内；金融服务实体经济的意愿和能力显著增强，国家融资担保基金已完成组建并开始运作。因此，这种资产市场间的风险联动和压力共振的主要诱因是外部的，缺乏内部的传播基础和扩散条件，风险具有偶发性和暂时性的特点，但在短期内所形成的风险压力仍然不容小视。

第四，地方政府债务风险仍在积累。从债务的总体规模来看，地方政府债务压力并未进入“拐点”，隐性债务规模依然庞大。而 2018 年，显性债务规模新增加了 21800 亿元，增速达到 13.5%，约为当期 GDP 增速的 2 倍。从政府债务利息的偿还规模来看，2018 年前 11 个月支付利息约为 6908 亿元，增速高达 20.6%，约为同期财政收入增速的 3.2 倍。债务利息的迅速增长，降低了当期积累，但增加了债务的累积，并对未来的财政保障能力和服务提供能力形成了压力。

第五，民营企业和中小企业融资难、融资贵的问题仍较为突出。2018 年，我国民营企业和中小企业获得贷款的比例约占同期企业贷款增加值的 25% 左右（国标口径），而增量则相当于 2017 年增量水平的 1.6 倍左右（普惠口径），民营企业和中小企业融资取得了一定程度的改善。但从融资难、融资贵的角度来看，民营企业和中小企业的融资环境并未取得根本性改善，在某些行业、某些条件下还出现了一定程度的恶化。如民营企业发行企业债成本上升，中小企业和民营企业仍存在抽贷断贷等情况，造成企业流动性困难甚至停业。

第六，资本市场机制扭曲，脆弱性增强。受到注册制改革再度延迟的影响，股票市场的价值估值和定价机制仍然以净资产规模作为定价基础（即每股所代表的净资产水平），而不是利于杠杆管理和投资风险自觉的收益率定价原则。这种定价机制上的扭曲，一方面加大了杠杆波动风险，另一方面导致风险水平和收益率的失衡，形成了与其他市场之间的套利空间。

上述六个方面的矛盾，既有短期的，也有长期的，既有周期性的，也有结构性的，其内部的交织和融合，以及与外部的牵连和蔓延都将使问题更加复杂、解决更加棘手。从其内在作用机制来看，有效扩大内需、纠正机制扭曲、强化竞争的基础性地位和防控杠杆风险是核心表现，也是有效应对运行压力、化解六大矛盾的关键切入点和抓手。

能源行业“六稳”大有作为

吕建中　中国石油经济技术研究院副院长

吕建中，中国石油经济技术研究院副院长，管理学博士。长期在中国石油和天然气领域从事发展战略、产业政策、体制改革、企业管理、技术创新等方面的研究，多次参与或组织国家、行业、公司级重大战略问题研究及相关政策制定，熟悉我国油气产业发展战略及相关政策，具有丰富的国内外石油市场、公司经营管理知识，是能源经济、石油产业经济、公司战略等方面的专家。多年来，发表专业论文、研究报告、评论文章等近百篇，多项研究成果获得国家、行业奖，经常参加国内外交流，形成许多有影响的理论观点。

2019 年，中国经济将面临一系列严峻挑战和不确定因素，必须坚持以供给侧结构性改革为主线不动摇，在“巩固、增强、提升、畅通”八个字上大功夫，才能有效实现“六稳”目标。在这方面，能源行业可以大有作为。

能源产业在国民经济中扮演着重要角色，是投资、就业、贸易、财政的重要支柱。纵观世界许多国家或地区，每当遭遇经济衰退和危机的时候，能源行业往往能够表现出比其他行业更强的“恢复能力”，并对拉动经济复苏、增加就业岗位、稳定金融市场起到压舱石作用。以美国为例，2008 年爆发金融危机之后，经济增长严重下滑、失业率大幅度上升，2010 的 GDP 负增长 2. 5%，失业率升到 9. 9%。之后，美国掀起页岩油气革命，油气开采业投资大幅度增加，一度占到社会总投资的 10%，并吸引大量风投进入，油气产业增速比同期 GDP 增速高出 2～3 倍，油气行业新增工作岗位占到全美新增工作岗位的 10%。在过去几年里，美国的失业率持续下降，2018 年已降到 4% 以下，这其中，页岩油气革命功不可没，至少新贡献了 200 多万个就业岗位。有资料显示，2017 年底美国能源领域（包括节能）就业人数达 650 万人，占到全美就业人数的 4.5%。

无独有偶，高度依赖金融业的英国经济同样遭受到金融危机的重创，陷入深度衰退，2009 年的 GDP 负增长 4.9%，2012 年缓慢复苏到 0.3%，同期失业率升到 4.8%～5.0%。2014 年，英国政府启动“北海大陆架油气经济复苏计划”，主要动因就是为了稳定油气产量、保障能源安全、促进经济增长、增加财政收入，特别是稳定 45 万人的就业机会。在随后的两年里，英国经济呈现全面复苏势头，GDP 增长达到 2.0%～3.0%，失业率下降到 3.0% 以下，油气行业的贡献不容忽视。2016 年以来，英国经济受到“脱欧”问题的困扰，发展前景又出现了许多不确定性。

再以勃勃发展的全球新能源或可再生能源产业为例，2017 年创造了 50 多万个新的就业机会，比上年增长 5.3%，总的就业人数已经超过了 1000 万人，其中我国贡献 40% 以上。

目前，中国是世界上最大的能源生产国，也是最大的能源消费国，还是最大的石油和天然气进口国，2018 年的油气对外依存度已达到 70% 和 45%，未来有可能继续攀升，给国家能源安全带来较大的压力。中国能源行业面临的主要问题是结构不合理，即多煤、少油、缺气。其中，煤炭在一次能源消费中占比 60% 以上，天然气占比不到 10%，而世界水平分别是 29% 和 24%。按照大力推进能源“四个革命、一个合作”，构建“清洁低碳、安全高效”的现代能源体系的战略要求，从现在起到 2030 年，将是中国能源转型的关键 10 年，必须努力把非化石能源的消费占比提高到 20% 以上，天然气的消费占比提高到 15%，煤炭消费占比降低到 55% 以下，这是能源领域持续深化供给侧结构性改革的重要抓手。

能源行业具有资本、技术、劳动密集的属性，其自身的发展就是经济增长的重要组成部分，可以创造大量岗位、广泛吸纳就业。通过加大国内油气勘探开发投资，扩大新区风险勘探，加强老区挖潜增产，突破非常规、深层深水资源开发瓶颈，以及加快基础设施建设等，可以提升油气生产供应和安全保障能力。通过加强煤炭清洁高效利用，把煤炭行业淘汰落后产能、化解过剩产能与提高先进产能、延长清洁高效利用产业链有机结合起来，实现投资、就业、创效的有序转型。相对于传统化石能源，目前新能源的发展还受制于技术和成本，但未来发展空间巨大，需要深化能源体制改革，建立更加开放的多能互补转型发展机制，使传统能源（特别是天然气）与新能源之间形成良好的“伙伴关系”。针对我国能源浪费现象严重、能源利用率较低的问题，应鼓励大力发展节能环保及再生资源回收循环利用产业。

能源行业对其他经济领域的发展起着重要支撑作用，可以推动产业链的不断延伸，相应实现投资、市场、就业、效益的放大效应。由于能源产业对资金的需求量很大，目前中国每年能源行业的固定资产投资高达3.2万亿元。能源与金融紧密关联，并互动衍生为能源金融，国际能源市场实质上已变成了金融市场的一部分。可以利用能源行业与金融行业的协同发展机制，有效防范能源金融风险，如油价、外汇、利率风险等。也可以利用能源金融市场，建立石油和天然气战略储备，使战略储备的经济属性证券化为一种金融资产，并能在市场中流转，为广泛利用社会资金、建立多主体的石油天然气储备开辟一条新途径。

总而言之，在当前经济运行稳中有变、变中有忧，外部环境复杂严峻，经济面临下行压力的情况下，把促进我国能源转型发展与做好“六稳”工作紧密结合起来，不失为一种现实、可靠的选择。

稳定预期　提升市场信心

吕　薇　国务院发展研究中心研究员

吕薇，博士，国务院发展研究中心研究员，获政府特殊津贴专家，第十二届全国人大常委会委员，财经委员会委员。获国家科技进步奖、孙冶方经济论文奖，中国发展研究奖特等奖、一等奖等。

主要研究领域：创新政策和科技政策、高技术产业和装备制造产业政策、产业发展和组织政策、知识产权、中小企业政策等。参与国家一些重要战略和规划研究制定，主持完成多项国家和部委级重大政策研究项目。任国家制造强国建设战略咨询委员会委员、国家知识产权专家咨询委员会委员等。

2018 年，我国经济发展实现了稳中有进，经济增长保持在合理区间。但经济运行面临下行压力，外部环境复杂严峻，内部条件发生变化。中央经济工作会议客观准确把握经济形势，提出坚持稳中有进的总基调，做好稳就业、稳金融、稳外贸、稳外资、稳投资、稳预期工作。习近平总书记在领导干部学习班上的讲话，强调新形势下要树立危机意识和风险意识，提出要平衡好稳增长和防风险的关系，把握好节奏和力度。2019 年将面临诸多不确定因素，首先要稳预期，以稳治变，提振市场信心，既要积极有效应对外部环境的深刻变化，更要集中精力做好自己的事情。我国具有近 14 亿人口的大市场，这是我们保持经济社会稳定的重要基础。要从改进和完善体制机制入手，营造稳定预期的环境。

第一，建立对经济增速的合理预期。在新的发展阶段，我国经济增长进入换档期，GDP 增长放缓有其客观因素。经济结构和劳动力增长都发生了变化。一是基数增加。2018 年我国 GDP 超过 90 万亿元，若增长 6%，就是 5.4 万亿元，人均增长约 4000 元。二是我国服务业占比超过 56%，同样的增长速度，服务业吸纳的就业人数多于工业。三是劳动年龄人口的增长放缓，进入市场的劳动力数量下降，因此，在新的条件下，保就业所需的增长速度降低了。在快速技术进步和产业结构转型阶段，保障就业不仅需要合理增速，更重要的是增加人力资本投入，促进劳动力转型，适应结构变化的需要。

第二，营造公平开放透明的市场规则和法治化营商环境，以及稳定、协调和可预期的政策环境。根据世界银行的调查，2018 年我国的营商环境指数在 128 个经济体中进入第 47 位，提前了 32 位，在简政放权和便利化等方面取得了明显成效。但与一些发达国家相比仍有较大差距。目前，我国正处在转型发展和结构调整的关键时期，结构调整政策要中长期目标与短期调节相结合，加强部门之间的统筹协调，把握好调控的时机、进度、力度，保持一定的灵活性，防止“一刀切”，给市场准备和调整的时间。在具体政策上，采取积极有效的措施应对经济下行。实施积极的财政政策和稳健的货币政策，进一步综合施策，切实减轻企业的税费负担。完善多层次的资本市场，多渠道解决民营企业和中小微企业融资难、融资贵问题。进一步完善高质量发展和创新导向的普惠性政策体系，鼓励创新和高质量发展。

第三，进一步深化改革开放，向改革开放要动力。深化重点领域改革，增强市场活力。减少市场准入限制和各种隐性障碍，强化竞争政策的基础性地位，平等保护非公经济产权，营造公平竞争的制度环境，调动全社会的积极性。进一步改进收入分配制度，完善公共服务体系，提高居民的消费能力，做大国内市场。建立符合国际惯例的开放政策体系，实施国民待遇和负面清单管理，推进全方位对外开放。进一步改进和完善市场监管体系，建立各种风险的防范、预警和治理应对机制，保持社会的稳定性。

有效应对各种外部挑战关键要靠创新

马名杰　国务院发展研究中心创新发展研究部部长、研究员

马名杰，现任国务院发展研究中心创新发展研究部部长、研究员，博士，享受国务院政府特殊津贴专家。曾为美国哈佛大学肯尼迪学院访问学者。长期从事创新发展战略、创新政策、科技体制改革、军民融合、技术经济安全等研究。主持多项中央交办课题和评估任务、发展研究中心重点课题和部委委托课题，撰写并发表发展研究中心择要、调研报告和论文百余篇。多次荣获中国发展研究奖、国务院发展研究中心优秀调研报告奖。兼任国家创新调查制度领导小组咨询委员会专家、国家发改委技术经济安全评估专家咨询委员、第四次全国经济普查专家咨询组成员等。

2019 年我国将面临更加复杂多变的国内外经济形势，挑战和压力进一步加大。中美贸易摩擦、贸易保护主义、逆全球化等不利因素短期内有增强趋势，且可能在较长时期存在。全球增长的悲观预期明显增强，国际权威机构纷纷调低 2019 年全球经济增速，全球经济中期增长前景尚不乐观。在国际市场需求不振持续与中美贸易摩擦影响双重叠加下，2019 年我国经济形势和转型升级面临的困难将明显增多。

在充分估计当前经济形势中的种种不利因素的同时，还要看到我国经济发展中长期向好的前景。世界范围内的新技术和产业变革为我国转型升级提供了难得的历史机遇，数字化、智能化和绿色化转型将加速传统产业升级和新兴产业迭代，我国在发展中积累的技术、人才和工业基础有利于我们把握住“换道

超车”的机会窗口。总的来看，长期中的利好因素更多，这些利好因素并没有随着短期形势的变化而逆转。近年来，高技术产业、高端装备制造业和战略性新兴产业增速一直高于工业平均增速，中高端制造业的全球竞争力稳步提升，新材料、新能源、生物医药等新兴产业和数字经济发展迅速，创新创业更加活跃。2019 年，新动能的良好发展势头有望持续。

实践表明，要实现经济转型和新旧动能顺利转换，有效应对各种外部挑战，关键要靠创新。我国经济下行压力加大，根本原因是我国经济体系的活力、创新力、竞争力不强，支撑创新发展的体制机制短板较多。2019 年政策应在聚焦“六稳”的总基调下，继续加大重点领域改革开放力度。为进一步强化创新对转型升级的战略支撑作用，建议重点推进以下四个方面。

一是着力提升我国科技实力上台阶，为实体经济转型升级提供坚实的科学技术支撑。我国还有不少关键核心技术与发达国家差距较大，“卡脖子”问题更加凸显。我们要在坚持开放创新的原则下，加大基础研究和关键共性技术投入，在新一轮技术革命中掌握更多关键核心技术和主动权，形成更多的先发优势和引领型优势。

二是加快制造业数字化转型，促进制造业提质增效升级。近年来，数字技术在我国制造业的应用推广加速，企业生产效率、能源利用率和产品质量等改善明显，并催生了对智能装备和工业互联网等新产品、新服务、新业态的需求。但我国制造业数字化基础薄弱，多数企业和产业在资金、技术和市场等压力下转型进展缓慢。应采取有效政策措施，促进企业尤其是广大中小企业通过数字化改造提升竞争力，形成新形势下的产业集群新优势。

三是加快完善支持创新的制度和政策环境。要加快构建与新技术和产业变革相适应的政策体系，促进创新政策和产业政策相互协调，夯实竞争政策的基础性地位。要构建鼓励创新的审慎包容的市场监管体制，支持新技术、新业态、新模式、新产业发展，进一步激发全社会尤其是中小企业的创新创业活力。

四是在更大力度的开放中促进创新能力提升。要建立公平、开放、透明的市场规则和法治化营商环境，促进国内创新政策和产业政策与国际规则和惯例接轨，给予内外资企业公平竞争的政策环境，促进跨国公司和跨国研发机构更深地融入国家创新体系。

通过关联性施策　实现整体性效果

马　涛　哈尔滨工业大学经济管理学院副院长、教授

马涛，山东利津人，哈尔滨工业大学经济管理学院副院长、教授、博士生导师。宁夏大学党委常委、校长助理（中组部第 17 批博士团挂职）。哈工大空间规划与城市治理研究所所长，“哈工大—北卡大学教堂山分校城市与区域经济发展研究中心（HIT-UNC Consortium for Urban & Regional Economic Development）”中方负责人。国家发改委十三五“多规合一”试点方案负责人，国家发改委《哈长城市群发展规划》编制起草专家，黑龙江省政府科顾委宏观经济组专家，教育部学位中心全国博士论文抽检评审专家，中国区域科学协会区域可持续发展分委会副主任委员。

2019 年中国经济下行压力总体趋势没有变，国际体系也正面临多方压力，中美贸易摩擦等外部冲击的不确定性可能还会放大当期面临的经济困难，但相较于重回增长老路径、维系国际旧秩序，保持定力、坚定探索建立新内外平衡体系才是应对系统性风险的正确方向。落实执行中央经济工作会议确定的“结构性改革和宏观刺激政策并举，高质量增长和维持稳定的增长速度并重”政策定调，需要在全面认识当前阶段经济整体的内外复杂性、分层分类的关键关联性关系，按照轻重缓急，通过深化改革把长期积累的结构性矛盾进行实质性破解，才有可能科学合理操作执行实现“六个稳”宏观治理目标。通过加快财税改革步伐带动收入分配改革，激发社会投资和提高居民收入并行进行是当前紧急又重要的政策突破口。

激发新兴技术产业社会投资和保证基本建设需求投资是“稳投资”的合理选项和“稳增长”的必要措施。根据财政部 2019 年 1 月底公布的数据看，2018 年财政年度一般公共预算收入和支出分别为 18.3352 万亿元和 22.0906 万亿元，同比增长 6.2% 和 8.7%，相较年初 2.6% 的预算赤字率安排，实际赤字率是 4.17%。从近几年预算实际执行情况看，结转结余资金继续使用空间不大，土地收入趋势下滑情况下，政府性基金预算资金调入实际增量也有限；居民部门负债率增加，工业企业盈利状况不佳，企业的投资趋于谨慎，这些都是影响 2019 年积极财政和投资增长的硬约束，增量投资是方向。通过激发社会投资，保证一定的投资增速，合理维持传统基建投资规模，引导内资和外资向智能化信息化等新型服务业基础设施投资流动。供给侧改革推动的去产能初见成效，但 5G、人工智能、机器人技术等新兴技术和商业模式成长性不足、规模相对偏小。现阶段内外部需求压力下，从改善制度框架、投资人力资本和促进技术平台和创新能力上入手推动新兴产业做强做大更具现实意义，也是 2019 年通过投资促进高质量增长的合理安排。

建立长期可持续的收入增长预期是保证“稳消费”和“稳就业”的新引擎。目前需要搁置税负争议，尽快协同财税改革启动收入分配改革，这也是加快落实党的十九大报告提出的“坚持在经济增长的同时实现居民收入同步增长、在劳动生产率提高的同时实现劳动报酬同步提高”改革目标。近几年来，房地产、汽车、零售等刺激消费政策边际效益递减较为明显，2019 年初施行的 6 项个人所得税专项附加扣除将有利于释放居民部门的消费能力，但长期以来居民和企业收入增长速度、居民收入增长比例相对较低才是长期可持续消费的源泉。一方面，打通初次分配中政府对企业和居民部门、企业和政府对居民部门收入分配转移的制度难点，中央与地方财政的事权与财权关系再定位、工业企业增值税与所得税总额与比例的再核定、居民劳动报酬收入在初次分配中的比重等都需要取得实质性。另一方面，对上述任务，需要设立扣除通胀的企业和居民部门中期实际减税刚性总量底线和年度与领域的操作方案，将降低居民和制造业企业实际税负总量和比例作为减税政策评估和执行的硬条件。这对于我国应对内外部系统性风险，建立政府、居民和企业共识增长预期来说，不仅是短期迫切的，更是长期重要的。

稳字当头　提质增效

孟　春　国务院发展研究中心宏观经济研究部研究员

孟春，国务院发展研究中心研究员，博士生导师。曾任中共中央党校经济管理教研室讲师、财政部地方预算司专项资金处处长、广西财政厅副厅长、中国长城资产管理公司审计部总经理，国务院发展研究中心宏观部副部长、巡视员。中国科学院大学中国 PPP 研究中心主任、教授等。

主要研究领域：宏观经济、区域经济、财税政策、公共政策、科技金融等。

2018 年，我国经济保持了稳中有进的发展态势。一是经济总量“增”，国内生产总值比上年增长 6.6%，略高于预期增长目标。二是三大攻坚战“进”，债务余额在批准限额之内，脱贫攻坚取得明显成效，污染防治取得新进展。三是经济结构“优”，供给侧结构性改革深入推进，新动能不断发展壮大。由于国内结构性矛盾凸显，国际不确定性因素增多，预计 2019 年全年 GDP 增速为 6.3% 左右，经济增长将呈现前缓后稳、稳中有进趋势。

分领域看，消费领域，2018 年，我国全年最终消费对经济增长的贡献率为 76.2%，恩格尔指数进一步下降，人均医疗保健消费支出、人均教育娱乐消费支出以及人均居住消费支出快速增长，显示中国已进入消费需求持续增长、消费结构加快升级、消费拉动经济作用明显增强的重要阶段。虽然存在居民杠杆率上升等不利因素，但层次更高、覆盖范围更广、多样化差异化的公共服务需求将增加，2019 年中国最终消费将保持持续增长趋势。

投资领域，2018 年下半年，固定资产投资基本上实现了筑底企稳。2019 年，预期民间投资将进一步走稳向好，制造业投资持续发力，新动能不断发展壮大，补短板政策进一步落地见效，房地产投资坚持“房住不炒”平稳增长，投资有望比 2018 年更为强劲。

进出口领域，2018 年，我国货物进出口总额首次突破 30 万亿元，国际收支基本平衡，贸易结构持续优化，与“一带一路”沿线国家进出口增势良好。但由于当前面临的国际政治经济形势错综复杂，世界经济增长动能不足，不稳定因素增多，美国实施贸易保护主义对自身经济的影响进一步显现，外部环境困难严峻，世界经济存在下行压力，预计 2019 年海外需求整体走势将加大我国出口压力，进出口动能会面临较多变数。

综合研判，我国面临的发展环境和条件，在党中央、国务院的坚强领导下，进一步推动“六稳”政策发力见效，我们有信心应对各种风险挑战，为打好三大攻坚战、推动高质量发展和保持经济社会大局稳定夯实基础。具体而言，稳就业，既要通过调整经济结构、发展新动能创造就业，又要做好民生保障改善工作。稳金融，一方面要把好货币供给总闸门，既要把过高的杠杆率降下来，防范债务风险，又要提供必要的流动性，保证实体经济正常运行。另一方面应完善金融监管协调机制，既要支持金融创新，又要对资本市场进行有效监管，保障参与主体的合法利益。同时，要有效防范潜在的国际金融风险。稳外贸，宏观层面，要推动全方位对外开放，落实落细“一带一路”共商共建共享，促进贸易投资自由化便利化；微观层面，要积极发挥企业主体作用，激发市场活力潜力。稳外资，要深化市场准入等关键领域改革，进一步优化营商环境，尽快出台负面清单，削减制度性成本。稳投资，要深化供给侧结构性改革，稳定扩大有效投资，有力推进基础设施补短板，继续打好三大攻坚战。稳预期，越是面对错综复杂的内外部环境，越是要坚定信心、保持定力，正确认识我国发展的基础、条件和潜力，做好正向引导，激发创新创业活力，取得超预期的成效。

深化改革　助推金融高质量发展

邱兆祥　对外经济贸易大学金融研究所名誉所长、教授

邱兆祥，现任对外经济贸易大学金融研究所名誉所长、教授、博士生导师，并担任暨南大学、西南财经大学等十多所高校兼职教授。

长期致力于经济金融理论研究，勤于笔耕，在国内期刊发表400多篇论文，出版20余部著作，代表作有《耕耘与探索——邱兆祥经济金融理论文选》《马克思的货币、信用和银行理论》《学科建设与人才培养——经济金融学科建设问题研究》《在学术高地上攀登——金融理论问题探索集》《人民币区域化问题研究》《金融改革理论问题研究》和《经济学理论漫笔》等。2018年经鸿儒金融教育基金会评奖委员会表决和理事会批准，获得2018～2019年度中国金融学科终身成就奖。

目前，我国经济已经进入了高质量发展的阶段。金融是经济运行的核心和社会资源配置的枢纽，经济要实现高质量发展，离不开金融的支持。金融作为服务实体经济发展的重要工具，也必须向高质量发展转变，以适应和支持经济的高质量发展。目前，我国金融体系中仍存在诸多不适应实体经济向高质量发展转变的问题，需要从深化金融改革中寻找解决的途径。金融要发展，服务质量要提高，关键是要抓好深化金融改革，改革是推动金融高质量发展的必由之路。那么，着眼于推动金融高质量发展的要求，如何深化金融改革呢？

第一，要优化发展理念，重建绩效评估体系。在新时代我国经济转向高质量发展的背景下，我国金融业的发展理念和评估体系也需要相应转变，应把发展目标更多地与“质量”“效率”等概念挂钩。金融业应按照新的重质量、重效率的发展理念，构建新的绩效评估考核体系，把服务质量效率指标放在优先位置。优化发展理念和构建新的绩效评估考核体系有助于引领金融业向高质量发展转变。

第二，抓好“两个优化”，增强金融服务实体经济的能力。深化金融改革的根本目的，就是为了提升金融服务实体经济的能力和水平。从我国金融业的发展现状来看，增强服务实体经济的能力应着重抓好“两个优化”：一是优化金融资源配置，加强货币政策的指引作用，引领金融资源更多地流向实体经济发展的重点领域和薄弱环节，加大对实体经济结构调整和转型升级的支持力度。二是优化融资结构。加快构建多层次资本市场体系，提高直接融资比重，改善间接融资结构，通过直接融资与间接融资的竞争与互补，形成促进金融向高质量发展转变的原动力。

第三，推动扩大金融开放，提升金融竞争力。要积极稳妥地推进扩大金融业的对外开放，用开放倒逼改革，以改革促发展。扩大对外开放有助于实现国内外金融资本的双向流动，提升金融资源配置效率。一方面，通过引入国际顶尖银行、投资公司、保险公司、评级公司等金融机构增大金融资源供给，在更大范围内满足国内不同类型企业的资金需求，更好地服务实体经济的发展；另一方面，扩大金融开放也将会使国内的金融机构置于全球化的竞争环境中，迫使其通过优化管理、产品创新、重组整合等手段提高国际竞争力。

第四，大力促进科技与金融的深度结合，优化金融的服务方式。通过深化改革促进科技与金融的深度结合，既能通过金融手段推动科技产业的发展，又能实现金融服务的科技化。我国现阶段，金融科技化主要表现为数字化金融，即将大数据、云技术和区块链等数字技术运用于金融业务。金融业在向高质量发展转化的过程中，通过数字化技术手段优化金融服务方式，有助于打破时间、空间成本的制约，提高金融服务实体经济的覆盖范围、效率和精确度。

2019年：经济增长势头平稳 防止输入性通货膨胀

任洪生　中国政法大学政治与公共管理学院副院长、教授

任洪生，经济学博士，中国政法大学政治与公共管理学院副院长，教授，博士生导师。主要研究领域为国际政治经济学、比较政治经济学与中国转型的政治经济学。主要代表著作：《国际资本与中国政治经济转型》（专著）、《霸权之间：世界体系与亚欧大陆腹地的发展》（专著）、《国家战略、经济周期与中朝关系的政治经济学》（论文）、《未来中国的经济前景——结构调整、全球战略与人民币国际化》（韩文，论文）等。

近几年来，中国经济增长速度稳中有降、增速放缓，经济目标由量增转向质高。2019年，中国经济仍将持续这一态势，预计GDP增长速度在6.2%～6.5%之间，投资仍然是经济增长的主要动力，对外贸易存在压力，国内消费不足，通胀压力增大，中美间经济差距收窄幅度会长期变缓。

投资方面：国内层面上，经济增长动力主要来自政府的定向投资以及大型基础设施建设，这些投资项目具有一定的季节性特点，投资效果会在下半年显现出来。投资仍然以大型国有企业为主要力量，民营企业投资对GDP的贡献率相对较小，民间资本关注的主要领域仍然为房地产市场和股票市场。

贸易方面：中国整体对外贸易不会发生大的变化，但是贸易结构会发生一

些变化。受生产成本影响，传统的出口产品企业仍然面临严重挑战；受中国对外投资影响，与基础设施建设相关的产品出口会大幅度增加。

货币层面：受政府大规模投资需求和民间资本需求的影响，预计上半年国内资金需求旺盛；受输入性通胀的影响，下半年将面临较大的通货膨胀压力。

消费层面：受巨大的投资需求影响，国内将面临较大的消费压力。

总体来看，2019 年中国经济仍然保持在较好的水平上，GDP 增长率大约在 6.2% ~6.5%之间。受国内外累积经济因素影响，中国企业生产成本高企，传统出口产品竞争力下降，与此相关的部分跨国公司会继续撤出资金，政府主导的投资在国内和国际社会持续增多，中国跨国收益上升，但民营企业投资不足，大众消费乏力，国内通货膨胀压力较大。

有鉴于此，政府需要在几个方面采取措施，以保证经济和社会平稳运行。

第一，以给企业减负为突破口，鼓励大众创业，增加就业。

第二，要深化金融体制改革，从制度上约束货币的滥发，以保证金融的稳定。

第三，与美国经济贸易的稳定关系是中国外汇储备的来源和技术进步的根本，也是中国经济增长的重要动力，消除导致中美经贸关系紧张的汇率和关税问题，是改善中美经济贸易关系的关键点。

第四，跨国公司的关注点在于权益的保障和广阔的投资领域，吸引国际直接投资的关键在于保障和开放。

第五，“稳投资”的根本目的在于创造良好的投资环境，因此补齐基础设施和公共服务社会建设的短板，大力发展文化和教育投资，是重中之重。

总之，深化各项改革，是经济稳定而持续增长的重要前提。

从中美经济错峰看经济走势

沈明高　广发证券首席经济学家

沈明高，2017 年 6 月加盟广发证券，任董事总经理、首席经济学家。2015 ~2017 年任财新智库首席经济学家、莫尼塔研究董事长。2009 ~2015 年任花旗环球金融亚洲有限公司董事总经理、中国研究主管和大中华区首席经济学家。2008 ~2009 年任《财经》杂志首席经济学家。2005 ~2008 年任花旗银行（中国）有限公司首席经济学家，经济与市场研究部总监。2002 ~2005 年，在北京大学中国经济研究中心从事教学和研究工作，任副教授。1988 ~1994 年，曾先后在国务院农村发展研究中心和国务院发展研究中心从事政策研究工作。2001 年毕业于美国斯坦福大学经济系，获博士学位。

对市场而言，稳预期当居“六稳”之首。2019 年稳制造业投资增速，可以收稳预期之效，主要原因是 2018 年出现的中美经济错峰发展，2019 年有反转的可能。如果政策因势利导，使中国经济在 2019 年下半年低位企稳，应远优于大规模的货币政策刺激。我们的分析发现，固定资产投资增速相向而行，是中美经济错峰的主要原因。

2019 年下半年，中美投资增速反转的可能性在上升。2018 年美国投资增长加速，主要受益于特朗普的减税政策，受基数影响，2019 年二季度之后这一政策对投资的边际影响将逐步下降。相反，中国固定资产投资增速放慢始于 2011 年，存在着低位蓄势企稳的可能。

从稳投资的效果来看，房地产投资拉动经济反弹的效果最好，但副作用也最大；基建产业链短，投资拉动经济的效果不如房地产，且地方政府进一步加杠杆的空间也有限。从稳投资的质量来看，制造业产能投资企稳更具可持续性。就短期而言，我们建议应该通过加大财政减税费力度，降低制度成本，支持制造业投资在现有增速水平上稳定增长，实现固定资产投资增速低位企稳的目标。

如果 2019 年中美经济错峰周期逆转，即美国经济增速高位回落，中国低位企稳，或意味着两个确定性：第一，人民币贬值压力下降。从主要汇率的历史变化看，两国按本币计价的名义 GDP 增速之差，决定了本币相对升值或贬值的幅度。这基本适用于大多数货币，包括人民币。第二，中国股市表现或好于美国。从历史经验来看，中国经济错峰之后，经济企稳往往会迎来股市大幅反弹，且表现相对好于美国股市。

以行政管理体制改革助推经济

宋国君　中国人民大学环境学院环境经济与管理系教授

宋国君，经济学博士，中国人民大学环境学院环境经济与管理系教授，博士生导师，中国人民大学环境政策与环境规划研究所所长。

主要学术成果：发表学术论文 170 多篇。主要著作：《环境规划与管理》（2015 年）、《环境政策分析》（2008 年）、《中国城市能源效率评估研究》（2013 年）、《中国淮河流域水环境政策评估》（2007 年）、《排污权交易》（2004 年）等。

2019 年的经济形势总体会是稳定发展的，但增长的速度可能还会降低。因为，国内的行政体制改革刚刚开始，还没有形成稳定的推动力，尤其是地级市、县的政府行政改革。迄今，我国经济体制的改革已经比较深入，或者总体格局已经形成，但行政体制的改革没有跟上，潜力还有很多没有发挥出来。

“六稳”看似经济措施或目标，实际隐含着行政管理改革，这是针对当前形势的结论，不是泛泛一般而论。我重点对此进行分析。

在既有行政体制下，已经发挥的基本都发挥出来了，而且，如果不加快推进行政体制改革，已发挥的潜力也可能消耗殆尽。

我国现在的发展阶段，进入了消费要担纲的阶段。但受制于行政管理体制，市场发挥作用的领域已经被严重制约，需要加快行政管理体制改革。

第一，规范政府的权力，打造透明政府行政。公开全国各级政府的行政许可标准和信息，包括取消或调整不清楚的政府审批。

第二，加快降低政府所属事业机构级别、数量以及职能，交给社会，政府向社会购买服务。科学研究交给大学，咨询交给社会，只限定提供常规的专业性工作，并对其实施绩效评估，由财政部负责。

第三，大量减少政府的工程技术研发投入，通过税收，由企业自主完成。除国家专项工程外，工业技术交给市场完成，国家通过税收等措施鼓励即可。国家的科研经费以纯科学、公益性问题、社会科学为资助对象。

第四，开放共用事业的信息和工程，破除事业单位和国企的垄断。我国的环境基础设施、城市公益性基础设施以及公益性服务能力急需加强。由于相关垄断，发展缓慢，严重影响社会稳定预期。具体包括生活垃圾分类和资源回收，在实际工作中很难推动；城市生活污水管理，也存在服务质量和水平差的问题；固体废物管理落后；居民社区服务、养老等服务欠缺。

应采取“供需双扩张并加速改革”的政策组合

苏　剑　北京大学经济学院教授

苏剑，美国布兰戴斯大学（Brandeis University）国际经济学与金融学博士。现任北京大学经济学院教授，博士生导师，兼任北京大学外国经济学说研究中心主任、北京大学经济研究所常务副所长，北京市新世纪人文社科理论“百人工程”学者。

主要学术成果：对经济分析的供给侧研究方面成果显著；在需求管理方面，引入了创新支持政策；就本次美国金融危机的成因发展，发达经济的新常态以及世界发达经济的前景有独到的见解；就中国经济的“新常态”进行了深入的研究。

总体来说，2019 年的经济形势比 2018 年更为艰难，主要是内外部都存在不利因素。对于 GDP，预计 2019 年经济的自然增速在 6.0% 以下，经过宏观调控后可以达到 6.4%。

具体来看，供给端，内外需求趋弱导致工业生产持续承压。首先，中国制造业 PMI 值持续下降，表明工业生产活动下行压力不减。其次，工业企业利润持续回落影响企业生产预期。再次，包括汽车制造业在内的主要行业生产活动低迷影响整体工业运行。最后，世界经济复苏弱化和中美贸易摩擦导致外部需求不足，影响工业生产活动。

需求端，"三驾马车"或将延续下行态势。消费方面，长期购房贷款压缩居民消费支出，网络消费日常化导致消费边际效用递减，社保与个税改革的不确定性均抑制了消费规模的扩张。投资方面，去产能和调结构政策的持续，加上环保、社保改革和个税改革的不确定性，均对企业投资产生了抑制作用。出口方面，全球经济放缓、地缘政治风险和中美贸易摩擦导致外部需求弱化，叠加2018年高基数效应，或导致2019年出口增速回落。进口方面，2018年经济持续下行压力导致投资设备进口增速下降，环保限产、去产能、结构升级等造成环境污染的进口品增速回落。综合来看，预计2019年贸易顺差将继续收缩。

价格方面，预计2019年CPI和PPI分别同比增长2.9%和3.0%左右。其一，2018年居民消费价格增速仍处于历史低位，对2019年形成低基数效应；其二，2018年上半年石油价格持续走高，但近期因国际因素的不确定性，石油价格开始下滑；其三，环保限产导致供给收缩依然是主线，工业品价格不会出现长期持续的大幅下滑。M_2方面，预计2019年M_2同比增速达到8.6%，主要原因在于货币政策或将边际宽松，以实现稳增长和促进民营企业、小微企业发展。

对于"六个稳"，即要做好稳就业、稳金融、稳外贸、稳外资、稳投资、稳预期工作，2019年，我国应该采取"需求、供给双扩张，并加速改革"的政策组合。第一，加速改革，营造良好的营商环境。这是稳预期的重要举措。预期稳不住，不管是需求还是供给，不管是实体经济还是金融市场，不管是对内还是对外，都无法稳住。主要举措是切实贯彻执行"四个全面"，尤其是全面深化改革、全面推行依法治国，确保包括民营企业家在内的所有人的财产和人身安全。第二，需求扩张。主要目标是为了稳增长。但在具体措施方面，应该是"财政扩张，货币稳健"这样的政策组合，财政扩张的目标是稳增长，货币稳健的目的是防风险。第三，供给扩张。切实减税降费，进一步大规模简政放权，降低企业的经营成本和交易成本。

2019 年经济：布局、异变和突发

谭雅玲　中国外汇投资研究院院长

谭雅玲，1985 年进入中国银行从事国际金融研究至今，一直从事国际金融领域研究工作。中国银行国际金融研究所高级研究员。中国外汇投资研究院院长兼首席经济学家、中国国际经济关系学会副会长、中国亚非发展交流协会常务理事、哈尔滨市政府经济顾问、商务部特约评论员、国家外汇管理局特约评论员、国家开发银行特约顾问、北京大学金融衍生品研修院特约研究员；同时为北京大学、清华大学、浙江大学、河北大学、中央财经大学、厦门大学、中山大学、西南财经大学、国防大学防务学院兼职教授，中国黄金学会黄金分析师认证授课教授。

2019 年对我国经济而言是非常重要的年份，面对“十三五”规划的阶段性成果可否继续进取，这对未来我国经济减速升级提质格外重要。

讨论经济前景、预测经济未来需要特别注意修正性措辞与基调。

建议一：加强政策宗旨基调的合情合理，特别是针对我们自主改革的方向与方针是最重要的基础，结构调整是重点与中心。

建议二：努力配套统计指标指引的改革初衷与动向，加强结构性调整的引导与政策发挥是基础与条件，转型重心在于关注点的侧重。

建议三：注重专业常识性概念的指导与舆论导向的准确，政策平台的释放要精准改革宗旨与方向，企业努力激励机制要强调结构升级换代，非放弃主业和产业的盲目创新和脱离实际。

目前定调美联储加息、美元走势、美国经济市场焦点方向为时尚早。尤其是2018年年底以来，美国因素借题发挥的层面很多事件和事态尚难以看清真相，更难以清晰未来，短期预期需要慎重，透彻观察与深入论证值得重视与加强。预计2019年国内外金融市场将突出“布局、异变、突发”三个关键词；由此我国经济与市场要注重收益率是核心。特别是国际贸易、中美贸易问题，国际化和标准化的概念要进一步强化与深入，这种思维逻辑与方法将有利于我国改革进取。

2019年人民币汇率将依然是我国关注的重点。尤其是面对2019年年初以来一轮比较急速的人民币升值，市场预期与导向追逐人民币升值偏多，这对当前我国经济形势，特别是对企业经营与发展的打击值得关注。毕竟汇率水平对产业和企业的利润具有直接的影响，实体经济生产、产品以及技术水平应对汇率的变化对企业利润和业绩冲击很大。我们受制美元走势状况没有减弱。回顾2018年人民币升值到贬值对我国外贸企业的冲击，其中石油市场的改革开放则是美国打击的目的之一；随即我国首届上海进口博览会也成为美元精准攻击目标，人民币贬值冲击我国进口的手法十分精准和有效。

这些是我们2019年必须要清晰梳理和明确的思路与路径反思。2019年对我国人民币汇率的管理与调控需要精准把握自身的真实需求，有效调节汇率双边走势，以贬值为主的取向十分重要。

以“稳”“防”“改”“新”应对机遇与风险

唐任伍　北京师范大学政府管理研究院院长、教授

唐任伍，经济学博士，教授，博士生导师，国务院特殊津贴获得者。现为北京师范大学二级教授，政府管理研究院院长、北京师范大学学位委员会委员、管理学分会主席、浙江师范大学经济与管理学院院长。全国公共管理类专业教学指导委员会副主任委员、全国 MPA 教育指导委员会委员，中国经济思想史学会会长、中国企业管理研究会常务副理事长、北京市政治学与行政管理学会副会长、中国企业文化研究会常务理事，多所大学兼职教授。承担过国家和省部级以上课题数十项，获得北京市、教育部、国家发展和改革委员会、文化部、人力资源和社会保障部等颁发的各类优秀成果奖 20 余项。2013 年被人民日报社评选为当年度十大思想人物。

2019 年在新中国发展史上是一个很重要的时间节点，新中国成立 70 周年、实现全面消除绝对贫困、决胜全面建成小康社会、实现第一个百年奋斗目标等，再加上应对复杂多变、不容乐观的外部环境，都需要有一个良好的经济成就作支撑。2019 年经济发展有很多利好因素，一是中国多年来巨大的基础设施建设投资已经产生红利，高铁、高速公路、机场、码头、地铁、通信、航运、钢铁以及人工智能等，已经成为国民经济发展的优质资产并陆续发挥作用，成为 2019 年中国经济保持稳定增长的基础。二是中国经济规模巨大，且韧性强，像一架巨大的列车，只要不发生颠覆性的失误，就一定能够按照既定的目标前行，

小的外部干扰不会产生多大的影响。三是中国人追求财富的欲望有增无减，大部分居民对未来的预期是乐观的。信心比黄金更重要，尤其是当整个社会面临外部压力、经济增长乏力的情况下，国民的信心对经济稳定的作用十分明显。中国在经济连续高速增长、产能充裕的背景下，国民对中国政府的执政能力和未来的发展前景充满信心，这是保障2019年经济稳定发展的社会心理因素。四是中国政府的执政能力及其应对风险的快速反应能力，无论从历史上应对金融风险的实践还是从现实的布局来看，成为保证2019年中国经济稳定增长的组织保障。中央政府实际上已经对2019年的经济发展提前布局、胸有成竹，宏观调控的举措不断推出，各级地方政府也有超强的执行力。上述四点，是我对2019年经济增长的乐观依据。

当然，2019年经济也面临前所未有的风险。一是企业经营的成本高企，市场乏力，尤其是中小企业，尽管中央政府出台了一系列支持民营企业发展的政策，但一些地方政府和银行阳奉阴违，使得中小企业的经营环境仍有很大改善空间。二是市场的决定性作用发挥不佳，政府仍然习惯于用行政方式处理经济。三是经济发展的外部环境进一步恶化。

2019年中国经济要想有良好表现，笔者认为，必须以“稳”为基，这就是中央强调的“稳就业、稳金融、稳外贸、稳外资、稳投资、稳预期”；以“防”为准，这就是防债务风险、防金融风险、防外贸风险、防投资风险、防市场风险；以“改”为本，这就是进一步进行企业制度改革、农村土地制度改革、金融改革、税收改革、产业结构改革，激活微观主体活力，激发社会资本能力，真正使市场发挥决定性作用；以“新”为要，这就是要创新管理方式，创新开放水平，创造出一系列能够带来新的需求和经济红利的新产品、新材料、新能源，包括芯片、电池、人工智能、北斗应用、可燃冰开采、人民币国际化等一系列革命性变革，提振中国人的信心和市场影响力。如果能够实现上述“稳”“防”“改”“新”，2019 年的经济增长仍然能够保持 6.5% 的增长甚至更高，中国能够平稳应对来自各方面的风险，安全渡过 2019 年难关，实现 2019 年经济总量 100 万亿元的飞跃。

2019：转折与转型之年

滕　泰　万博新经济研究院院长

滕泰，万博新经济研究院院长，万博兄弟资产管理有限公司董事长，复旦大学、中国人民大学、中央财经大学兼职教授。

著有《民富论——新供给主义百年强国路》《供给侧改革》《新供给主义经济学》《新财富论》《软财富》《软价值》等著作。

自2010年以来，中国经济经历了改革开放以来最长的一轮经济增速下行，这样接近10年的经济下行在全球经济史中也是比较长的。考虑到外贸摩擦的实质性影响、去杠杆的滞后影响、供给成本冲击等多重因素，2019年上半年经济的压力仍在继续释放，并有望在年中企稳。更重要的是，2019年是经济转折和结构转型之年，其中房地产是最需要重视的潜在风险。

从影响经济增长的中短期因素来看，中国经济有望在2019年年中企稳。投资方面，固定资产投资已经从多年前的30%左右的增速，持续下降到2018年12月份的5.9%，虽然房地产投资增速仍有下行压力，但制造业投资已经连续9个月回升，随着预算内财政投资的增加和地方债限额的提前下达，基建投资也有望企稳回升。总体来看，固定资产投资增速有望于2019年企稳。出口方面，中美贸易摩擦对于出口的影响在2018年12月份已经有所体现，其对于出口的冲击大概率会在上半年释放，出口有望在下半年企稳。消费方面，社会商品零售总额增速已经下降到 2018 年 12 月的 8.2%，继续下滑的空间有限。从库存周期来看，部分行业有望在 2019 年上半年进入补库存阶段。从金融指标来看，M1 和社会融资总额增速都已经处于历史低位，有望企稳回升，股市也有望进入恢复性上涨阶段。在去产能告一段落、从去库存到补库存、从金融收缩进入恢复性金融扩张等短期因素作用下，中国经济也有望于 2019 年年中企稳。

中国经济短期有望企稳，但从长期来看仍面临下行压力，主要是三大增长红利的递减：既有制度改革和市场化红利递减，也有人口红利、土地红利和高储蓄红利的递减，还有外来技术红利的递减。如果能够深化供给侧改革，继续挖掘和释放制度红利、要素红利和技术红利，降低税收成本、劳动成本、用地成本、融资成本，以及在放松行政垄断和管制方面出台有针对性的改革措施；同时加快产业转型，从传统制造业和传统房地产业主导向以先进制造业和高端服务业为代表的新经济产业转型，引导新供给创造新需求，中国经济有望在未来几年保持 6% 左右的平稳增长。反之，如果不改变上述状况，尽管 2019 年有可能阶段性企稳，但未来两三年内中国经济增速可能会继续下行。

2019 年不仅是中国经济的转折之年，也是重要的结构转型之年，但不是在原有供给结构下的简单恢复，而是在一轮新的科技革命起点上的经济结构转型。2019 年是中国 5G 商用的元年，其高速率、低延时、泛在网等技术突破带来的产业革命和膨胀速度可能是 4G 的 N 倍。这不仅将推动物联网、智能驾驶等进入新阶段，还将带来很多我们现在还无法想象的新业态和新生活方式。同时，“人工智能 +”、工业互联网、新能源汽车等先进制造业都已经呈现出了高速增长态势。未来知识产业、信息产业、文化娱乐产业等现代服务业，满足人们永无止境的精神需求的产业，具有广阔的发展空间，也是经济结构转型的重要方向。中国经济的未来不取决于那些传统产业，而是取决于那些能够不断创造出新需求的新经济、新供给行业。

值得重视的是，中国房地产投资的增速虽然已经从2010年的38.2%下降到2018年的9.7%。但从房地产占固定资产投资额比重来看，一直维持在20%上下波动，并没有出现明显的下降。从成交量上，30个大中城市的商品房成交面积已经从2016年的2.7亿平方米，下降到2017年的1.8亿平方米。目前房地产的价格还不到质变的临界点，但在“房住不炒”的背景下，如果“房价不涨”的一致预期不断被强化，房地产价格的临界点估计也就不远了。不仅传统房地产业对于经济的支撑能力在明显下降，而且房地产市场仍是2019年重要的潜在风险点。

稳金融助力稳增长

温　彬　中国民生银行首席研究员

温彬，中国民生银行首席研究员，中央财经大学、对外经贸大学兼职教授和研究生导师。主要研究方向：宏观经济、国际金融、银行管理。曾任中国银行宏观经济研究主管、战略管理主管、《国际金融研究》杂志常务副主编、《国际金融》杂志副主编。已在《世界经济》《金融研究》《国际经济评论》《财贸经济》《国际金融研究》等核心期刊以及《金融时报》《中国证券报》《第一财经日报》等主流财经媒体发表论文多篇，并出版专著《发展中国家贸易自由化》《个人金融实务》等。

当前，我国经济正在转向高质量发展阶段，内需已成为经济增长的主要动力。2018 年我国 GDP 同比增长 6.6%，其中消费需求对经济增长贡献度达到 76.2%、投资占到 32.4%，有效对冲了外需贡献减少的影响。

从 2019 年情况看，全球经济增速出现放缓迹象，贸易摩擦仍未缓解，我国经济发展的外部环境仍不容乐观。从内部看，随着城乡居民收入水平的持续提高以及减税效应落地，消费将在经济增长中发挥着越来越重要的基础性作用，而且居民消费结构不断升级，服务类消费占比也将越来越高。与此同时，在供给侧结构性改革持续深入推进以及全社会对民营经济发展高度重视的背景下，制造业和民间投资增速开始回升，基础设施建设也有望触底反弹，房地产投资总体平稳，投资在经济增长中将继续发挥关键性作用。总的来看，我国经济增长韧性强、空间大，经济将继续运行在合理区间，预计 2019 年 GDP 增长 6.3%

左右。

经济发展离不开金融的支持。保持金融稳定，增强金融服务实体经济能力，有助于实现经济稳增长的目标。为此，需要做好以下三个方面工作。

一是坚持稳健货币政策。从外部看，美联储2019年或将结束加息周期，全球主要经济体央行将放缓货币紧缩政策；从内部看，当前我国经济面临下行压力，通货膨胀总体可控。需要货币政策保持稳健，一方面法定存款准备金率和市场利率仍有进一步下调的空间，保持市场流动性充裕合理，引导金融机构降低实体经济融资成本；另一方面要发挥结构性作用，防止“大水漫灌”，使宏观杠杆率保持稳定。

二是改善货币政策传导机制。2018年以来，金融领域出现了宽货币和紧信用并存的状况，特别是民营和中小企业普遍感到融资难、融资贵。央行创新货币政策工具，通过定向降准、创设TMLF等引导金融机构加大对实体经济的支持力度，民营和小微企业融资状况有所改善。下一阶段，还应加快制定授信尽职免责指引、适当下调小微企业贷款风险权重等，进一步鼓励金融机构加大支持力度。

三是增强金融服务实体经济的能力。继续推进利率、汇率等金融要素市场化改革，促进金融机构提高核心竞争力，运用金融科技加快产品和服务创新，满足差异化的金融需求。同时，深化资本市场改革，优化融资结构，提高直接融资比重，降低企业部门杠杆率，确保不发生系统性金融风险。

更加积极的财政政策　促增长降风险惠民生

温来成　中央财经大学中财－中证鹏元地方财政投融资研究所执行所长

温来成，甘肃庄浪县人，现为中央财经大学中财－中证鹏元地方财政投融资研究所执行所长、财税学院教授，博士生导师。中国行政学会理事、中国行政管理体制改革研究会理事、全国政策科学研究会理事、中国财政学会公私合作（PPP）专业委员会常务委员、中国财政学会财政投融资专业委员会常务委员、财政部 PPP 专家库专家、北京市 PPP 专家库专家。中央财经大学政府与社会资本合作（PPP）治理研究院首席专家（投融资）、中央财经大学政信研究院 PPP 专家库专家。主要研究方向为财政投融资、城市财政与城市公共管理、公共财政理论等。

纵观国内外政治经济形势，2019 年我国财政经济面临较大的经济下行压力，预计 GDP 增长率在 6% ~6.5% 之间，财政收入增长大体与之相近。

我国民间投资、消费增速放缓，出口压力增大，中小企业融资难融资贵的问题依然存在，供给侧改革任务繁重，房地产、金融和地方政府债务等领域积累的风险亟待化解等等。同时，我国经济社会发展仍处在可以争取相对有利于环境的战略机遇期。在国际上，人工智能、大数据等新一代科技革命风起云涌，世界多极化继续发展，我国“一带一路”倡议得到广泛响应。在国内，我国新型城镇化还处在快速推进阶段，满足人民对美好生活追求所形成的消费需求仍有较大空间，高新技术产业、新兴战略性产业发展势头良好。因此，2019 年我国宏观经济发展尽管存在内外环境压力，但仍具有增长的韧性，能够实现预期经济社会发展目标。

根据上述分析，2019 年我国更加积极的财政政策，可以在“稳就业、稳金融、稳外贸、稳外资、稳投资、稳预期”中发挥重要作用。第一，在近年来减税降费的基础上，进一步推动幅度更大的减税降费。通过减税降费，特别是扩大对中小微企业的扶持力度，优化企业营商环境，促进民间投资增长，扩大就业，惠及民生。第二，加大地方政府投融资平台转型发展力度，治理地方政府隐性债务，有效化解防范财政金融风险。同时，规范地方政府债券市场发展，满足地方经济社会发展需要。第三，深化投融资体制改革，规范推进政府与社会资本合作（PPP）、政府投资基金等新型投融资模式，转变政府职能，转换经济发展方式，拉动经济持续增长。第四，优化财政支出结构，提高教育、医疗、社会保障等领域政府公共服务能力，稳定社会预期。第五，加强国际财经政策协调，综合运用财政投资、关税、反倾销税、反补贴税等财税政策工具，扎实推进“一带一路”倡议，支持 WTO 组织体系，应对中美贸易争端，为国家经济社会发展创造良好的国际环境。

2019 年三季度经济有望筑底企稳

吴　琦　九三学社中央资源环境专门委员会副主任，盘古智库高级研究员

吴琦，博士，高级工程师，明尼苏达大学经济系访问学者。九三学社中央资源环境专门委员会副主任，科普工作委员会委员；九三学社北京市委经济委员会委员。中国科学院应用生态研究所客座研究员；大连理工大学生态规划与发展研究所特聘研究员；盘古智库高级研究员。

多次参与九三学社、北京市政府、新华社、中国银行业协会等组织的课题调研、内参和政协提案撰写，部分调研报告和建议获得包括中央领导在内的各级领导干部批示。

在可再生能源和节能环保领域，获得三项国家专利授权。研究专长为产业经济与产融结合、宏观经济与金融市场、能源发展与节能环保。

2019 年是新中国成立 70 周年，是全面建成小康社会关键之年。推动经济高质量发展，压力与动力并存，希望与挑战交织。

一是确定性和不确定性因素并存，应更重视确定性因素。随着“债务 – 通缩”风险的上升，融资萎缩的负反馈机制已经形成，民营小微融资困境短期内难有显著改善。科技创新任重而道远，创新动能仍显不足，对外依赖度高、经营成本高、科技进步贡献率低是顽疾所在。

二是内部矛盾与外部挑战并存，应更重视内部矛盾。集中力量办好自己的事情，处理好内部的深层次、结构性矛盾，解决好不平衡不充分发展的问题，才是应对外部冲击的根本出路。

三是周期性和结构性问题并存，应更重视结构性问题。历史经验表明，重大结构性失衡，主要源于资源配置和经济结构不合理。中央经济工作会议指出，“我国经济运行主要矛盾仍然是供给侧结构性的”，并明确了四个重点任务，即“巩固、增强、提升、畅通”。形成强大的国内市场，根本在于建立强大的国内消费市场，进一步增强消费对经济发展的基础性作用。

“雄关漫道真如铁，而今迈步从头越。”2019 年的征程中，“六稳”是重中之重，须沉着应对，凝聚共识。

一是着力增强政策预见性，着力构建全要素生产率框架下以高质量发展为导向的经济领先指标体系，提升政策的边际效应。

二是着力增强政策的协调性，抓好政策制定的“最先一公里”和政策执行的“最后一公里”，完善政策的反馈评价和动态调整机制，进一步释放政策效应。

三是着力强化逆周期调控，财政政策和结构性政策需要发挥更大作用。财政政策通过更大规模的减税降费以刺激需求、更大规模的地方债以扩大投资；结构性政策重点在于强化竞争政策的基础性地位，创造公平竞争的制度环境。

具体到“六稳”的工作任务，有三点需要引起高度重视。

一是稳就业更要促进高质量就业。在就业形势总体保持稳定的同时，困难人群择业难度大、劳动力资源结构失衡、部分区域就业压力大等结构性就业矛盾正在日益凸显。稳就业，不仅需要保持就业形势的总体稳定，促进就业人数的持续增加，还要着力补齐就业短板，不断拓宽就业渠道，进一步优化就业结构。

二是稳金融更要优化金融体系结构。宏观层面，货币政策更注重实体经济对流动性的合理需求，但货币政策不会走向超预期宽松。中观层面，推动新股延续常态化发行和新三板增量改革政策出台，着力提高直接融资比重。微观层面，加快发展城商行、农商行、民营银行等中小银行，增加金融供给主体，改善金融服务不充分、不均衡问题。

三是稳投资更要坚持结构性去杠杆。中央经济工作会议强调“要坚持结构性去杠杆的基本思路”，地方政府债务依然是突出的债务问题和去杠杆的重点领域。在稳投资稳基建的同时，更要积极稳妥处理地方政府债务风险，坚决堵住地方政府新增隐性债务的渠道，完善地方债的发行体制，促进地方政府债务融资结构的多元化、市场化、规范化。

我国发展仍处于并将长期处于重要战略机遇期。随着前期政策效应的逐步释放和后续改革措施的不断加码，预计 2019 年三季度开始经济有望筑底企稳，全年 GDP 增速或将达到 6.3%。

2019 年：充满不确定，期待平稳过渡

王　健　对外经济贸易大学教授、国际商务研究中心主任

王健，对外经济贸易大学教授、国际商务研究中心主任、APEC 跨境电子商务创新发展研究中心主任，博士生导师。APEC 电子商务工商联盟专家委员会主席、联合国亚太经社会无纸贸易专家、商务部电子商务专家委员会委员、中国国际贸易促进委员会专家委员会委员、国际商会数字经济委员会专家、成都市政府电子商务专家、山东电子商务促进会专家等。相关研究领域为国际贸易和电子商务，具体包括跨境电子商务理论与政策、电子商务模式与规则、电子商务立法与规范。代表中国政府参与联合国电子商务立法、APEC 有关无纸贸易电子商务的研究和讨论，也参与国内电子商务的立法规范、政策讨论和国际谈判。

过去的一年，全球经贸格局发生一系列变化。其中，美国出现重大经贸政策的调整，尤其中美之间的贸易摩擦，引起全球瞩目，也让全球经济发展处于严重不确定性当中。

尽管如此，实际上，新形势下世界经济格局正在发生重大变化。无论是全球经济低迷，还是贸易与投资的停滞，全球经济增长正处于调整期。特别需要提到的是，全球新技术创新，互联网模式创新，以及人工智能等新兴产业发展已经初露端倪，全球市场转型、数字经济和数字贸易成为重要的发展趋势。全球经济增长正在过渡到新的发展形态。

从企业而言，全球化的企业战略和经济增长，从以往的传统产业的全球投

资贸易套利布局，演化成区域性技术合作和对付市场转型趋势。经济结构转型的矛盾和冲突迭起，是这个时期企业所面临的最大的挑战。

在这个发展过程中，中国改革进入深水区。然而如何能够深化改革，建立起适应未来经济转型趋势的制度环境仍然任重道远。

从 2019 年开始，我们看到，以往几年飞速发展带来的经济风险隐患，正在逐渐显现。去杠杆的金融政策在短期让许多企业付出了沉重的代价，但是却为未来经济平稳过渡可能带来稳定格局。

2019 年注定是不平凡的一年。这主要从以下几点可以看出：第一，全球企业的竞争演变成为国家之间的较量。如果在国家层面不能有效的协调，建立起新型的合作关系，这增加了整个全球经济状况的复杂程度，也让全球经济处于很不稳定的发展过程中。第二，全球各国以及国际组织都认识到电子商务是引领未来经济增长的主要动力来源。数字经济和数字贸易为企业和消费者带来新的发展空间和消费体验。再加上“一带一路”建设与合作的前景，这让全球市场对未来发展充满了希望。第三，面对创新不断和快速演变的市场，频繁出台的各种政策调整也让企业发展处于不稳定的预期中。再加上国际经贸关系和全球市场环境的巨大差异，错综复杂，纠纷迭起，更让企业充满矛盾和纠结，带来很多经营中的不确定性。

所幸的是，我们看到最近中央出台的经济政策主要针对重大经济和金融风险的防控。在风险可控的情况下，积极支持中小企业的发展，支持技术创新和新型制造产业，用开放的胸怀拥抱未来，积极应对未来数字经济和数字贸易的挑战，这些是经济平稳过渡的主旋律。

我们期望 2019 年是走向新经济的转折之年。虽然面对国际关系重构与国内改革压力的双重挑战，我们相信，只要能够控制住重大金融风险，继续深化改革开放，促进产业创新发展，平稳过渡就能实现。

以稳定政策应对各种变化

王灵桂　中国社会科学院国家全球战略智库常务副理事长兼秘书长

王灵桂，中国社会科学院国家全球战略智库常务副理事长兼秘书长；中国社科院信息情报研究院党委书记，法学博士，博士生导师，博士后合作导师；国务院特殊津贴获得者。

主要学术代表作有：《中国伊斯兰教史》《伊斯兰教在中国》（阿拉伯文版）、《对综合安全观的现实思考》《TPP为什么陨落》《腐败问题逆红利研究》（合著）等。近年来撰写上报内部报告350余篇，170余份获中央领导同志批示，150余篇报告分获中国社科院对策研究特等奖、一等奖、二等奖、三等奖。

第一，2019年的中国经济并不像人们想象的那么“坏”。有着14亿人口的大国，其消费潜力尚未得到充分挖掘，广大民众对幸福生活的渴望仍是支持中国经济增长的重要原动力，同时，地区间经济发展差距、城市化进程、基础设施建设以及新的战略产业发展、数字经济仍将为中国提供持续不断的增长潜力。中国经济增长的“内核”动力系统仍未改变，这是我们判断中国经济继续保持增长态势的重要依据之一。

第二，2019年的中国经济并不像人们想象的那么“差”。中国工业化正处于“半程”状态，正在从工业化中期阶段向工业化后期阶段过渡，相应地，经济增长率自然要呈现结构转型阶段的特征。根据世界发达国家经济发展的经验，在此阶段的经济增长率一般处于中等水平，即5%～7%之间，这将是未来中国经济增长的常态。因此，联合国、国际货币基金组织、世界银行、亚洲开发银行等国际组织以及世界主要知名机构对中国经济做出了比较一致的预测，基本判断是中国经济增长仍将保持 6% 以上。

第三，2019 年的中国经济并不像人们想象的那么“乱”。2019 年影响中国经济增长的“干扰项”可能比以往增多，经济增长也可能变得更为艰难一些。不过，经过多年的发展，中国已经奠定了自己的经济“家底”，如对就业水平影响要更大一些，但是外因必然要通过内因起作用，筑牢经济增长的防线，外面再大的“风雨”，也不会冲垮中国经济。2018 年 12 月中央经济工作会议已明确提出“六稳”（稳就业、稳金融、稳外贸、稳外资、稳投资、稳预期），实际上是在以“不变应万变”。

做好稳就业工作。稳就业不是被动地“稳”，而是要在结构动态变化中求“稳”，这就要求我们，稳就业的政策着力点要放在推进新产业、朝阳产业或战略产业、新兴服务产业的人员就业上，而不是为了稳而稳。

做好稳外贸工作。联合国亚太经合理事会 2017 年的一份报告认为，“对于整个亚太地区而言，区域一体化可以抵消正在进行的贸易摩擦的不良影响。大型的区域贸易协定（RCEP、CPTPP 和欧盟日本经济伙伴关系协定）可推动该区域出口增加 1. 3% ~2. 9% 。即使是在最严重的贸易摩擦情况下，区域一体化依旧可以帮助增加 350 万的就业岗位”。因此，积极加快开放进程，积极扩大“朋友圈”，利用发展中国家和新兴国家提供的市场机遇，是稳外贸的根本大计。

做好稳外资工作。2018 年 6 月，发改委、商务部联合发布《外商投资准入特别管理措施（负面清单）（2018 年版）》，该负面清单大幅度放宽了市场准入，其清单长度由 63 条减至 48 条，在金融、汽车、船舶、铁路、农业、矿产、点位等领域退出 22 条开放措施。应充分利用好这一负面清单，积极创造更加符合国际规范的外商投资环境，加大招商引资工作，确保外资进入的有效增长。

中国经济逐渐步入“稳增长时代”

王绍明　中航证券首席分析师

王绍明，中航证券首席分析师，近 30 年的国内外外汇、期货、证券等资本市场执业生涯。擅长宏观经济及市场策略研究分析，分析预测中国经济发展及证券市场走势变动。近年来，其“中国股市将发生重大历史转折性变化”“中国经济与证券市场将同步长期稳定及常态化发展”“中国股市将首次经历 10 年左右长期‘慢牛趋势’发展时期”等观点得到市场逐步验证。长期受聘于国内各主要财经电视、平面媒体嘉宾，受到广大投资者的关注和喜爱。

经过近三年来大力度的“供给侧，结构性，去杠杆”改革，企业“减肥瘦身”“转型升级换代”取得了较大成绩。同时，货币政策不搞“大水漫灌”而变为“精准施策”松紧结合，影响经济发展的重要因素房地产行业也在“只住不炒”原则下“因城施策”，以“稳定为主”。地方性债务也处于可控状态中，经济发展主要“发动机”之一的消费能力进一步增强，中国经济从“数字下滑阶段”逐步过渡到了较长时期即常态化的“平稳增长阶段”。2019 年经济发展将呈现出一些重要特点和表现。

“稳”字成为全年核心。政治局会议提出“稳就业，稳金融，稳外贸，稳外资，稳投资，稳预期”六稳要求。在外部环境复杂多变、国内经济增长压力依然较大的环境下，保持经济运行在合理区间和社会大局稳定成为 2019 年工作的“重中之重”。

2019 年是新中国成立 70 周年，是实现全面贯彻党的十八大及十九大二中、三中全会精神，统筹推进“经济建设，政治建设，文化建设，社会建设，生态文明建设”，完成第一个“百年任务”即全面建成小康社会的关键之年。需要坚持加大市场化全方位改革，扩大高水平对外开放，加快建设现代化经济体系。2019 年的政策层面将密集出台且均将围绕着稳定和增加市场活力而进行。

“供给侧结构性改革”进入更深层次阶段，从行政手段为主逐渐转变为以市场调节为主。注重培育“新体制，新动能”，注重公司治理能力提升特别是激发民营企业和中小微企业的活力及创新能力，扩大和提供优质新技术、新供给成长活力。政策面将给予注重和倾斜。

在鼓励制造业“转型升级，创新发展”的同时，加大对高端技术制造业的支持力度，注重和提倡中国由“制造大国”向“智造大国”转变。2019 年将继续通过资本市场即股市、债市特别是鼓励优质和大型企业发债，扩大对企业的支持力度，加大企业“直接融资”能力。

鼓励“消费升级”，继续加大消费对 GDP 的主要推动作用。2019 年将出台更多鼓励消费、推动消费升级换代以及“消费下乡”政策，同时也将鼓励网络和创新消费。2019 年我国 CPI 将稳定在 2% 左右，属于“稳定且活跃性”形态。

2019 年国家仍将继续加大“减税降费”力度，特别是需要大幅度降低与企业生产和消费领域相关的税费。目前我国虽然在持续降低企业和个人的税费比率，但“任重而道远”。

去“唯 GDP 化”，注重提质增效，从数量变质量。2019 年 GDP 增长将继续保持“总体稳定，微幅调整”格局，全年表现为先抑后扬。预计全年增长达 6. 3% 以上。增长主要推动力为“消费 + 基建”，而主要经济指标以及消费、制造、金融、外贸、基建等主要行业均将“先抑后扬”“稳中有进”，将以优异成绩迎接和庆祝建国 70 周年。

2019 年将继续重点完成就业“千万”以上目标任务，十九大报告指出，就业是最大的民生。大力实施“援企稳岗”，促进灵活就业和创新就业。发挥“国家担保”为主，引导更多金融资源支持就业和创业，未来失业率和就业增长指标将成为国民经济发展中最为重要的指标体系。

2019 年货币政策依然以“调节为主，降准为辅”，保持经济和市场“流动性”稳定充裕为主。促进“宽货币”向“宽信用”转化。继续防范金融市场流动性风险及预期，阻断市场流动性风险向实体经济信用风险传递。人民币汇率将保持“稳中微升”态势，兑美元将保持在 6.50 ~6.80 范围内。

2019 年受中国经济进入“常态化”稳定增长时期以及国内积极政策密集推动影响，证券市场将相对活跃，美股强势中估值过高引发的国际资金将流向低估值资本市场。而外资大量持续流入 A 股以及科创板、注册制等新鲜血液和市场机制将刺激我国证券市场稳定震荡上行，上证指数年内有望达到 3500 点之上。未来将在低估值优质蓝筹及创新成长龙头板块带动下持续完成长达近 10 年的“慢牛趋势”。

对 2019 年宏观经济政策的几点建议

王小广　中共中央党校（国家行政学院）经济学部副主任、研究员

王小广，中共中央党校（国家行政学院）经济学部副主任，研究员，经济学博士，博士生导师。

1995 年于中国社会科学院研究生院获经济学博士学位，同年就职于国家发改委经济研究所。2001 ~2007 年任经济形势研究室主任，2008 ~2009 年任发展战略与规划研究室主任。

长期从事宏观经济形势分析及经济发展战略研究。2000 ~2008 年连续 9 年主持国家发改委宏观经济研究院重点课题《国内宏观经济形势跟踪、预测与对策研究》。

在宏观经济预测、房地产、汽车、区域经济和城市发展等五大领域研究成果颇丰。在宏观经济趋势分析上探索出一套独特的分析方法，并多次准确预测中国宏观经济的“拐点”变化。

尽管 2019 年我国将承受较明显的内外压力，但我国经济长期向好的趋势没有变。中国经济“稳中有变”，不仅意味着风险挑战在加大，而且也意味着新的发展机遇。压力催人奋进，外部压力将会倒逼国内的改革开放。为了实现“六稳”目标，并为长期经济发展提供更大活力和动力，我们对 2019 年宏观经济政策提出以下建议。

第一，适当降低经济增长目标。从当前及今后一段时间我国宏观经济所面临的多重压力考虑，同时兼顾 2020 年全面建成小康社会的需求，我们建议，2019 年经济增长速度应有所调整，调到 6% ~6.5%，把保 6% 作为底线。适当

降低经济增长目标，既是“降压”，使稳增长的弦不至绷得太紧，导致过度的调控和资源浪费，也是为调结构、加快新旧动能转换适当“加压”。

第二，以稳就业、激活力、扩开放为主要抓手，稳经济增长预期和趋势。“六稳”的核心是稳就业，稳就业才能从根本上稳预期、稳发展信心。我们建议可从以下六个方面协调推进。一是着力振兴街道经济，增强传统服务业就业容量；二是加大对中小微企业的降税降费力度，形成政策支持中小微企业发展的长效机制，使稳定就业的基础更加牢固；三是切实有效地推进创新驱动战略，通过在重点制造业延长产业链、建立以我为主的全球产业链，来提高产业、产品的竞争力和扩大就业容量；四是鼓励新技术、新模式、新业态等发展，挖掘新型就业的巨大空间；五是深化服务业改革开放，提高服务业的就业容量和质量；六是加速推进乡村振兴战略，扩大农村就业容量。

第三，降税与税改并重，从根本上为企业减负。我们认为，企业税负高的主要原因是我国的税制不合理，间接税占比过高，必然导致企业税负高。因此，我们建议，降税与税改要并重，“税改 + 减税”的组合，才是从根本上减轻企业税负的关键措施。我国在推出新一轮更大规模、实质性、普惠性减税降负举措的同时，必须对我国现有税制结构进行重大改革。

第四，坚持深化供给侧结构性改革、持续推进高质量发展，苦练内功。我们建议，深化供给侧结构性改革，既要继续着眼微观体制机制问题的解决，也要着眼宏观体制问题的解决，当前尤其要把重点转向宏观。从微观上讲，要继续推进“三去一降一补”改革，重点是去杠杆、降成本、补短板，尤其要在补短板上下功夫。补短板，不仅要补民生、生态、扶贫等方面的短板，坚决打好“三大攻坚战”，更要补长期发展的短板——创新能力不足这一决定未来中国命运的关键短板。从宏观上讲，主要是要全面理顺政府与市场的关系，改革财税、金融体制，建立现代财税制度和现代金融制度。

第五，坚定稳健去杠杆和加强房地产宏观调控。去杠杆的重点应放在抑制房地产投资需求膨胀和促进房价向合理水平回归。要保持货币政策的稳健，不搞扩张性的货币政策。实施只鼓励一户一套住房政策，征收房地产税。一旦征收房地产税出台，限购限价等行政性管控措施“即刻终止”。为配合实施只鼓励一户一套住房政策，金融政策必须做重大调整，真正体现鼓励自住需求、抑制投资需求的差异化政策的要求。

稳预期是稳增长的重要前提

王一鸣　国务院发展研究中心副主任、研究员

王一鸣，现任国务院发展研究中心副主任、研究员，兼任中国社会科学院博士生导师、中国人民大学兼职教授、中国城市金融学会副会长。1989 年毕业于南开大学，获经济学博士学位，其后长期在国家发展和改革委员会工作，曾担任国家发改委宏观经济研究院常务副院长、国家发改委副秘书长等职。1993 ~1994 年，在比利时老鲁汶大学应用经济系做访问学者一年。主要从事发展战略和规划、宏观经济和政策等方面的研究工作，先后在国内外重要刊物上发表学术论文和理论文章 100 多篇，独著、合著、主编学术著作 10 余部。为享受国务院颁发的政府特殊津贴专家，多次获优秀研究成果奖励。

2018 年，我国在应对外部环境复杂变化中保持经济总体平稳、稳中有进的发展态势。2019 年，我国经济仍将面临多方面挑战。从国际看，全球经济增势减弱，美国经济增速有可能“见顶回调”，欧元区、日本经济增长势头放缓；发达经济体货币政策收紧，有可能引发金融市场振荡；国际经贸规则加快重构，贸易保护主义引发的全球供应链调整，以及部分地区地缘政治动荡，也增大了外部环境不确定性。从国内看，居民消费稳中趋缓，投资增长动力不足，出口增速受到全球经济放缓、贸易摩擦和 2018 年高基数的影响有可能回调，企业生产经营困难增多，避险情绪上升。

当前，我国经济面临下行压力，有多方面因素，但很重要的是市场预期走

弱。稳预期已经成为稳增长的重要前提。

稳预期，必须及时回应社会关切。过去一个时期，随着外部环境深刻变化以及国内经济结构性矛盾凸显，民营企业发展遇到一些困难和挑战，加之“民营企业离场论”等一些不当言论，影响到民营企业的预期和信心。党中央及时召开民营企业座谈会，习近平总书记重申“两个毫不动摇”，强调“民营企业和民营企业家是我们自己人”，旗帜鲜明地支持民营经济发展，增强了民营企业信心。实践证明，只有及时回应社会关切，消除杂音噪声，才能引导好具有基础性的社会心理预期变化，避免市场出现误判，有效提振市场信心。

稳预期，需要准确把握宏观调控的度。过去一个时期，宏观杠杆率较高是我国经济面临的突出问题，也是各类金融风险的根源。去杠杆势在必行。但也要看到，去杠杆是一个长期过程，不可能一蹴而就，必须把握好去杠杆的节奏和力度，协调好各项政策出台时机，避免不同部门政策效应的过度叠加，实现去杠杆的平稳有序推进。由此可见，只有把握好宏观调控的度，有针对性地预调微调，强化政策协同效应，才能做到既有效实现调控目标，又保持经济平稳运行。

稳预期，最根本的在于加大改革力度。只有坚定不移深化改革，才能提振市场主体信心。这就要求加快对稳预期有重要影响的重点领域和关键环节改革，并让改革举措真正落地。当前，比较重要的改革是，加快健全以公平为核心的产权制度，抓紧甄别纠正一批社会反映强烈的产权纠纷申诉案件，推进民法典编纂工作，营造法治化制度环境，保护民营企业家人身安全和财产安全，增强民营企业信心；强化竞争政策的基础性地位，完善公平竞争的市场环境；探索科技成果产权激励机制，激发科技人员积极性；深化集体经营性建设用地入市改革，形成城乡统一的建设用地市场，积极稳妥推进宅基地“三权分置”改革，促进城乡要素双向流动。与此同时，在做好顶层设计的同时，要鼓励各地方根据当地实际进行探索，增强基层的创新活力。

服务业新动能正加速形成

王　微　国务院发展研究中心市场经济研究所所长、研究员

王微，经济学博士，国务院发展研究中心市场经济研究所所长、研究员。享受国务院特殊津贴专家。国家现代物流发展部际联席会专家、商务部电子商务发展专家、中国服务质量智库副主任委员，中国人民大学和对外经济贸易大学教授、博士生导师。长期从事市场与价格、流通与物流、服务经济等方面的政策研究，承担和参与数十项国务院交办和有关部门委托的重大课题，研究成果多次获得国务院领导批示和国家级研究奖励，对国家中长期发展规划、重大政策制定和行业发展起到支撑作用。

党的十八大以来，我国经济保持了中高速增长，经济总量不断上新台阶，服务业对经济稳增长的贡献不断提升。2018 年第三产业增加值接近 47 万亿元，占 GDP 的比重达 52.2%，比上年提高 0.6 个百分点；增长速度达 7.6%，比 GDP 增速快 1.0 个百分点，比第二产业快 1.8 个百分点；对 GDP 增长的贡献率为 59.7%，拉动经济增长 3.9 个百分点。第三产业对经济增长的贡献率比第二产业高 23.6 个百分点。这表明，服务业已经成为国民经济的第一支柱产业，对经济增长的拉动作用不断增强，已经成为经济增长不可或缺的“稳定器”。

当前，我国正在开启全面建设社会主义现代化国家的新征程。在从高速增长转向高质量发展、新一轮技术革命不断加快和国际经济竞争合作格局调整变

化的背景下，我国国民经济继续保持稳定增长面临很多新的发展机遇，将为2019年乃至今后相当长时期内的服务业发展提供新动能，为促进服务业实现“稳中有进”的快速发展、不断提高发展质量，进一步提升服务业在经济增长中的“稳定器”的作用提供有力支撑。

首先，生产性服务业，特别是高新技术服务业有望持续保持快速发展。2018年信息传输、软件和信息技术服务业，租赁和商务服务业，交通运输、仓储和邮政业增加值分别比上年增长30.7%、8.9%和8.1%，领先于其他行业的增长，增加值占GDP的比重分别为3.6%、2.7%和4.5%，比上年有所提高或持平。这三个行业合计拉动GDP增长1.7个百分点，比上年提高0.4个百分点。

其次，服务消费成为服务业新动能重要来源。近年来，我国城乡居民消费持续保持升级态势，正处在从商品消费为主向服务消费为主的转型阶段。2018年前三季度服务消费占居民消费比重达到52.6%，比上年同期提高0.2个百分点，服务消费超越商品消费为各类消费性服务业发展带来巨大空间。据统计，2018年国内旅游人数和旅游收入都增长10%以上；电影总票房突破600亿元，增长近10%；2018年我国信息消费规模约5万亿元，同比增长11%，信息服务消费规模首次超过电脑、手机等信息产品消费，成为服务业发展又一重要新兴领域。

再次，信息技术及数字经济加速服务业创新。近年来，随着互联网、云计算、大数据等信息技术在服务业的深化应用，极大地促进了服务业新产业、新业态、新模式的快速涌现，网络购物、共享经济、网红经济、短视频、外卖、移动支付等新业态、新服务，已经成为中国服务业发展最重要的新动能，也成为领跑全球数字经济发展的亮点。

更为重要的是，按照中央经济工作会议提出的“巩固、增强、提升、畅通”

的要求，2019 年将加快推进结构性改革和开放创新，继续推进服务业市场准入改革，加快建立和完善事中事后监管体制机制，加大基础设施投资和营商环境优化，进一步完善政策支持体系，有利于加快释放市场活力和创新动力，进一步培育壮大服务业新动能，促进服务业发展扩量增质，为实现国民经济持续稳定增长提供日益强大的“稳定器”和新的发展动力。

注意经济运行的六个问题

王小鲁　国民经济研究所副所长、研究员

王小鲁，经济学博士，国民经济研究所副所长、研究员，中国经济体制改革研究会常务理事。1978 年开始从事经济改革研究，20 世纪 90 年代获澳大利亚国立大学博士学位，研究领域包括中国经济体制改革、经济增长、收入分配、城乡发展等。发表中英文论文逾百篇，学术著作和研究报告 20 部。曾获首届、第十一届孙冶方经济科学论文奖，首届中国软科学奖、澳大利亚国立大学杰出博士论文奖等。

当前经济正处在下行阶段，多数制造业领域形势不容乐观。2019 年这一趋势将会持续，需要有面对严峻形势的思想准备。

目前经济下行的主要原因，一是结构失衡并未消除，诸多行业产能仍然过剩，缺乏有效投资空间；少数行业以行政性手段去产能导致能源原材料价格上升，提高了中下游行业成本；杠杆率升势趋稳但仍居高不下，金融风险仍在；效率仍然偏低。二是消费者信心受到影响，消费减缓。三是一些影响公平竞争的政策和政府对市场的干预还未得到彻底清理，导致企业界特别是很多民营企业缺乏信心。四是中美贸易摩擦的影响。

面对上述问题，如下几方面问题需要注意。

第一，总量政策不能解决结构问题，一些负债过高、效益过差的企业要保也保不住。希望靠松货币启动经济增长不会有明显效果，反而可能使去杠杆的努力前功尽弃，金融风险继续扩大，造成未来更大隐患。所以对采用松货币政策必须慎之又慎。

第二，只有解决了结构失衡问题，才能消除导致经济下行的内在原因。货币政策必须保持中性，去杠杆必须坚持，同时要掌握合适的力度，循序渐进，避免操之过急而引发债务危机。

第三，释放流动性不流向中小微实体企业而流向虚拟经济。一是因为渠道不畅，我国民间小型金融机构发展严重不足，大银行对小企业贷款信息不对称，风控措施僵硬，也有对民营企业不一视同仁的问题，迫使民营中小微企业依赖表外渠道融资。加强对表外融资的风险管理使民营小微企业融资更难。但解决这些问题靠松银根和行政命令无济于事，只能靠尽早改善金融市场环境，促进民间小型金融机构发展，清除歧视性信贷政策来解决。二是当前实体企业缺乏有效投资空间，资金需求不旺，应当允许经济通过自然下行的调节过程实现优胜劣汰，恢复市场均衡。想靠刺激政策保增长，不利于结构调整和恢复均衡。

第四，要提振民营企业的信心，必须实现公平竞争。对此，必须采取实质行动对不公平的政策和政府施政方式进行认真清理，对过度干预企业、干预资源配置的倾向进行纠正，形成不同所有制、不同规模企业一视同仁、公平竞争的良好市场环境。

第五，财政政策的重点应从靠政府投资拉动经济的传统思路转向减轻企业税费负担、提振企业活力和改善民生、发挥消费对增长的支撑作用。前者重点解决社保缴费过高问题，后者重点解决两亿多城镇外来常住人口安家落户和社会保障、公共服务以及公共服务均等化问题。争取几年内使过低的消费率和过高的资本形成率恢复到合理水平。

第六，以市场配置资源和公共服务均等化、社会保障全覆盖为中心，推进土地制度改革、市场准入改革、财税体制改革、户籍制度改革和社会保障体系的完善。

股市重启重在投资者保护

王尧基　复旦大学证券研究所副所长

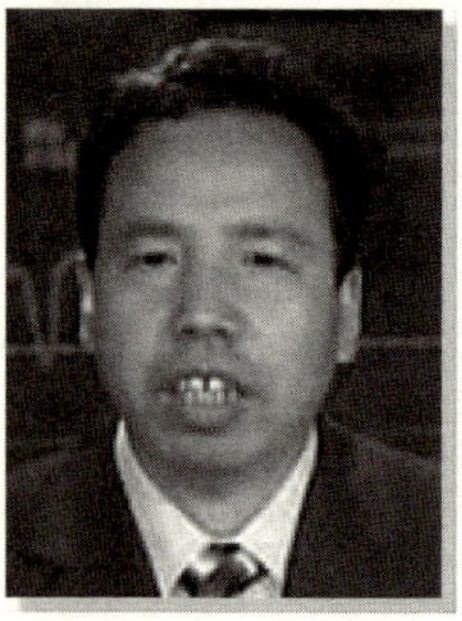

王尧基，经济学博士，金融学博士后，现为复旦大学证券研究所副所长、中央电视台财经指数专家委员会委员、《中国新闻周刊》专栏作家、《董事会》杂志特约研究员，主要从事金融市场、宏观经济等方面的研究工作，也经常通过在媒体上发表评论或观点为中国的经济改革和发展建言献策。

2018 年以来，具有上亿投资账户、事关大众创业及“稳杠杆”等诸多方面的 A 股市场，却因持续走低而功能衰减。2019 年将是国际经济形势复杂多变、国内经济增速下行压力增大的一年，迫切需要 A 股市场发挥重要作用。从“发挥好资本市场的枢纽作用”及“资本市场在金融运行中具有牵一发而动全身的作用”新提法、确定尽快推出科创板乃至证监会的重大人事调整等新举措，都显示了中央政府重启股市的决心。而“信心比黄金更重要”，要实现 A 股市场的重启，监管层就得把对普通投资者的保护放在首位。

股市作为资源配置的场所，只有让其中的融资者和投资者各得其所，才能保持可持续发展。既然投资者拿出“真金白银”支持上市公司发展，那么真诚回报投资者就是上市公司义不容辞的责任。过去 30 年间，中国股市建设的巨大成就有目共睹，但投资者保护等制度建设方面的“短板”越来越成为发展的障碍。股市恢复成立之初，为“国企脱困”的定位偏差使得A股市场先天不足，加之多年来股市以追求粗放型发展为主导、投资者保护方面严重欠缺，使A股市场“重融资、轻回报”盛行，一些公司（大股东）通过欺诈上市或财务造假而轻松获取暴利。虽然市场上的少数优秀上市公司保持了持续稳定增长并能合理回报投资者，但大多数上市公司的现金分红股息率远低于定期存款利率，使不得不靠博差价为主要获利方式的多数普通投资者长期处于亏损状态，从而导致其投资信心一再受挫甚至离场观望。虽然近年来监管部门在保护投资者方面做了不少工作，但从市场表现来看仍然显得效力不足。因此，要真正重启股市、使更多的储蓄资金转化为直接投资，就得从加强普通投资者保护做起。

从国内股市的现状来看，要加强普通投资者保护至少应从如下方面做起。

其一，为了确立A股市场的“新陈代谢”机制，应将上市公司的被动退市和主动退市并举，切实加快退市步伐。

其二，为了遏制上市公司的财务造假、便于投资者索赔，应加快培育中国式的“浑水公司”及相关民间举报监督机制，并尽快建立集体诉讼制度。

其三，为了真正规范大股东减持，应规定大幅延长减持期限及达到一定盈利要求才能减持。

其四，为了扭转“轻回报”倾向，应通过再融资限制等督促上市公司注重分红回报，并引导其通过批量回购股份加强市值管理。

其五，为了降低股市交易成本，应先免除亏钱交易的印花税，下一步再完全取消印花税。

其六，为了促进长期投资、价值投资理念的确立，除了加快境内外长期资金的入市步伐以外，应大幅延长公募基金的业绩考核周期并抑制其“散户化”行为。

正确坚持“六稳”政策方略

夏汛鸽　全国工商联智库委员会委员

夏汛鸽，曾为中国民营经济研究会专职研究员，现任全国工商联智库委员会委员。获武汉大学经济学学士学位、联邦德国施佩耶尔国家行政管理学院行政管理学硕士学位、中国社会科学院欧洲系法学博士学位。曾任知识青年队队长、大队党支部副书记，国营造船厂钣金工人、厂部办公室秘书，省计划委员会干部处科长、管理干部学院培训处处长及副研究员；中国（海南）改革发展研究院国际合作部部长，综合开发研究院（中国·深圳）国际联络部部长、北京办事处主任、特邀研究员；联邦德国经济合作发展部技术合作公司北京项目咨询顾问。著有《德国东部经济形势及企业的适应性进步》《推倒柏林墙之后：德国东部经济重建》《关注非确定性：经济学消息的启示》《马洪同志晚年学术思想与实践》《探析共同富裕：川陕甘冀渝调研》《践行非歧视原则：中小微企业调研》《历史考验国家智慧》《生态市场经济：德国为例》《要参集》等十余部著作。

2018 年底召开的中央经济工作会议首提我国经济“稳中有变、变中有忧”。之前，国内专业人士间讨论曾提“稳中有忧”；显然，“变中有忧”作为努力体现宏观经济政策实践过渡性质特征的客观表述，从全局考量可能更为稳妥。“变”是客观事实，也体现了“逻辑中性”：向好变与向坏变皆有可能。当然，“好”与“坏”的边界可以讨论商榷。关于中国宏观经济政策实践的逻辑，从力争“稳中求进”目标，到坚持“企稳向好”定义，再到提出“稳中有变”陈述，进而不避"变中有忧"现实，筛除"中国经济下行"背景过程描述中可能夹杂的文字辨析之虞，应当充分肯定的是决策者和研究者与时俱进的创新精神：稳中求进是当今中国经济生态本质的生动写照。

笔者以为，在中国经济"稳中求进、企稳向好、稳中有变、变中有忧"的逻辑演进中，再次生动地体现了国民经济运行进程中"不确定性或非确定性"规律的客观存在。更具体的分析可以认为，这一客观规律绝非是与中国宏观经济保持长期总体稳定趋势的对立或悖论；恰恰相反，关注不确定性或关注非确定性是中国经济长期保持总体稳定"战略定力"的对立统一之义。因此，类似认为应当通过中国经济长期稳定性，克服应对中国经济即期不确定性的观点不尽合理、值得商榷。应当强调，维系经济长期稳定性与应对经济即期不确定性，是中国经济健康发展的周期性战略内涵之一。

在现有关于学习研究评论"稳就业、稳金融、稳外贸、稳外资、稳投资、稳预期"宏观经济政策的文献中，认为"稳就业"最重要者有之，否则何以理解其被排在"六稳"之首？认为"稳投资"最关键者有之，否则何以正视"没有真金白银稳定投入哪有国民经济稳定增长"的现实？认为"稳预期"最根本者有之，否则何以解释中国经济如此长周期地稳定发展？等等，不一一列举。其实，应当慎用"最重要、最关键、最根本"之类绝对化性质较浓厚的判断词语（当然，不是不能用）。尽管众多专业人士以"一家之言"参与我国宏观经济政策研判无可非议，但谨防片面性、情绪化是大家应当共同具有的专业水准和共同遵守的学术底线。

"努力寻求最大公约数"，或许是正确坚持"六稳"政策方略的"低成本路径"：最重要、最关键、最根本的政策目标应当是"稳"。其一，应当关注"六稳"在稳定我国宏观经济运行中的总体政策合力，不宜一般性"发现并揭示"某一稳定政策的"成败"。其二，应当增强"六稳"在保持我国经济发展进程中的综合政策定力，不宜简单化“判断并解释”某一稳定政策的“功过”。其三，应当谨防目前的“六稳”举措陷入类似当年的“保八”误区，尤其是在缺乏严谨调研、尚未获得真实数据支持的情况下，要谨防固化“六稳”思维定式。“矫枉过正”“一种倾向掩盖另一种倾向”的经验教训，应当时常被人们牢牢记取。

对新经济须一分为二地来看待

向　坤　赛迪智库研究员

向坤，工信部下属赛迪研究院互联网经济杂志主编，新浪专栏·意见领袖、网易科技、腾讯财经·原子智库作者，雪球、东方财富号等多个平台作者，独立著作和翻译有《移动互联网新浪潮》等多本图书，中国互联网协会青年专家，中科院MBA企业导师，北京师范大学经济学博士研究生。

2019年的经济形势，仍然面临很大的挑战。由于中美贸易摩擦的原因以及在中国经济增速增长换挡的背景下，多种因素相叠加，带来了很多挑战。

笔者认为，中美贸易摩擦将是一个长期的过程，并将对世界形成深刻的影响。就美国方面而言，和中国存在比较根本的分歧，因此需要一方面加强战略沟通，保持民间互动，另一方面不断开拓新的国际增长空间，保持战略动力，提升经济预期，对贸易摩擦做好长期持续的准备。

近年来，学术界形成了共识：不需要保证硬性的经济增长率。从近年的情况来看，就业率和经济发展的状况产生了一定的背离，关键是要保证人口就业率，但是也需要保证经济增长率的底线。可通过金融工具定向精准调控，减税降费，降低隐形政府费用，提升制度供给质量。

笔者认为，一方面应该在中国还存在人口红利的情况下，延缓人口老龄化，积极支持新出台的人口政策；另一方面要推动教育的发展，提升人口资源的质量，从而推动产业升级，培养优秀的产业工人队伍，打通产业工人上升通道。对于现有的人口红利更是要加强使用，逐渐加强人事制度改革，给社会人才提供更加广阔的人才通道，加强人才“旋转门”的建设。

同时，要继续推动城市化给中国带来的红利。当前，中国的城市化还有很大的提升空间，也存在一些区域不平衡的特点。例如，在西北的一些城市，出现了城市收缩的现象，人口不断流出，性别和年龄结构失衡。因此，需要以雄安规划等战略为指引，推动京津冀一体化、东北复兴、长江经济带、粤港澳大湾区等重大战略的建设，推动新型城市化的发展。

同时，笔者认为，对新经济需要一分为二地来看待。从近年的经济实践来看，鼓励资金流入实体经济是一个重要方面，但是提升资金的使用效率十分重要。不能盲目地鼓吹新经济，新经济的发展过程中必然会产生大量死亡企业，这是正常现象，没有死亡企业就不会有一些企业的迅猛发展，但是大量的资金流入的领域效率很低。比如，大量的资金流入共享单车等领域，造成了大量的城市垃圾，而其中的很多资金来源于风险投资，很大一部分来自银行等部门。再比如，前些年流行的数字货币、区块链等等，资金大量在虚拟经济中空转，流向不明。对于这些现象，监管部门已经进行了一定程度的调控，但是需要在未来进一步加强战略引导，让资金的流向效率更高。科创板的发展是一个很好的信号，但是要加强多层次资本市场板块的建设和定位细分，保证多层次资本市场的有效互动，切实促进新经济的发展。

为此，近年来阿里、腾讯等企业都在加速转型产业互联网。笔者认为，有必要在此方面加强产业扶持，以人工智能等产业赋能传统制造业，产生出新的产品和产业形态。但在这个过程中，需要以企业自发为主，发动行业协会和企业联盟等中介性组织的力量。

发挥企业在经济高质量发展中的主体作用

项安波 国务院发展研究中心企业研究所国企研究室主任、研究员

项安波，香港科技大学哲学博士，国务院发展研究中心研究员、企业研究所国企研究室主任。主要研究领域为国企改革与发展、企业政策及相关理论研究。获全国建筑经济优秀论文奖（2010 年）、中国发展研究奖（一等奖，2011 年）、国务院发展研究中心优秀调研报告（2012 年）等奖励，作为协调人和主要参与者的课题研究成果获中国发展研究奖三等奖两次（2013 年、2015 年）。

科技革命、产业变革和新经济的崛起，正在加速重构全球分工体系和竞争格局；同时，逆全球化潮流显现、国际政治不确定性增加，保守主义、保护主义、民粹思潮、排外行为不断。世界处于国际政治经济大变革、大调整时期，人类社会可能又一次站在了发展道路的十字路口。在这样的“棋局”中，中国经济进入关键的下半场。

我们幸运地、前所未有地接近民族复兴目标。这是自鸦片战争以来的 170 多年，无数仁人志士为之奋斗、孜孜以求的伟大梦想。但是，中华民族伟大复兴仍然是极为艰巨、复杂而长期的任务。我们必须珍惜历史机遇，凝神屏气，扎扎实实地做好各项工作，踏踏实实地做好自己的事情。

国内大市场是我们开展各项经济工作的基础，是以我为主、保障国家经济主权的底气之源。促进消费升级和提升更高质量层次上的供需匹配，我们还有

巨大提升空间；主要矛盾的转化和存在，也意味着还有大量工作需要“补课”。

我们需要以高质量发展理念为指引，认真切实地建设现代化经济体系。完善统一开放、竞争有序的市场体系，建设促进效率、体现公平的收入分配体系，建设创新引领、协同发展的产业体系，促进从中国制造到中国创造、从世界工厂到全球市场的转变。

完成这些工作，有赖于企业发挥难以替代的主体作用。

中国先行优秀企业在发展、改革和创新方面的长期努力，避免了转型升级中的失速风险，为中国经济从高速增长转向高质量发展提供了较为扎实的微观基础。但我们在集成电路、操作系统、机床母机、精密制造等基础性关键领域还缺乏核心竞争力，具有全球竞争力的世界一流企业仍然匮乏。为此，我们需要更有效地支持创新创业，支持企业更好地融入全球分工体系，为培育具有全球竞争力的世界一流企业创造环境。

对中国企业而言，2018 年是极不平凡的一年。2019 年，很可能会更加不容易。我们需要深入推进实质性国企改革，完善“国民关系”，构建国民共进、协调发展的经济格局；继续发挥新经济在稳增长、促改革、扩开放等方面的积极作用；大力改善营商环境。我们需要持续弘扬工匠精神、激发企业家精神，尊重劳动、鼓励创新、保护产权、提振信心。

同时，我们要更深入地研究、适应和影响国际规则，避免总是被动应对以及“吃力不讨好”的尴尬局面。立足国内不是闭关自守，而是为了更好地推动全面开放新格局。

寒冬孕育着春天的希望，漫舞的雪花是百花盛放的先声。在世界大变局中看中国的“总体平稳、稳中有变、变中有忧”，我们既要坚持底线思维，更需要抖擞精神再出发，使深化改革和扩大开放获得实质性和突破性进展。

祝福中国化危为机、转危为安，早日完成现代化进程！

创新思维努力确保我国经济处于合理区间

谢士强　中国社会科学院办公厅研究员

谢士强，江苏睢宁人，研究员，经济学博士。2006 年 7 月至 2007 年 3 月，在中国社会科学院马克思主义研究院从事研究工作。2007 年 3 月被借调进而于当年 9 月被正式调入至今，在中国社会科学院办公厅工作，历任助理研究员、副研究员、研究员、副处级学术秘书，兼任院研究生院硕士生导师、国家开发银行特聘专家、中国社会主义经济规律系统研究会副秘书长、中国发展战略学研究会会员等职务。

现从事现代计划经济理论、宏观经济理论与政策和国家治理体系如医药卫生体制改革、信访体制改革、反腐败体制改革和互联互通等研究，学术专长是国民经济学。公开发表文章 40 多篇，参与或主持中央及院所级课题 9 个，撰文共 150 多万字。其中，主要代表作有：《区域宏观调控理论的基本框架》（专著）、《互联互通战略研究·国内篇》（合著，第一作者）、《互联互通战略研究·政府篇》（合著，第一作者）、《20 世纪 90 年代金融危机真相》（译著，第二译者）、《降低经济发展代价的根本出路》（论文）、《公立医院改革关键要健全内部治理结构》（论文）。

党的十九大以来，随着供给侧结构性改革的不断推进，并伴随中美贸易摩擦的持续发展等，我国经济在新旧动能缓慢转换和确保高质量发展的战略背景下开始变得日益严峻，如何继续确保经济处于合理区间成为当前和今后一段时期亟待关注的重要问题，2019 年中央经济工作会议也给予了积极回应，同时要求进一步做好“六稳”工作，提振市场信心，毕竟发展才是硬道理。为此，现结合国内外经济形势和我国有关部署，谈谈个人看法。

一、2019 年我国宏观经济将稳定在 6.0% ~6.5% 区间

虽然新动能在不断发展，甚至其部分行业的经济增速还大大超过了部分传统动能及其有关产业，但在国民经济格局占据主导地位甚至决定性地位还为时过早，而旧动能在各级行政化推动下则加速出清，结果必然导致新旧动能转换衔接不上，进而必然导致我国经济增速适当下滑。另外，以中美贸易摩擦为主要代表的外需动力，虽然可能因中美谈判协调而有所缓解，但在美国及其盟友等的继续干扰和破坏下，将会影响其更好发挥。即使中央明确提出要促进形成强大的国内市场，但在有关体制机制一定制约和改革活力释放有所滞后的情况下，最终我国经济必然进一步下滑。综合考虑，2019 年我国经济增速将会稳定在 6.0% ~6.5% 区间。

二、继续确保 2019 年我国宏观经济处于合理区间的政策建议

1. 全面准确理解高质量转型发展的基本内涵

高质量发展是党的十八大以来我国经济的主要特征，也是我国经济进入新常态的必由之路，是相对过去低质量发展而言，也就是相对过去粗放型、低效益和低生态等的旧生产而言，所以其必然应该是集约型、高效益和高生态等的新生产。这就需要优化提升产业结构，不断加大新动能的发展力度、总量占比和基本分量等。同时，考虑到我国还处在社会主义初级阶段，且全国小康社会建设还在推进，中华民族伟大复兴还在推进等，所以还要维持必要的经济增长速度。但由于新旧动能转换的机理、速度和方式等有所不同，在新动能培育和

发展还相对缓慢的情况下，必须借助适当旧动能，并在行业、区域和技术等方面进行一定的优化改良，而不是完全否定和放弃，包括对房地产、钢铁、煤炭等过剩产能处理，毕竟其国内发展空间还有，否则最终只能影响我国经济的健康发展。

2. 及时探索构建新旧动能之间的有效衔接机制

确保高质量转型发展和中高速经济增长必须在新旧动能之间探索建立必要的衔接机制，并尽量实现两者平稳健康转换。考虑到转型主要体现在产业转型、城乡转型、地区转型和国内外转型等诸多方面，所以两者转换和有效衔接也必须体现在这些方面。要尽量挖掘国内经济发展潜力，实现新旧动能在不同地区、不同产业和不同项目之间的有序逐步转换，并根据双方主体发展需要、环保要求和存在问题等探索建立有效衔接机制和必要平台。另外，对钢铁、煤炭和房地产等过剩产能不能一味地简单淘汰和放弃，要通过推进新的战略，如乡村城镇化和“一带一路”倡议等进行逐步消化升级。同时，还要针对新动能中涉及的有关企业、项目、地区和产业以及技术等及时制定优惠扶持政策，研究建立有关信息发布和产能评估预警机制等，防止出现新的产能过剩。

3. 抓住“六稳”问题，着力壮大我国内需市场

稳就业、稳金融、稳外贸、稳外资、稳投资、稳预期是2019年中央经济工作会议提出的明确要求，是继续确保我国经济处于合理区间的重要举措，目的就是要在心理预期、投资需求、社会稳定和国际市场等四个方面做好工作。鉴于我国早已是世界第二大经济体，且国际市场难以有效把握，所以确保我国经济健康发展必须通过稳定中美经贸关系来尽量稳定国际市场，更必须通过稳定国内市场来稳定其他方面，而且这也是确保中美经贸关系持续稳定的最重要战略基石，毕竟一切稳定都是建立在我国未来平稳健康发展之上。为此，一方面要加快推进城乡结合部发展，并通过继续统筹推进城乡发展，适度推进乡村振兴，改进完善房地产市场，不断加快推进乡村城镇化历史进程；另一方面要通过统筹推进地区之间、城乡之间和产业之间甚至国内外之间等协调发展，继续补齐完善交通、邮电等基础设施短板，继续加快推进“一带一路”建设等，并通过着力解决国企民企的突出问题，继续着力提高其投资需求，特别是新动能投资需求。同时，还要针对部分居民收入严重偏低、生活成本相对较高、有关消费设施不太配套和政府消费奢侈浪费等问题，继续推进收入分配和税收消费等领域体制机制改革，从而确保有关消费群体能消费、可消费、消费的了和消费的好等。

总之，2019 年我国经济继续下行不可避免，但在国内外环境不断变化特别是中央政府和广大民众等的共同努力下，通过继续妥善管控中美经贸关系分歧，全面准确理解高质量转型发展的基本内涵，加快探索构建新旧动能之间的有效转换机制，并通过抓住“六稳”工作，着力补齐国内消费、投资和收入等领域的短板，就一定可以适当缓解。

房地产调控是 2019 年“六稳”的关键之一

许召元　国务院发展研究中心产业经济部研究员

许召元，北京大学光华管理学院经济学博士，国务院发展研究中心产业经济研究部第四研究室主任，研究员。主要研究领域为经济增长、产业经济、可计算一般均衡模型。2007 年起，在国务院发展研究中心工作，协调或参加过 30 余项中央交办课题或国务院发展研究中心重大课题研究，发表数十篇调查研究报告，在《经济研究》《经济学季刊》《管理世界》《数量经济与技术经济研究》《*China Economic Review*》等一流期刊上发表 30 余篇学术论文。多篇研究报告受到中央领导批示，部分研究成果获得高度重视和应用。研究成果分别获得多项中国发展奖一等奖、特等奖、全国商务发展研究成果奖——专项成果奖一等奖，2013 年获孙冶方著作奖（参著）。

2019 年我国宏观经济将处于缓中趋缓的态势中，一方面经济有一定下行压力，另一方面前几年累积的债务风险和房地产风险需要有序释放，实体经济特别是中小微企业需要进一步减负和松绑。优化房地产调控机制，促进房地产平稳增长，对于化解经济下行压力实现“六稳”具有重要意义。

一、房地产是影响 2019 年宏观经济的重要不确定因素之一

房地产市场较快发展一直是我国经济增长的重要动力之一，房地产投资占

总投资的 20% 左右，而且主要是来自市场化的投资，不需要财政负担；房地产带来的土地收入和税收是政府收入的重要源泉；房地产消费是带动社会消费增长的重要部分。因此，房地产的大起大落会很大程度上影响经济稳定。

2018 年下半年以来，我国房地产市场发展形势出现了明显变化，出现两种风险的可能都很大。一是房地产价格过快回落的风险。目前我国不少地方商品房价格已经远远超出合理的范围，一旦房价进入止涨或下跌的新阶段，有可能由于消费者买涨不买跌导致房价过快回落的风险。二是房地产投资大幅度下滑的风险。房地产开发投资包括土地购置费和建安支出两大部分。2016 年 4 月以来，我国房地产销售面积增速持续回落，从历史经验看，商品房销售面积增速变化会直接影响土地购置面积和购置费用的变化，两者大约有一年的时滞，预计 2019 年土地购置面积很可能进入负增长。而土地购置面积增长放缓还将直接影响商品房新开工面积的增长，进而带动房地产投资中的建安支出走低。根据经验估计，在房地产调控政策没有大的变化的情况下，2019 年的房地产投资可能降至零增长附近的水平，这将给 2019 年的稳投资带来较大压力。

二、我国房地产市场仍有保持平稳增长的潜力

不少研究发现，我国城镇住房存量已经达到户均 1 套甚至 1.1 套的水平，加上新增人口数量显著减少，不少人认为，我国新增住房需求已经较为有限，要保持房地产平稳发展，就要进一步控制新增供应，防止供过于求增加房地产风险。但如果按照这种调控思路，不仅会导致房地产投资大幅下滑，还可能诱发价格继续升高、房价泡沫更大的问题。其实，考虑到我国城市化进程仍然处于快速发展阶段，特别是城市群的发展近年来有加快的趋势，我国人口仍然处于向城市群和大城市集中的进程中，大城市和一、二线城市以至部分三、四线

城市仍然有很大的住房需求潜力，2019年我国房地产市场仍有投资稳定增长的空间。

三、2019年房地产调控应多措并举兼顾三方面目标

虽然不少地区仍有较大的房地产需求潜力，但是也要防止出现住房大量过剩的可能。因此，2019年的房地产调控应该兼顾促进房价适度有序下跌化解房价泡沫、促进房地产投资适度增长和防止住房过剩三个目标。

要同时实现三方面目标，需要采取合理的政策组合。首先，要通过限售、大幅度提高交易税收或者征收房产税等政策，落实“房住不炒”的政策取向，防止由于大量投资性购房导致出现住房过剩的情况。其次，要显著增加商品房土地供应，尤其是落实好集体经营性建设用地入市的政策，通过增加供应满足需求、扩大投资并促进房价适度回落。最后，还需要搭配扩大和支持自住性需求的政策，包括放松限购和信贷支持等，既支持房地产投资增长，也防止房价过快回落。通过这样的政策组合，促进房地产投资持续增长和房价适度回调，对于2019年实现稳投资和稳预期都将有重要作用。

货币和财政政策叠加效应利好 2019 年市场

许维鸿　中航证券首席经济学家

许维鸿，曾就职于英国路透集团、中央国债登记结算公司、法国外贸银行集团巴黎总部。2008 年回国后，加入国都证券，曾任研究所所长、宏观经济首席研究员，西南证券研究与发展中心业务总监，重庆金融学会副秘书长。现任中航证券首席经济学家。长期从事宏观经济和金融市场研究，研究领域涉及国际宏观经济、国际化背景下的新兴市场发展模式、国际中小企业发展模式比较、中国金融和银行体系、中国债券市场建设等。央视特约财经评论员，《中国证券报》《证券时报》、和讯网等财经媒体专栏作家。2017 年中国资本市场扶贫先锋人物。

随着 2018 年度经济数据的陆续公布，中国经济从 2018 年四季度明确走稳、向好的趋势明朗，A 股市场估值初步修复，国内外金融市场的各家机构都在暗自调整 2019 年度的投资方案，逐渐加码风险偏好型资产的比例。

资本市场对经济趋稳的乐观预期，基于中央政府进一步防范金融风险、深化改革的政策预期。俗话说，改革中出现的问题，只能通过深化改革才能解决。中国经济可能发生的系统性风险，有可能主要源于“过度房地产化和过度金融化”，社会资本“脱实入虚”削弱了中国经济的国际竞争力，房地产问题很容易导致经济的严重下行。正因为如此，中央才在十九大以后强力推进“三去一降一补”的供给侧结构性改革方针，并在社会各界逐渐达成了共识。

金融降杠杆、去泡沫的过程必然是痛苦的。过去十几年来，几次中国经济下行周期压力，都依靠政府投资加杠杆冲抵，这形成了透支未来空间的房地产价格，也让间接融资为主体的金融资本严重依赖房地产价格。展望2019年，如果要保持经济长期良性向好的趋势，依然不能进行大规模的财政刺激或货币放水，那些所谓“中央政府加杠杆”“央行印钞票做大分子降低坏账比例”的方案建议，并不适合当前的经济形势。

一方面，中国是财政、税收中央统一的经济体系，各级地方政府和国有企业的负债，最终信用背书人都是中央政府。即便这几年有个别地方政府或者国有企业的债务违约案例，但中央政府是不会允许大规模、系统性的国有经济债务违约的。这一点和美国、欧洲的情况显著不同：美国的地方政府有各自独立的立法权和财政权，破产并不需要联邦政府兜底，投资人心知肚明；欧元区虽然是统一货币，但各自独立主权国家的债务危机也不需要全体欧元区国家共同承担。因此，在中国市场上，中央政府若采取加杠杆、抵消地方政府债务的做法，并不能化解风险，不利于促进地方政府现代财税体系的建设进程。

另一方面，个别人主张“央行大放水”刺激经济，显然也是低效率的坏主意。中国经济最大的灰犀牛风险，就是房地产价格泡沫的风险。房地产在社会投资、居民财富和负债的比例巨大，造成了中央银行的货币政策对实体经济刺激的边际效应递减。如果缺乏实体经济的制度性改革，中央银行的新增货币供给绝大部分都会流向以房地产为代表的虚拟经济，最终挤出实体经济有限的投资，不利于中国经济的转型升级。

因此，2019年依然不是一个寻找中国经济“终极解决方案”的节点，大规模的政策转向不切实际，需要各界笃定信念、坚持改革方向。为了巩固过去两年的去杠杆成果，2019年的货币政策必将略微宽松，以保证货币乘数下降后的金融市场流动性；另一个改革成果也需要坚持，那就是各级地方政府的投资“胃口”已经被显著遏制，基础设施建设和产业投资逐渐理性和计划性。

这种“宽货币、紧财政”的政策叠加效应显然是资本市场最期待的，通过挤出低效率的地方政府投资，整个社会的资本回报率必然回升，辅以边际宽松的货币供给，A 股市场上市公司的估值也将回暖。当然，国有企业的提质增效改革依然充满不确定性，混合所有制和国有经济的边际依然需要探索；欧美经济景气度良好，中美贸易摩擦的虚虚实实博弈也会不断给市场带来冲击，A 股市场的价格波动性依然值得警惕。

反通货紧缩　阻经济下行

肖金成　中国宏观经济研究院研究员、中国社会科学院研究生院博士生导师

肖金成，经济学博士，享受国务院特殊津贴。中国宏观经济研究院研究员，中国社会科学院研究生院博士生导师，中国区域经济学会副会长、中国区域科学协会理事长。曾任国家发展和改革委员会国土开发与地区经济研究所所长、国家发展和改革委员会经济研究所财政金融研究室主任、国家原材料投资公司财务处处长。2012 年，被中国科学技术协会评为“全国优秀科技工作者”。

2018 年，经济增长没有年初预期好，经济继续下行。根本原因是企业没有好的效益，投资信心不足。一般来说，企业的利润率一定要高于利息率，高于利息率，才会去投资，如果利润率低于利息率，即使有资金，也宁可去搞理财。资金在金融领域空转，空转的结果是，提高了资金的价格，使企业的融资成本更高，投资需求疲软，GDP 增长动力不足，经济必然陷入低水平循环。

我们搞了几年去产能，产能去了不少，但从市场情况来看，还是供大于求，企业效益仍然没有根本好转。现在看得很清楚，是需求出了问题。需求没有提高甚至萎缩，导致企业在供大于求的市场环境下，产品价格上不去。企业效益不好，企业职工的收入没有明显提高，就业也没有明显扩大，影响居民的消费欲望。从目前的经济状况来看，明显是总需求不足，通货紧缩，市场资金短缺。金融市场利率出现了双轨制，国家确定的利率和市场利率，二者利差很大，地

下金融活跃，由此，也造成很大的金融风险。2018 年推出的防风险措施，使这一条资金流向市场的渠道，也日渐萎缩。融资难、融资贵仍是企业尤其是小微企业普遍反映的问题。

资金是经济的血液，市场缺“血”或经济贫血，必然影响经济增长。2019 年初，中国人民银行调低存款准备金率，释放基础货币 1.5 万亿元，但市场缺失的资金何止 1.5 万亿元？资金是经济的血液，有人则认为资金是水，将调低存款准备金率称为“放水”，即使是水，放水少了，根本流不到下游。三年大旱，下点毛毛雨，是解不了旱情的，起码也要小到中雨。现在市场低迷的根本原因是市场缺“血”，导致通货紧缩，我们到了企业，到了地方，明显感到通货紧缩的影响。反通货紧缩是 2019 年宏观调控的主要方向，只有反通货紧缩才能遏止经济下行。

现在宏观经济存在的突出问题是通货紧缩，居民不敢消费、企业不敢投资、银行不敢放款。如果改变了宏观调控方向，将存款准备金率继续下调，逐步下调到 12% 以下，就能改变下行的趋势。

2019 年经济发展趋势还不太明朗，充满了不确定性，下行压力很大。中央经济工作会议提出“六稳”：稳就业、稳金融、稳投资、稳外贸、稳外资、稳预期。实现“六稳”，必须稳增长。稳增长，就是稳预期，减少不确定性，提升投资者和消费者的信心，就能遏止经济下行的趋势。

我国的经济基本面不错，首先是居民储蓄率很高，银行存款数额巨大。居民潜在需求很大，但很大一部分人的消费水平还比较低。农村基础设施甚至城市的基础设施也不是很完善，公共基础设施虽然有了很大改善，但农民工的子弟在城市就学还比较困难，农业转移人口市民化还任重道远，也就是说经济增长的潜力还很大。有钢铁，有水泥，还有劳动力，唯独缺的是资金，实际上资金也不缺，只是被锁住了。

多措并举保障经济平稳发展

杨　畅　中泰证券研究所高级经济学家

杨畅，经济学博士，副研究员，硕士生导师。现任中泰证券研究所高级经济学家，政策专题组负责人。

毕业于上海财经大学投资系。长期在上海市政府及国务院决策研究部门工作，负责宏观经济、产业政策和结构改革等研究工作，主持及参与中央、省部级课题超百项，撰写内参超百篇，获得中央及省部级领导批示 20 次。参与出版专著 15 本，发表文章 50 余篇。并为国务院发展研究中心访问学者，上海流通经济研究所全球城市研究室主任，上海产业发展资金、服务业引导资金、文创资金评审专家，上海财经大学公共政策与治理研究院特聘研究员。

一、对 2019 年经济的预期

预计 2019 年中国经济增速有望保持在 6% ~6.5% 的整体区间中，较市场预期更加乐观。

投资方面：可分为三部分，一是基础设施投资。历史上看，逆周期特征明显。2018 年下半年以来，发改委大幅度加快基础设施项目投资的审批力度，下半年共批复 21 项合计 1.35 万亿元的基础设施项目。并且从 2018 年 12 月 29 日全国人大授权国务院提前下达债务指标，包括地方政府一般债和专项债，使得地方政府发债时间大幅度提前，并且按照《预算法》的要求，在地方“两会”召开之前一个月，就需要向地方人大报送预算安排，地方可以在发债之前，就通过财政库款加快项目建设力度。因此，总体来看，从 2019 年一季度开始基础设施投资将显现开工迹象，二季度开始基础设施建设的力度还将大幅度回升。二是房地产开发投资。大概可拆解为土地购置费和施工投资两块。施工投资方面，从 2018 年底开始，已经出现了下行收窄的迹象。土地购置方面，与地方房价涨跌和购买力密切相关。目前来看，从山东菏泽开始取消限购动作观察，以及结合中央经济工作会议提到的“城市政府承担主体责任”，未来房地产市场的限制措施可能迎来适度的放松，房地产销售端的回升有望带动房地产开发投资的回升。三是制造业投资方面，2018 年制造业投资回升是亮点，但仔细拆解会发现，跟 PPI 回升有密切关系。从历史上观察，制造业投资与工业企业利润之间存在 1 年左右的时滞，如果制造业增值税税率能够进一步下调，叠加基础设施投资回升带来的 PPI 回升，工业企业利润有望保持相对稳定，对制造业投资形成支撑。整体上看，投资端的发力，将使得经济下滑斜率逐步平缓。

消费方面：可分为必需消费品和可选消费品两块。必需消费品相对保持稳定，难以大幅度波动；可选消费品属于经济后周期门类，经济活动的修复有可能带动汽车、房地产相关产业链条上的商品消费。叠加发改委有可能出台的汽车、家电刺激政策，尽管经过几轮刺激，政策效果相对前期会偏弱，但仍然可能在边际上发挥作用。

进出口方面：从 2015 年开始，进出口对于 GDP 的贡献已经相对较小，未来大趋势是进出口对于经济增长会出现一定的负面拖累。但短期来看，2018 年呈现出明显的抢出口迹象，但年末逐步退潮，扩大进口也短暂“刹车”。伴随着中美贸易摩擦预期的逐步明确，未来出口有望修复到平稳态势上。进口方面，目前政策对于扩大进口相对明确，但扩大进口与国内居民消费水平需要匹配，中长期持续扩大进口的支撑力度仍然存在不确定性。因此，进出口逆差短期大幅度扩大的迹象还需要观察。

因此，总体上看，2019 年的经济增速将仍然呈现出下行的态势，但是下行的斜率有望低于市场预期，对 2019 年经济增速不用过于悲观。

与此同时，关注结构的转变比总量更加重要。投资、消费、出口是传统的总量观察框架，但该分析框架受统计体系的制约，现阶段，部分未被现有统计体系涵盖的内容仍然在发展壮大。例如用电量指标中的第三产业用电量增速明显，也反映了服务业发展态势较好，民营投资向第三产业的转变，也带来新经济、新技术、新业态、新模式的相继出现。同时，区域经济上也会有新的亮点，例如京津冀、长三角、粤港澳等区域加速推进，各个省内中心城市的相继崛起，都有望成为拉动经济的重要力量。

二、对“六稳”的建议

第一，短期需要坚持“稳增长”。“六稳”中尽管没有明确提到“稳增长”，但是“稳投资”“稳外贸”均是稳增长的具体内容，更加细化。这就需要财政政策更加积极，货币政策合理充裕。因此，建议在支出端进一步加大支出力度，在收入端能够适当减税降费，降低企业成本，在收支两端扩大的情况下，可以适当扩大赤字率的水平，加大政府杠杆率。

第二，在“六稳”的同时，还要坚持调结构，这就要求总量政策的结构部分，与结构政策共同发力。其中，财政政策在支持基础设施建设的同时，还要向社会民生事业适当倾斜。货币政策已经通过 TMLF 等系列政策，向民营经济倾斜，目前已经观察到了总体信用端收缩力度的减弱，2019 年一季度有望实现信用端的平稳扩张。现阶段，需要产业结构、区域结构等系列政策的共同发力，共同保障经济平稳发展。

大幅减少政府对资源的直接配置

余　斌　国务院发展研究中心党组成员、办公厅主任、研究员

余斌，现任国务院发展研究中心党组成员，办公厅主任，新闻发言人，研究员，为享受政府特殊津贴、有突出贡献的专家。

1992 年 2 月至今，在国务院发展研究中心工作，先后任企业研究所副所长，宏观经济研究部副部长，中国经济时报社社长、党委书记，宏观经济研究部部长等职。2015 年 1 月任国务院发展研究中心党组成员、办公厅主任。

主要从事宏观经济分析、区域经济发展和企业发展战略等领域的研究。先后多次参与中央经济工作会议有关文件和“两会”政府工作报告的起草。在《人民日报》《经济日报》《中国经济时报》《管理世界》《财贸经济》《经济学动态》等报纸、杂志发表论文 300 余篇。近年来，出版《走向富强社会——30 年宏观经济回顾》《资产泡沫——国际经验与中国现状》《国民收入分配——困境与出路》《中国式通货膨胀》《中国财政金融风险问题研究》《中国中长期负债能力与系统性风险研究》《追赶接力——从数量扩张到质量提升》《从反危机到新常态》等著作。

中央经济工作会议在论述加快经济体制改革时强调，要切实转变政府职能，大幅减少政府对资源的直接配置，凡是市场能自主调节的就让市场来调节，凡是企业能干的就让企业干。这一重大改革举措，与十八届三中全会提出的使市场在资源配置中起决定性作用的思想一脉相承。

其实，在总结改革开放 40 周年成就和概括中国经验、中国模式时，国内外

学者都一致认为充分发挥地方政府在经济发展中的作用，或者地方政府展开GDP、财政收入竞赛，是过去中国经济高速增长的主要原因。可谓“此一时也，彼一时也”，也可谓“成也萧何，败也萧何”。

过去40年，政府之所以能够在资源配置中发挥更大作用，并取得经济社会发展的巨大成就，有三个基本前提：一是市场上存在大量未得到满足的需求，经济发展主要通过数量扩张，以解决物资短缺和供不应求；二是主要依靠引进、消化、吸收国外先进、成熟的技术，而这些技术已在发达国家被市场、消费者接受；三是城市建设和基础设施投资在发达国家有成功的经验和现成的样板。在这种背景下，政府提供优惠政策，扶持龙头企业，培育壮大主导产业，大规模城市建设和基础设施投资等，风险不大，作用显著，可以加快追赶进程，缩短追赶时间，实现挤压式经济发展。

当我国经济由高速增长阶段转向高质量发展阶段时，上述前提已发生根本性变化。一是产能过剩，数量扩张的空间不复存在，化解过剩产能需要兼并重组、优胜劣汰，只有在市场竞争中才能区分优劣；二是经济发展主要依靠创新驱动，而创新存在风险和不确定性，新技术、新产品、新业态、新模式是否成功，需要由市场来检验；三是公共产品与服务的需求快速增加，政府原来用于经济建设的资源需要转变到提供公共产品与服务的供给上来。因此，当产业达到跟随、并跑与领跑并存的新阶段后，经济决策中无风险的确定性事件越来越少，政府配置资源犯错误的概率明显上升，也必然会降低整体资源配置的效率。相反，让市场在资源配置中起决定性作用，由市场主体自主决策，可以在分散决策、不断试错的过程中分散风险，提高全要素生产率。

在大幅减少政府对资源的直接配置之后，政府在经济发展中发挥作用的领域主要在于：一是为市场主体提供公平竞争的市场环境，政府通过优惠政策倾斜性支持某些企业和产业，其实是对其他企业、行业的歧视；二是营造“最多跑一次”的营商环境，进一步加强产权保护，减轻企业税费负担，提升政务效率等；三是对前沿式创新、基础研究给予支持，吸引优秀人才等，为创新、创业营造良好的生态环境。与过去地方政府通过招商引资、争上项目等加快地方经济发展明显不同，市场环境、营商环境、创新创业生态环境的改善，不可能一蹴而就，需要久久为功。正因为如此，习近平总书记曾多次强调，“要有功成不必在我的精神，要一张蓝图绘到底”。

2019 年减税降费政策要努力实现两个目标

张　斌　中国社会科学院财经战略研究院院长助理、税收研究室主任、研究员

张斌，中国社会科学院财经战略研究院党委委员、院长助理、税收研究室主任，研究员，博士生导师。中国社会科学院财政税收研究中心副主任兼秘书长。中国财政学会理事，中国税务学会理事，中国国际税收研究会理事。

主要研究领域为财税理论与政策，撰写的论文和研究报告曾获中国财政学会、中国税务学会、中国国际税收研究会等多项省部级一等奖和中国社会科学院优秀决策信息一、二、三等奖。

2018 年，我国宏观经济按照高质量发展的要求，深入推进供给侧结构性改革，总体上保持了持续健康发展的态势。但经济形势总体稳定的同时，受中美经贸摩擦等因素的影响，经济运行的外部环境复杂严峻，宏观经济稳中有变、变中有忧，经济下行压力加大。2019 年，预计宏观经济运行将继续面临外部冲击与内部风险并存、周期性问题和结构性问题叠加的复杂局面，“稳就业、稳金融、稳外贸、稳外资、稳投资、稳预期”的任务艰巨。

2019 年宏观经济政策要围绕“六稳”的要求，强化逆周期调节，财政政策要在扩大内需和结构调整方面发挥更大作用，其中“减税降费”政策作为更加积极的财政政策的重要组成部分，面对经济运行稳中有变带来的新问题、新挑战，也要在继续落实和巩固前期政策的基础上，抓住主要矛盾，采取针对性更强的措施以发挥更大作用。

首先，减税降费措施要在“稳就业”方面发挥重要作用。“六稳”中首当其冲的是“稳就业”，而小微企业和民营企业在“稳就业”中发挥着基础性作用。日前国务院常务会议通过的应纳税所得额 300 万元以下企业的所得税优惠措施和大幅提高增值税起征点的措施将在这方面发挥重要作用。此外，社保费负担是影响就业的重要因素，我国目前社保基金名义费率在 40% 左右，是世界上费率水平较高的国家之一，而且企业承担的份额明显偏高。根据征收体制改革后实际征收率提高的程度，大幅降低社保缴费名义费率，稳定缴费方式，确保企业社保缴费实际负担有实质性下降也将对“稳就业”发挥重大作用。

其次，要优化减税降费的方式，在“稳预期”方面发挥更大的作用。从减税方式看，主体税种普惠性降低税率的措施对“稳预期”的作用要优于操作比较复杂、针对特定行业或特定行为的税收优惠政策，普惠性降低税率的减税措施也符合习近平总书记提出的“简明易行好操作，增强企业获得感”的要求。从减税政策的出台方式看，出台整体性、一揽子方案并按照未来 5 ~ 10 年减税总规模进行测算的减税方案对“稳预期”的作用要优于零星、断续的出台方式。而且，有明确实施期限的整体性减税方案也有利于通过增强政策的确定性促进企业投资。

最后，要处理好短期减税降费政策与长期税费制度优化的关系。减税降费政策有两个基本目标：一是在外部环境“稳中有变”的背景下，要在短期内发挥好扩大总需求的作用；二是作为供给侧结构性改革降成本的重要措施，要着眼于长期税费制度的优化以促进创新驱动和经济结构优化升级。2019 年减税降费政策要坚持以供给侧结构性改革为主线，努力实现两个目标的协调兼顾。

确保“六稳”政策落实到位

张春晓　中共中央党校（国家行政学院）研究员

张春晓，北京大学经济学博士、区域经济学博士后，北京大学经济与人类发展研究中心研究员，国务院国资委新闻中心特聘研究员、研究中心学术委员会委员。北京大学MBA、MPA、党政班、企业家班、职业经理人班次主讲教师，精品课老师。

主要研究方向：中国经济思想、区域经济、国有经济等。在《管理世界》《经济科学》《经济学动态》《经济管理》《经济学家》《企业管理》《国企》《国有资产管理》《产权导刊》《经济日报》《光明日报》《中国企业报》《中国经济时报》等报纸杂志发表论文百余篇。

2019年经济压力加大，风险增多，预计GDP增速6.3%左右，消费、私人投资、出口走弱，产业升级、技术创新空间加大，新兴产业、高新技术产业投资力度加大，实体经济艰难筑底前行，财政政策积极适度，货币政策稳健灵活，基础设施等领域补短板和投资加速，区域联动发展步伐加快，地方债务风险加大。

在“稳就业”方面，建议要加大对中小企业特别是小微企业的扶持力度，在“双创”上分区域、分行业提供有针对性的政策支持（明晰产业发展方面，提高创业担保贷款额度，做好高校毕业生、农民工、退役军人等重点群体就业创业工作，实施有针对性的项目和计划等），全面降低社会保险费率，加大失业保险费返还的力度和幅度，政府引导、社会主导开展大规模职业技能培训，对培训合格的失业人员给予职业培训补贴，放宽企业职工申领技能补贴的条件。

在“稳金融”方面，建议坚决防控系统性风险，着力引导资本市场服务实体经济，加快金融产品和服务方式创新，推动互联网金融创新，实施差别化的金融政策，充分发挥企业应急转贷平台作用及壮大政策性融资担保实力。支持商业银行特别是股份制银行设立专门服务于中小企业的特色支行、信贷专营机构、小微企业中心、社区银行、办贷大厅、网贷平台、产品创新中心等，通过大数据、云平台、移动、互联、智能等新技术实现科技与金融的深度融合。根据区域特点和企业实际，出台精准度高，因地、因企而异的信贷投放政策。

在“稳外贸”方面，建议全面提升中间产品的进口质量，加大进口高质量中间产品的力度，以扩大进口来促进出口，以此提升出口产品品质，进而提高出口产品的国际竞争力。鼓励中国企业“走出去”，将产能与东道国优势要素相结合，共同参与全球产品生产分工，以“整合者”身份主动融入全球价值链分工体系。加快外贸企业出口退税的周期，为企业提供更快捷、更低成本的融资保障，加大对外贸易信用担保的支持力度，进一步优化海关营商环境。拓展海外仓、市场采购等新的贸易业态，建立并完善海外仓数据化、可视化运营方式。

在“稳外资”方面，建议全面实施外资准入前国民待遇加负面清单管理，扩大电信、医疗、教育、养老、新能源汽车以及金融服务业等国家急需领域的开放，促进外资增长，提高利用外资的数量和质量。继续推进“放管服”改革，提升外资吸引力。充分发挥中介、行业招商的主体作用，借助国内外权威行业组织、会计师事务所、高端管理咨询机构等资源力量，进一步拓展项目来源渠道。根据“一带一路”国家的特点，有针对性地出台相应的资本引入政策。

在“稳投资”方面，建议在有效防范地方政府债务风险的前提下，加大基础设施等领域补短板力度，稳定有效投资，不断提高投资效益，把有限的资金投向那些能够增加有效供给、补齐发展短板的领域，推动实现高质量发展。全面落实、加快推进已经明确的投资项目的前期工作和开工建设。及时出台补短板协调机制，推动加大基础设施等领域补短板力度。在基础设施、农业、脱贫攻坚、生态环保等重点领域，加大补短板力度。根据经济运行和区域发展情况，有针对性地储备一批补短板重点领域项目。

在“稳预期”方面，建议对出台的政策必须保证针对性、时效性和可操作性，彻底摒弃政策的朝令夕改。专注于做好自己的事情，让老百姓切切实实感受到发展和发展带来的好处。着力改善营商环境，坚决做到凡是市场能自主调节的就让市场来调节，凡是企业能干的就让企业干。要毫不动摇地坚持两个毫不动摇，让国有经济做的放心，让非公经济充满信心。

“稳”出中国经济新境界

张建君　中共甘肃省委党校经济社会发展研究所所长、教授

张建君，中国人民大学经济学博士，中共中央党校理论经济学博士后。中共甘肃省委党校经济社会发展研究所所长、教授，“发展经济学”专业研究生导师组组长，兰州财经大学兴隆学者特聘教授。甘肃省“五一劳动奖章”获得者，甘肃省人大常委会计划预算审查咨询专家，甘肃省民营经济研究会专家委员会首席专家，中国人民大学求是思源优秀学生导师。出版《全球化视域下的中国发展道路研究》《关键一招：对话改革开放四十年》（合著）等作品。

2018年的中国经济，尽管增速创下了新低，但成绩可圈可点。一是经济总量突破90万亿元的规模，提前两年完成了2020年经济总量奋斗目标；二是货物贸易进出口总额达到4.62万亿美元的规模，保持了全球第一的位置；三是人均GDP接近1万美元的大关，呈现快速提升的态势；四是对世界经济增长的贡献率接近30%，仍是世界经济增长的最大贡献者。

因此，判断2019年的中国经济形势，要立足以上四大特点，并紧密结合发展中国家的经验教训。近年来，委内瑞拉、土耳其在人均GDP达到或接近1万美元时，所遭遇的挑战都是触目惊心的。20世纪80年代，日本在人均GDP跨越1万美元的阶段，经济总量已经接近美国的一半，但最终因为广场协议而陷入金融危机，引发了所谓的“失去的十年”。事实上，这些国家所遭遇的“中等收入陷阱”，绝不仅仅是经济金融的问题，而是伴生着严峻的政治挑战，特别是

以美国为首的西方集团利用金融优势与政治强权所造成的“陷阱”挑战，需要认真对待。从这个角度来看，中央经济工作会议用了“稳中有忧、忧中有变”的形势判断及“六稳”的工作要求，无疑是审慎恰当的。

现在，中国经济已经进入了“中等收入陷阱”的风险区间。中国经济的巨大体量主导着国内经济的基本面，显著提升了中国经济的抗风险能力，2019 年的中国经济既不会因为走势良好而减少风险，也不会因为走势不好而引发风险，这是中国经济的一个规模优势；但千万不能轻视中国经济正处于系统性的风险累积区间。要针对美国经济金融经贸等方方面面的要求，从长期风险掌控的角度做好系统扎实的研判和持续性研究，既不要低估了美国人的构陷能力，也不要高估了国民经济的承受力甚至国人的经济理解力，警惕“黑天鹅”、严防“灰犀牛”。为此，2019 年的中国经济结合“六稳”，要做好严管金融、推动创新、优化区域、提升质量等基础性工作，来化解发生系统性风险的基础性诱因。

一是要尽快建立房地产、资本市场和金融体系的有效联动监管和预警体系。在金融自由化的改革方面，要就相关举措严格进行金融业压力测试，加强与国际资本市场流动规模相匹配、与国内居民收入水平相适应的资产价格监管和预警工作，建立有效监管泡沫的“经济水文队”。

二是坚持中国经济的创新驱动与高质量发展，这是“六稳”的一个共同基础。2019 年美国对中国的经贸要挟只会强化而不会削弱，对外要仔细研究美国构陷中国经济金融的潜在逻辑，对内要坚定不移地走自主创新高质量发展之路，用自主创新赢得中国经济的自立基础，以高质量发展回应全球化挑战。

三是切实推动区域经济的均衡化发展。采取有效措施平衡东、中、西部发展所形成的区域性经济结构的矛盾，平衡城乡经济不协调发展的矛盾，协调社会群体不平衡发展的矛盾，使得区域结构的优化成为高质量发展的重要环境。

通过加大改革开放力度解决发展中的问题

张建平　商务部研究院学术委员会副主任、区域研究中心主任、研究员

张建平，商务部研究院学术委员会副主任、区域研究中心主任，研究员，博士生导师。中国社会经济系统分析研究会副理事长，PECC 中国委员，央视、凤凰卫视、CNR 和 CRI 评论员。主要研究国际经济、国际区域合作与中国对外投资。曾为俄罗斯副总理苏瓦洛夫提供咨询。发表论文百余篇，专著 4 部。所主持课题获国家发改委和商务部部级三等奖 5 次。

2019 年中国经济在稳定发展进程中机遇和挑战并存。机遇在于全球化发展的趋势不可阻挡，国际区域经济合作继续深化，全球产业链和价值链的衔接在继续，全球市场对中国产品和服务的需求依然在扩大。中国经济的新动能、新模式和新业态继续成长。消费市场规模有望超越美国，跃居世界第一。消费对经济增长的拉动作用继续增强。挑战在于中美经贸摩擦和英国脱欧对全球市场带来的不确定性，全球金融和资本市场波动可能加大，我国自身的新旧动能转换不够快，实体经济特别是民营经济和中小微企业的负担和压力大，金融高杠杆风险和地方债风险依然有待化解，供给侧结构性改革任务依然艰巨。

在此情况下，2019 年中国经济形势稳中依然面临下行压力，预计 GDP 增长在 6% ~6.5% 之间，但“十三五”规划预期目标应该能够完成。2019 年中国经济发展面临的最大外部风险是中美贸易摩擦加剧导致出口市场的不确定性和对中上游产业的传导效应，以及中国与其他国家在全球价值链上的商业伙伴关系

的维系。由于美国是中国最大的贸易伙伴和出口市场，中美贸易摩擦将对中国经济产生全面影响，其中，对外贸易的市场份额、就业和 GDP 增长是较为主要的影响方面。当然，双方的相互投资和国际区域分工关系也会受到影响。最大的内部风险在于较为沉重的税费负担、叠加较高的社保成本以及劳动力、土地、研发、物流和融资成本的逐级攀升，使得民营企业特别是中小微企业的生存面临较大的压力，这些企业的投资积极性进而受到抑制。与金融部门的高额利润相形见绌，实体经济的下滑压力较大。

因此，通过加大改革开放力度解决发展中的问题任务艰巨。必须深刻认识到，过去 40 年，中国经济取得成就依靠改革开放，今后中国要跨越“中等收入陷阱”、实现新旧动能转化，必须通过扩大开放、推动体制机制的深刻调整和变革，扩大开放、强化市场竞争，才能充分发挥市场对资源要素的优化配置作用，化解当前的矛盾和问题。因此，2019 年要进一步加快落实我国在金融、通信、汽车、医疗、教育、文化、旅游等产业扩大开放的一系列措施，加快推进自由贸易试验区建设，推动企业积极利用自由贸易协定，发挥市场规模吸引力，让国企、民企和外资在中国大市场上公平竞争，才能走上高质量增长道路。最值得期待的改革措施是进一步简政放权，重塑政企关系，确立政府服务企业的新型关系，加快推进实质性的大规模减税降费，减少中小微民营企业负担，让企业能够盈利，加快国资国企改革，提高资金运行效率。

因此，2019 年“稳就业”的关键举措是为企业减负，才能稳定企业发展，同时要通过普惠金融大力扶持中小微企业，优化对于企业的培训服务。“稳金融”的重点是深化金融体制改革、防范地方政府隐性债务风险和把好货币供给总闸门。“稳外贸”的关键点是推进中美经贸磋商取得积极进展，通过加快贸易便利化改革，进一步削减进口环节的制度性成本等。通过推动共建“一带一路”拓展新的外贸空间和市场份额。“稳外资”的着力点是全面实施准入前国民待遇加负面清单制度、持续优化营商环境和保护外商在华合法权益特别是知识产权。“稳投资”的着力点是补齐基础设施和公共服务设施建设的短板，优化营商环境，进一步调动民间投资的积极性，保障在建项目的后续融资。“稳预期”取得成效要靠实质性深化改革和扩大开放，对内落实好对民营经济的政策和资源支持，对外要妥善管控中美贸易摩擦，减少不确定性。

2019 年 GDP 实际增速将维持在 6% ~6.5%

张　军　复旦大学经济学院院长、中国经济研究中心主任

张军，复旦大学“长江学者”特聘教授并入选国家“万人计划”。现任复旦大学经济学院院长、中国经济研究中心主任。曾任上海市委决策咨询委员会委员、民进中央特邀咨询研究员等。2015 年荣获上海市先进作者称号。2015 年 7 月受邀出席李克强总理主持的经济形势座谈会。2015 年 10 月与林毅夫、樊纲一起荣获第七届中国经济理论创新奖。2018 年获美国比较经济学会的最佳论文奖 Bergson Prize。

这些年出现了一个新情况，这在我们判断宏观经济中必须注意到。这个新情况包括以下两个观察。

第一，我们的宏观经济基本上取决于年初中央政府设定的目标值。尽管地方政府的“两会”早于全国“两会”而召开，但地方政府制定的经济增长和宏观经济的目标很大程度上受上一年宏观经济的指标和中央政治局会议及经济工作会议对宏观经济形势的基本判断的影响。最重要的是讨论总需求会发生什么变化以及我们的政策如何操作。

第二，地方政府的宏观经济指标，包括 GDP 增长和固定资产投资、CPI、财政税收等指标，一旦确定，基本上能勉强完成，而不再可能超额完成。从全国来看，这些年，我们实际完成的经济增长等指标也无限趋近于中央政府“两会”时制定的目标值，而不是远远高于目标值。这与 2014 年之前的情况完全不同。

如果这些观察是稳健的，那么2019年我们的宏观经济会有什么变化很大程度上便取决于中央政府会对2019年制定什么样的宏观经济的目标值。根据过去半年的讨论和在中央政府层面上形成的基本看法，应该可以得出以下几个基本判断。一是2019年GDP的实际增速应该会维持在6%～6.5%的范围，这是考虑到了2018年GDP增长下行压力的惯性和依然存在的外部不确定性对国内总需求的影响。二是货币政策已经基本明确，维持相对于2018年略宽松的基调，同时保持灵活性和操作上的创新性。三是财政政策依然坚持减税降费的供给经济学的基本思路，维持有效供给。

除了基本的宏观政策之外，2019年也应该在以下几个方面有实际的推动，不仅为了应对中美贸易摩擦美国方面的诉求，也是为了中国长远的经济发展的需要。

在服务业和非贸易部门领域，包括医疗、教育、出版以及金融和通信领域不涉及国家安全的部门加快启动市场准入的改革清单。

在“放管服”改革的基础上，要加快推动政府治理领域的改革。

一定要提升资本市场的改革和支持力度，保持股债市场融资功能的恢复和投资价值，提升市场信心。

尽快形成出台关于分类国有企业和国有资本改革的行动计划和时间表。

最重要的是，改革不要停留在口号和会议上，要形成可以看得见的改革案例。

研判经济形势要把握好四点基本认识

张军扩　国务院发展研究中心副主任、研究员

张军扩，研究员。陕西临潼人。1982 年 7 月毕业于西北大学经济系，获经济学学士学位。1985 年毕业于华中科技大学，获经济学硕士学位。2004 年 9 月任国务院发展研究中心发展战略与区域经济研究部部长；1996 年 12 月任国务院发展研究中心学术委员会副秘书长。2010 年 11 月任国务院发展中心党组成员、办公厅（人事局）主任。2013 年 3 月任国务院发展研究中心副主任。

正确分析和判断当前经济形势，我认为要把握好以下四点基本认识。

首先，当前形势在很大程度上是我国经济中长期阶段性变化的反映，是我们主动调控和主动作为的结果。

从客观方面讲，我国经济已经从高速增长阶段转向高质量发展阶段，潜在增长率有所下降，这是经济增长速度回落的主因。从主观方面讲，为了推进高质量发展，中央实施供给侧结构性改革，推进“三去一降一补”，推进三大攻坚战，尤其是其中的去产能、去库存、去杠杆、控风险和治理环境污染等，都难免会在短期内导致生产的下降。因此，从一定意义上说，当前速度的回落，既是客观规律使然，也是我们各项政策作用的结果，是符合预期的。

其次，我国经济增长依然潜力巨大。尽管由于发展阶段变化，潜在增速下降，但我国仍然具有实现中高速增长的潜力。近年来大量的研究都说明，与世

界上其他国家相比，我国的发展，无论从发展的供给条件还是需求条件看，都具有诸多独特的优势条件和有利因素。经济韧性强、回旋余地大的特征没有变。只要我们能够根据环境变化和发展实际，及时调整不适宜的政策，及时深化重点领域和关键环节的改革，着力构建能够支撑经济高质量发展的体制机制，就一定能够促进增长潜力的充分释放，就能够为较长时期的稳定增长奠定基础。

再次，当前我国经济增长的潜力尚没有充分释放。这主要是由于一些重大的改革还没有完全落地见效，宏观调控政策还有不少需要改进的地方，一些改善营商环境和支持企业发展的努力还需要更具针对性，在去产能、去杠杆、治污染等方面，一些政策举措需要更加透明和可预期，等等。这是需要下一步着力加以改进、努力做好的地方。

最后，应对外部挑战，最好的办法就是保持定力，做好自己的事情。一是要避免那种试图通过大规模需求刺激促进增速回升的老路。当前，面对经济下行压力增大的形势，社会上不断出现通过大规模需求刺激促进增速回升的声音。实践一再证明，大规模需求刺激无异于饮鸩止渴，最终会付出沉重的代价。正确的选择，只能是走转型发展、优化发展、高质量发展之路。二是要进一步解放思想，切实加快推进改革，扩大开放。高质量发展根本上要靠深化改革，形势越是困难、挑战越是巨大，越能够使我们头脑清醒，增强危机意识，越能倒逼改革。我们有条件有优势，面对外部挑战增多，只要我们保持定力，进一步解放思想、实事求是，进一步优化改革推进的方式方法，切实加快推进重要领域和关键环节改革，就一定能够更加充分地发挥我们自身所具有的有利条件和有利因素，就能够在转型发展、高质量发展方面取得更大的成就，也就能在国际竞争中立于不败之地，从而把压力转化成动力，把坏事转变为好事。

把问题和困难看得严重一些

张俊伟　国务院发展研究中心宏观经济研究部研究室主任、研究员

张俊伟，国务院发展研究中心宏观经济研究部研究室主任、研究员。1996～2002年在中国社会科学院研究生院经济系学习，获经济学硕士、博士学位，2002年进入国务院发展研究中心工作至今。

主要研究领域为：宏观经济、财政、金融、产业经济等。曾参与多项发展研究中心课题研究，公开发表文章多篇，合著出版著作多部。参与课题曾荣获“孙冶方经济学著作奖”，多次获得发展研究奖一等奖。

代表作品有：《经济体制改革30年：回顾与展望》《我国产业结构变动的趋势、风险和对策》《在放权和约束间建立新平衡——完善政府间转移支付的思路与行动框架》等。

各种迹象已经充分表明，当前我国经济已处于下行阶段，再加上经济风险释放制约了财政、货币政策扩张的空间，经济增速下调难以避免。

我们需要承认并顺应经济发展的上述趋势，以赢得工作主动。2018年底召开的中央经济工作会议，承认了经济下行压力加大的客观事实，但又强调结构性矛盾仍然是经济运行的主要矛盾。对经济运行主要矛盾的认识偏差蕴藏着一定的危险。具体如：脱离实际追求经济增长速度，会显著加大地方政府“稳增长”的压力，推动地方政府去干预地方性国企、地方性银行、地方融资平台的经营业务，使市场化改革面临阻力；政府加强微观干预的做法以及市场化改革

步伐放缓的事实，反过来又会使融资平台、地方银行、地方国企乃至部分民营企业心存侥幸，认为政府不会对其经营风险放手不管，从而放慢财政、金融风险的处置、化解步伐，甚至导致问题“越拖越大”。这样，虽然短期内增长势头得以维持，但改革、稳定（处置风险）的步伐却明显放缓，从长期看也是有损经济增长潜力的。

对经济运行中的问题和困难看得重一些，对经济增速目标定得低一些，相应的政策工具准备得更充分一些（具体如：中央财政承担更多的减税降费和增加支出的责任，中国人民银行降息降准力度大一点，汇率政策更加灵活一些），对于做好 2019 年的经济工作具有重要意义。也只有这样安排，操作起来才会留有余地，才能为推进改革、化解财政金融风险创造更好的外部环境。反过来，不顾现实条件的制约，人为追求高增长速度，很容易导致社会关系紧张，使政府工作陷入被动、政府工作人员疲于应付。

积极扩大内需　尽快化解经济下行压力

张立群　国务院发展研究中心宏观经济研究部研究员

张立群，国务院发展研究中心宏观经济研究部研究员。长期从事宏观经济形势和经济发展战略、规划的研究工作。1984～1999年3月在国家发改委从事研究工作，1999年3月调入国务院发展研究中心。参加了“八五”计划、“九五”计划、“十五”计划、“十一五”规划、“十二五”规划的有关研究或文件起草工作。多次参加中央经济工作会议有关文件和政府工作报告起草工作。

2019年我国经济发展面临的突出困难，是长期存在的需求下行压力，既包括错综复杂的外部环境所带来的出口下行压力，也包括国内消费能力不足带来的消费增长下行压力以及房地产市场形势可能导致的房地产投资和制造业投资下行压力。应对这一严峻的挑战，要正确分析有利条件的不断成长，因势利导、把握时机。

要多措并举扩大内需，适度提高总需求增长速度，尽快化解经济下行压力。

应该看到，出口增速大幅下降的原因主要是影响长达10年左右的国际金融危机；投资增速下降的原因主要是我国城镇化推进不平衡和一度发生的造城运动。近年来，国际金融危机影响淡出，世界经济复苏态势明朗；我国城镇化正在克服困难，出现一系列积极变化。在此背景下，出口增速自2017年开始明显提高；房地产、制造业投资等市场主导的投资增速2016年以来显著回升；支持总需求，增速提高的有利因素明显增加。我们必须及时把握这些积极变化，与扩大对外开放和推进新型城镇化紧密结合，努力稳定出口，增加有效投资，适度提高总需求增速。

从逻辑上看，扩大需求的核心是扩大消费需求。为此，必须增加居民收入，提高消费能力；必须增加就业，提高中低收入群体收入。增加就业，重点要搞好中小企业，搞好制造业等实体经济（当前互联网相关行业已趋近市场饱和点）。为此，增加有效需求，增加中小企业、制造业企业订单最为重要。在居民因收入约束而消费能力不足时，积极增加有效投资，提高投资增速，是增加中小企业、制造业企业订单最有效的措施。提高投资增速，最重要的是稳定房地产投资，加强基础设施投资（分析表明，制造业投资与房地产、基础设施投资高度正相关；房地产和基础设施投资的活跃程度，决定着投资的增长水平）。

稳定房地产投资，当前最重要的是理顺政府与市场的关系，积极增加城市住房供给。要强化城市政府的主体责任，尽快取消限价、限售等直接干预市场主体行为的调控措施，积极发挥市场价格调节供求的作用。政府要在维护房地产市场秩序、控制炒房需求、增加土地供给、稳定相关金融环境方面着力，在合理增加保障性住房方面着力。通过市场与政府合理发挥作用，推动房地产投资平稳增长。

增加基础设施投资，必须紧密结合新型城镇化和城乡一体化建设。当前面向现代化远期目标的基础设施体系奠基活动进入关键时期。要抓好长远综合规划制定工作，在国务院已经批准的 19 个城市群规划基础上，根据各城市群一体化发展的远景目标，提出分阶段的建设任务，增加高水平项目储备。要加快完善地方政府长期建设债发行工作，发展好资本市场寿险、社保等长期金融产品，支持长期建设债的发行工作，用好、用足中国经济长期高成长红利。在这些工作基础上，促进基础设施投资增速显著提高。

大力发展跨境电商　有利于稳就业稳外贸

张　莉　商务部研究院电子商务研究所所长、研究员

张莉，商务部研究院电子商务研究所所长，研究员，研究生导师，国家信息中心特聘教授，经济学博士后，部分地方政府决策咨询顾问。主持及参与省部级课题包括《培育中国对外贸易竞争新优势研究》《我国跨境电子商务发展战略研究》，《电子商务十三五规划》等。已出版《入世十年中国对外贸易监测报告》《新世纪以来的中国对外开放》《穿迷彩服的世界经济》《中国企业跨境电商出口指南》等著作。

2019 年，中国经济将是“稳字当头”，中央提出的“稳就业、稳金融、稳外贸、稳外资、稳投资、稳预期”会成为主基调，从而推动总体经济稳定、健康、持续发展。稳，就是不急不躁，不过度追求数量型发展和跨越式发展，稳步发展、适度发展、优质发展。改革开放 40 年来，中国经济出现了持续的高速发展，有些时间段甚至出现了“过热发展”。过度追求高速发展，必然会衍生出五大问题，即基础不稳固问题、信用问题、平衡发展问题、效益问题及对外贸易摩擦问题，这些问题长期累积，就会使经济发展受到严重损害，形成经济社会发展中的新矛盾，即十九大报告中提出的“人民日益增长的美好生活需要和不平衡不充分的发展之间的矛盾”。因此，2019 年，中国经济的首要任务就是要解决上述问题，化解经济社会的主要矛盾，在平稳发展中，实现平衡，提升人民的获得感和幸福感。

稳定发展，并非是稳定传统发展模式，而是要以创新驱动发展，要以增量带存量，在稳定发展中实现高质量发展。因此，对于新的商业模式仍需要积极鼓励，尤其是新技术、新业态、新模式的产业，这是未来经济发展的大趋势，也是未来国际竞争的制高点。中美贸易摩擦警示我们，要在稳定发展的同时，加快培育国际竞争新优势。其中，大力发展跨境电子商务，就是稳外贸稳就业的最佳方式之一。

近年来，我国跨境电商呈现蓬勃发展的态势，近三年中国海关跨境电商进出口额年均增长率在 50% 以上。一方面，跨境电商进口的品质化，满足了国内需求多元化，推动了国内消费需求结构的升级；另一方面，跨境电商出口助推中国品牌“扬帆出海”。随着全球跨境电商市场的发展，我国平台型企业已经开始了全球布局。同时，本土服务商（如物流企业、金融服务企业）也开始跟随平台型企业的脚步入驻国际市场。但我国跨境电子商务也面临人民币汇率波动大、基础设施建设不完善、品牌培育保护困难、售后维权成本高、税收制度变革快等方面的挑战。

因此，2019 年，仍需要大力促进跨境电商发展，解决影响跨境电商发展的深层次问题，以跨境电商发展稳外贸稳就业，培育形成国际竞争新优势。我国跨境电商的高速发展促使行业更加深入的分工，支撑服务将逐步专业化。如产生一批跨境电商服务商，为中小微企业提供包括网站运营、金融支付、报关通关、贸易融资、信用担保、物流仓储、数字营销、换汇退税、电商人才培养等服务。我国跨境电商发展已经奠定了扎实的基础，随着我国全面开放新格局的确立，跨境电商的发展空间将进一步拓展。

2019年：以“稳就业”统领“稳中求进”

张 青 中共中央党校（国家行政学院）经济学教研部副主任、教授

张青，经济学博士，教授，悉尼大学访问学者。现任中共中央党校（国家行政学院）经济学教研部副主任。曾任职于中国人民大学、中国国际贸易促进委员会。

主要研究领域：宏观经济、政府经济管理、“三农”问题。

曾主持参与了多项国家级、省部级重要研究课题，出版《国家商品储备：安全与稳定》《中国政府经济管理报告》《城镇化发展的产业支撑研究》《完善我国分配制度研究》和《新时代怎样做到精准脱贫》等多部著作。

2019年我国经济工作主要方向仍是稳就业、稳金融、稳外贸、稳外资、稳投资、稳预期。“稳中求进”是当前经济政策的总基调，就业稳定是最核心的稳定，居“六稳”之首。在当前稳中有变的经济形势下，稳就业对保障和改善民生、实现国家发展战略具有重要意义。

一、对当前就业形势的基本判断：趋势向好但压力在加大

一方面，我国总体就业形势稳中向好。统计数据表明，2018年全年城镇新增就业达到1361万人，连续6年超过1300万人，并创历史新高；下岗失业再就业551万人；年度城镇登记失业率为3.8%，为2002年以来最低值，季度城镇登记失业率从2016年第二季度的4.05%持续下降到2018年第四季度的3.80%，

为2002年第三季度以来的最低水平；2018年12月全国城镇调查失业率为4.9%，连续4个月低于5.0%；31个大城市城镇调查失业率为4.7%，连续5个月低于5.0%。

从劳动力市场供求状况来看，2018年底的全国城市劳动力市场供求比例达到1.27，同比上升了4.1%。该指标又称“求人倍率”，为岗位空缺与求职人数的比率，自2010年大于1.0以来不断上升，说明我国已经步入劳动力需求大于供给的阶段，客观上有利于解决就业问题。

另一方面，就业压力不断加大，结构性矛盾突出。从全国就业状况来看，2018年底我国总就业人数为77586万人，比2017年减少54万人，是40年来就业人数首次下降。其中，2018年城镇就业总人数为43419万人，同比增加2.25%；农村为34167万人，同比下降2.87%。2018年底全国城镇登记失业人数达974万人，同比增长0.21%。2019年全国普通高校毕业生人数将达到834万人，比2018年增加了近14万人。从采购经理人指数（PMI）来看，2019年1月制造业PMI“从业人员”指数为47.8%，是2016年5月以来的最低值；1月非制造业PMI“从业人员”指数为48.6%，比2018年1月的49.4%下降0.8个百分点。

同时，就业结构性矛盾日益突出。劳动力供求的区域差距在加大，2018年底，我国东、中、西部地区城市劳动力市场供求比例分别为1.27、1.22和1.39；新兴行业与传统行业就业形势差距明显；重点人群的就业问题突出，尤其在资源型城市转型中的“4050”困难群体就业问题和产业结构调整中去产能企业的冗员安置问题等。

二、现阶段稳就业的政策建议

一是深入实施就业优先战略，不断完善宏观调控，稳定市场预期。稳就业的根本是稳增长，要使经济增速保持在合理区间、平稳健康发展。要将“较充分的就业”作为宏观调控的底线目标，稳住总体就业形势，实现宏观经济稳中有进、稳中向好。

二是以创业促就业，保持经济活力。根据国家市场监督管理总局2018年前三个季度的统计数据，初步推测2018年我国新登记市场主体数超过2000万户。2019年要进一步落实创新创业扶持政策，降低市场准入门槛和制度性交易成本，支持各类企业创新发展，培育更多中小微企业，增强就业带动能力。同时，加快产业结构调整，充分发挥服务业“就业吸纳器”作用，多管齐下增强经济的创新活力。

三是针对劳动力市场的需求开展技能培训，提升就业质量。在劳动力市场总体供不应求的大背景下，化解劳动力供给的结构性矛盾是“稳就业”面临的当务之急。通过开展大规模的职业技能培训，调整优化教育培训内容、模式，同步推进传统产业升级和职工技能提升、岗位转换，强化订单培训、定向培训、定岗培训，不断提高劳动者就业创业能力。

四是大力开发农村就业市场。打赢脱贫攻坚战和实施乡村振兴战略，人是关键因素。通过土地制度、产权制度和社会保障制度等深化改革的制度安排和政策设计，鼓励和支持市民下乡和农民工返乡创业就业，带动农业现代化发展，促进农村就业。

五是防范化解失业风险，维护就业局势稳定。完善就业失业形势监测体系，及时掌握就业失业的动态变化情况；制定就业失业风险应对预案，分类实施应对措施。

注重防范重大经济风险

张占斌　中共中央党校（国家行政学院）马克思主义学院院长、教授

张占斌，第十三届全国政协委员。中共中央党校（国家行政学院）马克思主义学院院长。一级教授，博士生导师。中共中央党校经济学博士、北京大学中国经济研究中心经济学博士后。曾任国家行政学院经济学部主任、新型城镇化研究中心主任。现任中国公共经济研究会常务副会长，国家社会科学基金经济学评审组专家。中国国际经济交流中心、中国（海南）改革发展研究院学术委员。入选国家“四个一批”社科理论人才和国家“万人计划”领军人才。

长期承担省部级领导干部、厅局级公务员和港澳公务员等班次教学任务，入选中央组织部评选的全国干部教育优秀课程，获国家行政学院首届、二届精品课奖和教学一等奖。担任国家社科基金重大项目首席专家、马克思主义理论工程项目首席专家，主持中央财经领导小组办公室、中央办公厅等委托课题30余项。参与国务院经济大督查和“放管服”第三方评估等工作。

中央经济工作会议指出，我国经济运行稳中有变，变中有忧。“忧”即外部环境发生复杂严峻的变化，经济下行压力加大，且这个“加大”可能还不是一般的大，是比较大。正因为是比较大，就可能会带来方方面面的问题，有些指标走弱或者走差，并引发其他方面的问题。所以，防范重大经济风险应该被放在非常重要的位置，各级干部也要特别强化防范重大经济风险的意识，要经受住重大经济风险的考验，要防得住、兜得住、扛得住。为此，我有四点建议和

思考。

第一，加大稳增长的力度，把经济运行稳定在合理区间。经济如果出现断崖式下滑，就可能出现方方面面的紧张关系。强调稳增长，不是要搞“大水漫灌”，仍然是要不断深化供给侧结构性改革，推动保持经济高质量发展，靠高质量发展把经济运行稳定在合理区间。经济稳定在一个合理区间以后，各种指标就能大体正常，这就便于我们从容地进行其他工作。所以宏观调控也要紧紧盯着经济运行的基本情况，在“六个稳”上多作功课。

第二，还是要靠深化改革来解放市场、发展生产力。习近平总书记在改革开放 40 周年纪念大会上提到了伟大的改革开放精神，我理解这就是解放思想、实事求是、与时俱进、创新担当，我想也要用这种精神来进一步地推动市场化的改革。比如，要更大程度地建立一些正向的激励制度，调动地方、企业、科技人员等方方面面的积极性。同时，也要给地方减负、给地方更大的探索留出空间，减少一些不必要的检查、评比、督查等等。

第三，围绕不断释放消费潜力和扩大消费精准施策，增强经济韧性。扩大消费既需要增加民生产品和服务的有效供给，满足居民潜在的高品质消费需求；又需要稳步提升居民收入水平，促进中低收入群体增收，补齐民生短板，进而增强居民的消费意愿。要优化刺激消费的公共经济政策，围绕教育、健康、养老、文旅等消费热点和民生“痛点”，以供给侧结构性改革提升服务消费能力，培育消费新模式、新业态、新理念，营造良好的消费环境。

第四，围绕着中国经济当下的形势审慎研判，对未来进行长远的谋划。面对外部环境变化以及中美贸易摩擦带来的不确定性，要对可能出现的各种经济风险进行战略性研判，要做各种预案，甚至要做应急管理的预案，以保持我们的战略定力。从长期看，中国经济一直向好没有问题，但短期看压力还是不小的，要给予高度重视。

中国经济将在克服困难中稳定前行

张占仓　河南省社会科学院原院长、河南省人民政府参事

张占仓，博士，研究员，博士生导师，河南省社会科学院原院长，现任河南省人民政府参事。主要从事区域经济研究，任中国区域经济学会副会长，是中国区域经济 50 人论坛专家。先后完成国家级和省部级重大重点研究项目 30 多项，发表学术论文 150 多篇，主编、副主编学术专著 30 多部。国家有突出贡献中青年专家，享受国务院特殊津贴专家。

新年伊始，春潮涌动。对 2019 年中国经济发展形势预判有多种说法。我们研究认为，中国经济发展确实面临一系列困难，特别是从高速增长转向高质量发展需要一个过程。但是，中国经济继续稳定前行的动力比较充足，产业结构调整成效日益显现，部分领域科技创新的突破效应正在形成，各方面对主要矛盾的认识基本一致，发展大局稳定，在克服困难中稳定前行是主旋律。

第一，2019 年中国 GDP 有望达到 6.3%。按照 2018 年 12 月 24 日中国社科院发布的《2019 年中国经济形势分析与预测》，2019 年中国 GDP 增长 6.3%，增速比 2018 年降低 0.3 个百分点。这个预测结果综合考虑了影响经济发展的多方面因素，特别是中美贸易摩擦、产业结构调整、三大攻坚战等的影响，比较系统、客观。如果中美双方谈判进展顺利，GDP 增长的预期还有可能适当提高。即使中美关系再遇到一些新问题，也要相信中国经济发展的韧性，对 GDP 增长

速度的实际影响有限。

第二，在“六稳”中“稳预期”最为重要。因为中美贸易摩擦对老百姓内心深处对发展预期的影响比较大，特别是对企业界投资预期影响比较突出，直接影响了很多企业家对未来发展投资的信心，进而影响经济进一步发展的活力。尤其是对民营经济来说，在宏观环境不确定性因素较多的情况下，握住手中的钱不敢投资是2018年下半年比较明显的一种现象。其实，从春节前后国内消费品和旅游市场运行的实际情况分析，国内巨大的居民消费市场持续稳定增长趋势非常明确，老百姓向往过上更加美好生活的愿望也非常清楚，加上国家促进形成强大国内市场的政策激励，未来国内消费市场有望继续保持较快增长速度，而这种力量在拉动GDP增长方面的主要贡献是肯定的。企业界如果系统分析了这种发展预期的话，对下一步期望关注的重大项目与重点领域还是应该充满信心的。否则，机不可失，失不再来，市场竞争中历来都是勇者胜。

第三，对中国进一步开放发展的动力要高度重视。面对世界格局百年不遇的重大变化，2018年4月亚洲博鳌论坛和11月首届中国国际进口博览会上，习近平总书记对中国主动扩大开放提出新的重大战略举措，这是中国开放发展进入新时代的重要标志。如果说1978~2001年中国的开放发展主要是“摸着石头过河”，属于开放发展1.0版本的话，那么从2001年中国加入WTO开始在WTO框架内开放发展，属于开放发展的2.0版本。从2018年习近平总书记提出一系列主动开放发展的重大举措开始，中国开放发展进入3.0时代。我们只要把开放的大门越开越大，通过扩大开放对中国经济发展将形成新的更大动力。

经济探底压力犹在　政策积极力促回稳

赵福昌　中国财政科学研究院财政与国家治理研究中心主任、研究员

赵福昌，经济学博士，中国财政科学研究院财政与国家治理研究中心主任、研究员，中国财政学会理事、中国财政学会投融资专业委员会副秘书长，国家免疫规划专家咨询委员会成员。先后在社保、税务、财政部门工作，长期围绕财政政策、预算、体制管理、社会保障实践展开研究。先后参与或主持包括世界银行、亚洲开发银行、UNDP、国家社科基金、国家软科学基金等课题80多项，发表论文及研究报告近100篇。

2019年中国经济形势稳中有变、稳中有忧，“稳”是主基调，“忧”将在高质量发展转型和逆周期宏观调控中不断向好的方面“变”。中国经济因发展方式转变、劳动人口拐点和经济体量大等因素，自身有客观减速的要求，并且贸易摩擦以及长期积累的矛盾在经济困难背景下进一步显化，诸多因素叠加导致2019年经济面临下行压力。

从数据看，2018年消费和投资增速都有所放缓，贸易摩擦因谈判结果未定而存在较大的不确定性，故2019年经济仍将有探底要求。但是考虑到供给侧结构性改革以来经济结构优化调整和新经济比重的不断提高，经济发展的韧性不断增强，加上宏观调控的积极作用，稳健货币政策和积极财政政策逆周期调节的效果将不断显现，对消费和投资数据都会有积极的改善和提升。

就固定资产投资而言，2018年民间投资、制造业投资和房地产投资数据都

在8%以上，弱项主要是受防风险、去杠杆影响的基建投资放缓幅度较大，而积极财政政策通过加大支出力度，特别是2018年下半年专项债加速发行和2019年专项债的提前下达，对基建投资将会有较大提振，预期投资数据将会企稳回升；消费在减税降费和鼓励消费等政策促进下也会趋向回稳（但是消费要回归自我良性稳定增长可能还需要一个过程）。此外，在财政政策减税降费力度加大和货币政策传导机制更加通畅、调控更加精准的情况下，对企业经营的改善也会产生积极效果。总体判断，2019年经济虽然仍有下行探底要求，但是积极因素的作用也在不断显现，经济探底企稳将会是一个大概率事件。

面对这样的经济形势，我们应该积极做好“六稳”，要增强宏观经济管理的定力，既要充分重视当前经济问题的影响，又不能被短期经济问题牵着鼻子走，更不能病急乱投医偏依“寅吃卯粮”甚至是“饮鸩止渴”的措施大力刺激经济。要看到中国经济中长期向好的积极因素，继续推进供给侧结构改革，推进产业结构升级和发展动能转换，提升经济高质量发展水平。同时，也要积极应对短期的经济波动或风险影响，适度加大逆周期调节的投资支出和消费支持力度，做好重点群体就业的政策支持和保障，确保经济平稳运行不发生重大风险。

其中，稳投资要根据2018年分项数据补投资短板，着力促进基建投资增长，但要注意基建投资不能过度偏倚“铁公机”，要注重经济投资效率和效益，强化新基建如5G、工业互联网、物联网等新基建以及乡村振兴中的公共服务短板的投资。稳消费要针对不同群体分别施策，对中低收入群体，要加强收入分配调节，提升该群体的消费能力；对于高收入群体，要着力推进供给侧结构改革，满足此群体的消费需求。短期内增长稳定了，稳就业等也就有了基础，最后预期也就容易稳了。

实现“双稳”目标关键在内功

赵晋平　国务院发展研究中心对外经济研究部研究员

赵晋平，经济学博士，国务院发展研究中心对外经济研究部研究员。2009 年 2 月 23 日担任第十七届中央政治局第十二次集体学习“世界经济形势与推动我国经济又好又快发展”专题讲解任务。获国务院特殊津贴，一次获中国发展研究奖一等奖，两次获中国发展研究奖三等奖，两次获安子介国际贸易研究奖著作二等奖。

研究领域：宏观经济、国际经济、对外经济政策和跨境投资。

著作文献：《利用外资与中国经济增长》《欧盟企业对华投资发展报告》《宏观经济大思路》《走向新起点——日本经济复苏之路与中日经济关系》《迎接后危机时代——国际金融危机背景下的中国经济形势分析与展望》《低碳贸易：节能目标约束下的贸易结构调整》《后危机时代的中韩经济关系》《跨太平洋经济伙伴关系协定：经济影响与对策》《中国发展对世界经济的影响》《中国经济增长前景与人口老龄化问题研究》等。

从 2018 年以来国际国内形势变化的趋势看，冲击“双稳”的主要风险来自外部环境的不确定性，实现“双稳”目标的关键在于着力推进结构性改革和开放，练好内功。

近期，世界银行、国际货币基金组织、经济发展与合作组织等权威机构纷纷发表了世界经济展望报告，几乎无一例外地下调了对全球经济、跨境贸易投资今后几年的增长预测。基于对美国贸易保护主义和世界经济中的许多结构性问题仍将延续并加剧的担忧，市场预期普遍偏于悲观。

从 IMF 的预测来看，2019 年、2020 年世界经济增长可能达到 3.5%、3.6%，和之前的预测相比分别下调了 0.2 和 0.1 个百分点，比 2017 年实际增长水平回落 0.3 和 0.2 个百分点。由此来看，在经历了 2017 年短暂回升之后，全球经济可能会再次进入持续下滑趋势。

即便是目前的预期，仍有很大的不确定性。风险主要来自美国贸易保护主义行为带来的不确定性。IMF 在 2018 年 10 月对四种情景下全球经济受到的冲击进行了模拟分析，全球经济的实际走向很大程度上取决于美国加征关税措施是否会继续扩大，并对全球金融市场和投资者信心造成严重打击。根据这一研究，截至 9 月已经实施的加征关税措施继续有效的情景下，将可能导致 2019～2023 年全球经济增速每年都出现 0.08～0.12 个百分点的回落；如果继续增加加征关税措施（如对中国 2670 亿美元输美商品、对进口汽车及其零部件加征关税），这一影响会成倍扩大，在对金融市场和投资者信心造成冲击的最坏情景下，同期全球经济增速每年的回落幅度可能达到 0.32～0.82 个百分点。

全球经济大变局对主要经济体的影响各有不同，但中国已成为美国贸易和投资保护主义打压的主要对象，外部环境面临的挑战多于其他国家。这一因素和国内传统产业竞争优势逐步减弱、民营企业困难增加等因素交织在一起，明显加大了今后几年我国跨境贸易和投资持续增长的难度。

预计 2019 年出口增速进一步回落，进口增速仍然高于出口，对外贸易总额增长 5%，贸易顺差缩小 10% 左右；利用外资基本持平，对外投资增长会有所上升。从中长期来看，未来双向跨境投资、进口贸易增长仍然存在较大上升空间；出口将可以从市场多元化、公司内贸易、服务贸易、数字贸易中寻找继续增长的机遇。

面对严峻形势，政策重点要放在供给侧方面，需求侧政策也需要做好积极配合。供给侧政策的着力点是通过减税降负，改善企业融资环境和条件，提高贸易投资便利化程度，培育更多新业态、新模式、新平台，以完善市场环境、激发微观主体活力、增强企业创新和市场环境适应能力。需求侧政策的重点是要在中美经贸磋商营造互利共赢合作关系、改善外部环境和稳定人民币汇率、稳定市场预期等方面取得积极成果。

宏观经济面临一定压力
推进“六稳”可遵循三大原则

郑后成　中资国信资产管理有限公司首席经济学家

郑后成，中资国信资产管理有限公司首席经济学家，北京大学金融学博士。曾就职于国家电网公司、中国民生银行总行。主要研究领域为宏观经济、大类资产配置以及A股市场策略，擅长自上而下的研究方法，以及美元指数、原油与黄金的研究与交易。2015年起担任北京工商大学经济学院研究生导师（金融学专业），2018年加入北京外国经济学说研究会。

一、2019年宏观经济面临一定压力

2018年我国GDP增速为6.6%，顺利实现预定增速目标。房地产投资彰显韧性以及制造业投资企稳回升，是2018年宏观经济的主要支撑力。展望2019年，GDP增速大概率下行至6.0%～6.5%区间，研判依据有以下五点。

一是出口增速大概率下行。全球宏观经济增速见顶，外需增长的推动力减弱；中美贸易摩擦压力犹存，全球贸易环境尚需修复；受美国经济增速放缓以及加息缩表影响，美股下跌风险加大。

二是房地产投资面临一定压力，但下行空间或有限。2018年商品房销售面积同比为1.3%，较前值回落6.4个百分点。但考虑到房地产投资在宏观经济周

期中的重要地位以及可能的政策应对以维护“房地产市场平稳健康发展”，预计房地产投资下行压力有限。

三是基建投资增速有望上行较大幅度。预计 2019 年基建投资将挑起“逆周期调节”的大梁，在政策支持以及资金来源方面迎来利好消息。叠加低基数效应，2019 年基建投资增速有望在 2018 年的基础上上行较大幅度。

四是制造业投资增速上行乏力。工业增加值增速承压，且 PPI 同比大概率下行，2019 年工业企业利润总额累计同比大概率在 2018 年的基础上下一个台阶，叠加出口增速下行，预计制造业投资增速上行乏力。

五是消费增速下行空间有限。工业企业利润增速下行，居民收入增速放缓，且居民债务率居于高位。此外，汽车类消费增速大幅上行可能性较小，国际油价中枢下移使得石油及制品类消费高增速难以维持。预计 2019 年消费增速面临一定压力。但是考虑到“扩消费”等逆周期调节力度加大，预计消费下行空间不会太大。

二、推进“六稳”可遵循三大原则

在宏观经济面临下行压力的背景下，多措并举推进“六稳”可遵循以下三大原则。

一是“抓核心”原则，找出多个问题的焦点所在，力求事半功倍。“稳增长”是“六稳”的应有之义与必然归宿。宏观政策要强化逆周期调节，以稳定总需求：积极的财政政策要加力提效，实施更大规模的减税降费；稳健的货币政策要松紧适度，保持流动性合理充裕。此外，鉴于民营小微企业是宏观经济的活力所在，应通过减税降费、定向降准等方式降低民营企业成本与负担；进一步改善营商环境，依法保护企业家财产权和创新收益，稳定企业家预期。

二是“补短板”原则，解决制约经济增长的关键问题，力争边际收益最大化。短板之一是出口增速承压。应妥善处理中美贸易摩擦，将摩擦的范围与强度控制在一定范围之内；遵循国际经贸规则和标准，加大知识产权保护力度；推动贸易多元化，降低对美国市场的过度依赖。短板之二是宽货币向宽信用传导不畅。通过“稳增长”实质性提升实体经济融资需求；制定完善的激励机制以及风险补偿机制，提升商业银行风险偏好；构建多层次信贷供给体系，“三箭齐发”，加快发展多层次资本市场。

三是“重长远”原则，布局长远，顺势推动产业升级与结构转型。首先，要深挖内需潜力，发挥消费“压舱石”作用。通过“稳就业”与减税降费提升居民收入水平，降低居民负债率；强化政策调控功能，保持消费刺激政策的持续性；健全社会保障体系，减轻消费后顾之忧。其次，要推进产业转型升级，发挥战略性新兴产业“加速器”作用。大力发展高科技产业，加强人工智能、工业互联网、物联网等新型基础设施建设；加快技术创新步伐，推动制造业从中低端向高端转型，跨越“中等收入陷阱”。

“稳预期”和“稳投资”对民企尤为重要

周德文　民进中央经济委员会副主任、中国产融经济研究院院长

周德文，民进中央经济委员会副主任、中国产融经济研究院院长、浙江民营投资企业联合会会长、温州市总商会副会长、上海中和正道集团董事局主席。曾在大学任教多年，长期从事中国民营经济和温州模式的研究以及企业管理实践，出版《中国样本》（上、下卷）、《解读温州商人》《疯狂人民币》《最牛投资客》《谁来救赎中国制造》《温州人想的与您不一样》《谁能给您一个亿》等20多部专著。

展望2019年，预计中国经济仍面临较大的下行压力，GDP增速将运行在6%左右，相较2018年会继续有所下降，将对宏观经济调控形成较大挑战。

中美贸易摩擦的负面影响将逐渐凸显。2019年上半年，对美出口贸易比重较大的企业将受到较大冲击，进而传导至其他关联行业，不排除中美贸易缓和之后再度出现冲突升级的可能，将对中国经济产生一定的负面影响。

国家将进一步加大力度支持中小民营企业直接融资，重点体现在IPO的常态化以及科创板的推出和注册制的试点，届时符合国家产业规划的高科技创新型企业将率先受益，为资本市场注入新的活力。但与此同时，由于IPO的常态化和注册制试点以及金融稳杠杆的持续，资本市场体量必将继续扩容，如果没有充足的增量资金入市，则资本市场低迷的现状难以得到改观，部分大企业、上市公司将进一步深陷经营困境，面临资金链断裂的风险。

针对中国经济存在的固有问题和新的变化，政府将继续出台积极财政政策，社会资金的流动性会逐步增强，助推部分企业逐步走出危机。而各级政府及职能部门预计将不断推出新的政策，为民营企业排忧解难，解决民营企业普遍面临的战略定位不清晰、债务重重、资金链紧绷、企业经营危机频繁爆发的问题，民营企业危机必将得到一定程度的缓解。

“六稳”措施具有重大意义，其中“稳预期”和“稳投资”对民营企业的长效可持续发展尤为重要。“稳预期”应作为“六稳”的关键，力求打消企业家对经济预期的顾虑，建立投资信心，引导民间资本在有关领域进行大胆投资，推进民营经济的持续发展，并成为实现“稳就业”这一关键目标的重要驱动力。

针对 2019 年中国经济内外部出现的新特点，积极推行实施“六稳”措施辅助，防范出现局部经济及社会动荡。

同时，还要着力于内生型经济增长模式的研究和发展，积极引导和扩大国内消费需求，加大对战略性新兴产业发展具有积极促进作用的基础设施投资。

此外，要加快中国资本市场国际化，推进沪伦通的实施进程，出台便利政策措施，引导国际资金主动进入中国市场，激发资本市场活力，为中小民营企业进行直接融资创造良好的环境。

国家应大力鼓励和扶持企业债务重组和产业升级规划领域的领军机构，配合各级政府整合社会资源，为出现危机的企业提供全方位的企业重组服务，帮助企业走上转型升级的正轨。为地方政府提供产业升级规划服务，重整当地产业布局，助力地方经济转型升级。

在国际经济合作方面，一方面要通过谈判，稳定来自欧美发达市场的商品需求，另一方面则应积极寻求在新兴地区的经济合作机会，结合“一带一路”倡议的推行，打通这些地区的贸易合作渠道，推动出口企业的产品结构调整，拓展更为广阔的出口贸易市场，促进中国经济的二次腾飞。

要实现“六稳”目标必须做两件事

周健奇　国务院发展研究中心企业研究所企业评价研究室主任、研究员

周健奇，现任国务院发展研究中心企业研究所企业评价研究室主任、研究员。2010 年以来，共参与课题 50 余项，累计完成 40 余篇政策研究报告。

主要从事工业供给侧结构性改革、工业形势分析、供应链管理、平台的网络化发展、中国企业创新能力、政府多元治理和企业战略管理等。长期跟踪的传统行业包括煤炭流通、钢铁、化工等，自 2016 年以来研究的新兴行业包括分布式光伏、AI 医疗、集成电路等。

2019 年的中国经济会面临 2015 年以来的最大压力，但总体形势并不悲观。

首先，经济增速会进一步下降，平稳发展的压力加大。从 2016 年开始，我国经济呈现出稳中向好的态势，直至 2018 年 11 月份。仅看年度数据，2018 年的经济实现了平稳增长：CPI 同比增速是 2015 年以来的最高值，为 2.1%；PPI 同比增速是 3.5%，连续两年正增长；工业企业利润总额累计同比 10.3%，在 2017 年高增长的前提下继续保持了两位数的增长态势。但如果分析月度数据可以发现，经济自 11 月份之后稳定发展的压力陡增：CPI 当月同比增速开始下行，在 12 月份降至 1.9%，重新回到 2018 年上半年的增长水平；PPI 在 11 月份的当月同比增速为 2.7%，是 2016 年 11 月份以来的最低值，在 12 月份进一步降至 0.9%；工业企业利润总额当月同比增速从 11 月份开始降至“0”下，11 月份和 12 月份的值分别为 -1.8% 和 -1.9%。下行的压力必然会延续到 2019 年，下行

的幅度在中美贸易摩擦、国内经济结构深化调整的影响下会有所扩大。

其次，我国2019年的经济形势并不能以“悲观”形容。我国拥有强大的市场优势，一些逐步从初创期步入成长期的技术密集型新兴行业呈现出快速发展的良好态势，例如平台服务、AI交通、AI医疗、互联网医疗、光伏发电、无人机等；受益于“去产能”和大气污染防治，部分传统行业保持了一定的赢利能力，例如钢铁行业2018年利润总额累计同比增速高达37.8%、水泥行业2018年的利润总额累计同比增速预计超过80%，等等；国家重点支持领域的一些行业保持了较好发展态势，例如乡村振兴领域、医疗健康领域以及集成电路行业等。此外，微观上企业面对困难会自救，这是市场自调节能力的基础；我国政府也在主动应对中美贸易摩擦，大力改善国内营商环境、降低企业税费负担、化解中小企业融资难题、支持民营经济发展壮大，相关措施和政策也将对实现“六稳”发挥积极作用。

政府实现“六稳”的目标，有两件事必须做。

一是政府应容忍市场出清，实现“稳增长”更要市场出清，但要建立与当前市场出清特征相适应的新保障机制。我国经济的结构性问题非常突出，存在大量低效资产是主要原因之一。这些低效资产多存在于传统行业，已经成为企业运行的大包袱，很多是真正的“僵尸产能”。低效资产表现为两种类型，一类是企业所属的不具备市场竞争力、长期亏损的低效资产，例如亏损子公司、落后生产线、枯竭矿山等；另一类是企业自身，或是不具备竞争力且长期亏损，或是较长时间内没有经营活动。我国前期“去产能”退出了一部分，当前规范税收秩序也促退了一些，但还不够。一些低效产能难以退出的原因主要在于债务和人员。对此，政府应首先明确，市场出清是正常的经济现象，是市场自调节的必走路径，当前的结构性难题需要市场出清来破局。其次，政府要建立与当前经济形势相适应的市场出清保障机制，包括简化退出程序、出台银行低效资产处置办法、建立地方或集团层面的低效资产集中处置平台、与债转股同步实施市场化破产、鼓励人员安置等。

二是政府应改革束缚市场创新的管理机制，释放市场内在活力。打破现有市场格局的新技术层出不穷，但普遍遇到了行政管理体制的障碍。为较快发挥我国市场规模优势，形成新领域的消费大市场，改革原有的行业行政管理体制十分必要，但通常涉及准入许可、规模管控、市场垄断等方面。不同行业还存在一些个性化的行政管理体制难题。我国目前投资活跃度下降、市场活力不足的主要原因并非市场空间不够大、民间资本不充分、技术创新和模式创新跟不上，在很大程度上是因为缺少能够让创新尽快转化为市场应用的管理机制，正所谓“供需不匹配”。在当前经济下行压力加大的情况下，相关改革迫切需要加快推进。

宏观政策要关注外部冲击与“大调整”同频共振

周景彤　中国银行国际金融研究所主管、研究员

周景彤，北京大学经济学博士。现任中国银行国际金融研究所主管、研究员。从事宏观经济金融与政策、房地产、投资、中国经济改革等领域的研究工作。多次参加主持 OECD、中财办、国家发改委、中国自然科学基金等委托的重大课题研究。在《人民日报》《经济学动态》等全国重点学术刊物上发表论文 100 多篇。多项研究成果获国家发改委、中国金融教育基金会、中国银行业协会优秀科研成果奖。多份报告获中央领导批示。为国家社科基金同行评议专家、中国新闻社特邀专家，中国国际金融学会理事，北京大学《原富》编委，对外经贸大学兼职教授。

2019 年，中国经济面临的挑战更多将来自外部。一是中美贸易摩擦的负面影响可能将集中显现，实质性冲击市场预期和企业生产经营。二是全球经济复苏势头将有所放缓。三是主要经济体货币政策或将在收紧中分化，全球流动性收缩，国际资本流动更加无序，新兴经济体金融波动加剧。

从国内看，中国经济依然处在“大调整”阶段，并未走上所谓的“新周期”。具体表现在：一是不同行业新旧动能加速转换。二是不同地区“冰火两重天”，南方地区经济活跃、结构加快转变，总体表现良好，而北方地区转型艰难、投资放缓、营商环境亟待优化，总体表现相对疲弱。三是传统金融在压力

中转型求变，新兴金融从“狂奔”到“慢走”，规范成为主题，两者从相互竞争阶段走向竞合阶段。四是从发展阶段看，中国经济正处在跨越“中等收入陷阱”爬坡过坎的关键期，市场巨变、成本抬升、竞争加剧以及监管从严都对传统发展模式带来巨大冲击。新兴行业经过多年的快速发展之后，技术创新面临“两难”，即“引进难”和“创新更难”。

与此同时，针对 2018 年经济运行中出现的新问题和新挑战，国家已采取一系列强有力的新举措，这些政策的效果将逐步显现，有利于 2019 年经济平稳增长。一是宏观政策开始调整和放松。二是基建投资回暖有望带动投资增长企稳回升。三是优化企业营商环境的力度还会加大。

宏观经济政策要特别关注外部冲击与“大调整”同频共振。

一是聚焦减税降费，更好地发挥财政政策扩大内需的积极作用。政府将进一步推动减税降费措施落实到位。加大关键领域和薄弱环节有效投资。加快“开前门”步伐，保障融资平台的合理融资功能。通过加快财政支出进度，推进国有土地使用权出让、PPP 模式等形式，为基建项目筹集资本金，合理安排预算内基础建设支出规模。可考虑将赤字率提高至 3% 。

二是发挥宏观审慎逆周期调节作用，解决好民营和小微企业“融资难”。降准仍有必要，但需把握好力度和节奏。发挥宏观审慎逆周期调节作用，进一步增强监管弹性。引导汇率预期，保持人民币汇率在合理水平上基本稳定。帮助企业化解流动性风险，引导资金向小微企业、绿色经济等国民经济的薄弱环节流动。充分发挥政策性担保机构缓释风险的作用。

三是评估调整“三去一降一补”政策，注重增强经济主体的信心、创新力和活力。去杠杆方面，将更加注重去杠杆的力度和节奏，按市场化原则推进“债转股”，将去杠杆与国有企业改革相结合，推动国有企业效率提升。去产能方面，未来将更加注重利用环保、安全、技术标准等方式引导企业清洁、高效、安全、绿色生产，通过产能置换等方式培育优质产能。去库存方面，将去库存与构建房地产长效机制相结合，运用差别化信贷政策引导房地产市场平稳运行。降成本与补短板将是2019年供给侧结构性改革的重要方面，这不仅有利于进一步激发各类经济主体活力，也是扩内需、稳增长的有力手段。

四是狠抓稳外贸政策落地见效，妥善应对保护主义和贸易摩擦。确保已出台的政策落实到位，完善贸易自由化便利化政策，进一步压减通关时间、降低通关费用、清理规范涉企收费等。未雨绸缪，适时推出新的前瞻性应对措施，有效应对贸易摩擦，减小外贸不确定性带来的冲击。加快建设外贸转型基地，拓展“一带一路”等外贸新空间，强化与欧盟、日本、东盟的经贸合作，建立国际竞争新优势。营造良好的营商环境，支持外贸新业态新模式发展，大力发展跨境电商、市场采购贸易等。

突出重点积极拓展经济高质量发展区域空间

周民良　中国社会科学院工业经济研究所研究员

周民良，经济学博士，中国社会科学院工业经济研究所研究员，中国社会科学院西部发展研究中心副主任，西北大学兼职教授，博士生导师。承担过国家社科基金、中国社科院、中国科学院、科技部等有关方面委托的诸多研究项目，从事过数十个地区的发展规划与发展战略制定。主要从事区域经济、区域创新与区域可持续发展研究，在各类报刊上发表文章 400 余篇，主持和参与编写著作数十种。

2018 年底的中央经济工作会议强调，要“在经济运行稳中有变、变中有忧，外部环境复杂严峻，经济面临下行压力”下，“增强忧患意识，抓住主要矛盾，有针对性地加以解决”。在国内外形势错综复杂的背景下，中央对目前的发展局势、发展环境、发展基础已经有了清晰判断。提出“六稳”重大发展战略，着力促进“稳就业、稳金融、稳外贸、稳外资、稳投资、稳预期”，则是中央形成的重大方略。在中国经济发展面临的不确定因素增多的情况下，把握主要矛盾和矛盾的主要方面，突出全球化推进重点和国内区域协调发展重点，对外对内拓展区域发展空间，有助于实现已经确立的高质量发展目标。

从全球发展形势来看，应在与美谈判争取达成较好结果的情况下，与支持全球化的西方稳定一翼深化互利合作，扩大与日本、欧洲、澳大利亚的合作。在尊重各方利益、减少意识形态歧视的背景下，积极促进中国与 OECD 其他国家投资贸易自由化便利化。

与此同时，应更好地推进“一带一路”领域的投资贸易合作与人员往来，尤其是深化与东南亚、南亚、非洲等区域范围主要发展中人口大国和经济大国之间的合作。要在“一带一路”建设推进中，更加注重遵从市场化原则，发挥好政府搭桥、安全保障、司法维护与风险防范功能，但要尽可能减少政府对企业的行政干预和行政强制，注重项目建设质量，稳定提高项目建设的成功率与收益率，使项目合作各方、依赖项目开发的就业者、项目运营者和后续维护者共同受益。

从国内看，应该按照中央既定部署积极推进区域协调发展。首先，应该大力推动沿海地区的创新发展。要下大力气推动京津冀协同发展、长三角一体化和粤港澳大湾区建设中建设更多高水平创新型城市。俗话说，单个手指摁住一个跳蚤相对容易，十个手指摁住十个跳蚤困难。要在推动沿海率先创新率先发展中，打造一批诸如华为这样的创新企业与深圳这样的创新城市，围绕中国制造的薄弱环节大力促进进口替代，使这些沿海精英成为参与全球前沿竞争的主力军。应该说，国内技术要素的广泛流动、庞大的国内市场需求、越来越多的创新型人才、相对充裕的国内资本、不断完善的政策，足以支撑沿海地区有创新潜力的城市与企业走向国际竞争前沿。

其次，应该继续支持人口大省稳定发展。近年来，包括四川、河南等人口大省经济增长超过全国平均水平，对于当地稳定就业和脱贫致富都起了重要作用。对于经济社会形势相对稳定的民族地区如广西壮族自治区，应支持首府城市更好地发挥对自治区的核心带动作用，可赋予一些新的支持性政策诸如支持其建设国家级新区，为其发展实体经济和落实工业强市战略拓展更大的区域空间。

再次，重视用好政策，加大力度支持深度贫困地区人口脱贫致富。要更好地利用好政府援助、外出务工、招商引资、乡村振兴等政策与市场手段，完善激励机制和引导机制，促进“三区三州”等深度贫困地区和特殊贫困群体摆脱贫困。

《中共中央国务院关于建立更加有效的区域协调发展新机制的意见》开宗明义地指出：“实施区域协调发展战略是新时代国家重大战略之一，是贯彻新发展理念、建设现代化经济体系的重要组成部分。”要通过实施区域协调发展战略，使各地区的潜力与活力充分释放出来。为此，必须本着“真学真懂真信真用”要求，完善新发展理念的考核机制，总结好坚持新发展理念的成功案例，引导和促进各地区更好发展和让发展成果惠及民生。

2019 年经济下行风险仍然不容忽视

朱　敏　国家信息中心经济预测部高级经济师

朱敏，毕业于中国人民大学，硕士研究生学历，2007 年获得高级经济师职称，目前在国家信息中心经济预测部工作。先后参加或主持过 30 余项课题研究，涉及宏观经济、五年规划、区域规划、产业政策、能源资源、战新产业及新动能等领域，在各类媒体上发表文章 100 多篇（包括核心期刊 10 多篇），多项课题研究成果获得发改委或信息中心的优秀研究成果奖。

尽管 2019 年我国经济发展依然面临良好的发展环境，然而，在目前整体经济放缓的大背景下，我国经济持续向好的基础尚不牢固，体制性顽疾、结构性矛盾与外部环境冲击交织叠加，经济下行风险仍然不容忽视，2018 年部分省份投资、消费、工业等多项指标出现明显下滑就是信号。

从外部环境来看，贸易摩擦或许只是中美两国的首轮较量，中美博弈的时间不会短，可以预期美国出于延缓中国超越美国的时间和延缓自身实力下降的时间的双重目的，势必在贸易摩擦之外挑起更大范围的纠纷与摩擦，中国将遭遇前所未有的来自以美国为代表的守成大国的竞争压力。2018 年世界经济增长动能有所减弱，贸易扩张趋势也有所放缓，包括一些新兴经济体面临较多困难，外部环境变数在增加。

从内部来看，我国经济长期积累的结构性矛盾仍然突出，如区域发展不平衡、营商环境和消费环境有待改善、主导产业优势弱化、投资趋稳回升难度大等等，我国经济对投资依赖性较强，而 2018 年民间投资增速尽管有所恢复，但仍未回到 2016 年大幅下滑之前的增速水平，基础并不牢固。近期还出现了与 2015 年影响民间投资大幅下滑相类似的因素，比如经济悲观预期再起、民营企业盈利能力下降、资本市场的负面冲击和政府投资的挤出效应等，值得高度重视。如不及时采取风险防范和对冲措施，2019 年民间投资可能再次出现大幅下滑风险，拖累经济增长。

2019 年对我国经济而言将是挑战更大、困难更多的一年，外部变局持续延伸，内部转型持续推进，变局与转型重叠，各种矛盾将进一步积聚和释放，如果不能采取针对性改革措施，2019 年经济延续放缓趋势仍是大概率事件。

我国经济要想重新步入上升通道，依靠原来的传统产业已经力不从心，必须加快培育新动能、新产业、新经济，把创新引领放到突出位置，结合各地实际推动大众创业、万众创新，促进提升产业竞争力。应把创新摆在经济社会发展全局的核心位置，在产业创新、科技创新、开放创新、营造创新生态等方面实现突破发展。加速提升传统产业、着力培育新兴产业、提档发展现代服务业，大力促进产业转型升级。探索通过负面清单和鼓励类目录相结合的方式来完善产业政策，加快发展先进制造业和现代服务业，促进能源、资源等传统优势产业优化布局、升级改造和绿色发展，促进老工业基地和资源型地区经济转型发展，依托“互联网 +”等发展新经济，拓展发展新空间。要鼓励传统产业大力开展技术创新和技术改造，延长产业链，提高产品附加值，向价值链高端提升；要促进工业与信息化的结合，提升智能制造水平。推动互联网、大数据、人工智能和实体经济深度融合，在现代服务业、中高端消费、绿色低碳、共享经济、现代供应链、人力资本等领域培育新增长点，加快形成新动能。

关于高质量发展的四点建议

朱守先　中国社会科学院城市发展与环境研究所副研究员

朱守先，江苏人，博士，副研究员。2008 年毕业于中国科学院研究生院，获博士学位（理学），2008 ~2010 年在中国社会科学院城市发展与环境研究所从事博士后研究（应用经济学），2010 年起在中国社会科学院城市发展与环境研究所从事科研工作。

以生态文明、资源环境、能源战略、城市与区域发展为主要研究方向，参与研究了 21 世纪西部地区能源生态系统发展战略研究、中国城市化进程的资源环境基础研究、长三角城市密集区气候变化适应性及管理对策研究、中国西部地区能源资源开发时空协调问题研究、低碳经济方法学及低碳经济区发展案例研究等国家自然基金、国际合作、院重点及其他各类课题共 20 余项。

参与编撰了《中国区域结构节能潜力分析》《中国城市化进程的资源环境基础》《低碳转型——践行可持续发展的根本途径》《应对气候变化报告》等学术著作；在《资源科学》《环境经济与政策》《生态经济》《地理研究》《国际经济评论》等多种刊物发表论文和其他理论文章 30 余篇。

2019 年是全国积极促进经济高质量发展的关键之年。如何落实中央关于推动高质量发展的意见，进一步推动“防范化解重大风险、精准脱贫、污染防治”三大攻坚战和供给侧结构性改革，深入实施“一带一路”、乡村振兴等国家重大战略成为 2019 年工作的重点。

从经济形势分析，2018 年经济运行保持在合理区间，发展的主要预期目标较好完成，全年国内生产总值首次突破 90 万亿元，按可比价格计算，比上年增长 6.6%，实现了 6.5% 左右的预期发展目标。2019 年需要妥善处理中美两个世界最大的经济体之间的贸易争端，如何求同存异、合作共赢，携手全球共构人类命运共同体、服务人类福祉成为中国稳定持续高质量发展的基本方略。

第一，保持稳定是发展的基础，就业、金融、外贸、外资、投资等要素的稳定是实现预期目标的根本所在，因此需要保持生产和服务等要素的持续稳定健康发展。2018 年 12 月，中央经济工作会议提出深化供给侧结构性改革、推动经济高质量发展，深入贯彻落实“巩固、增强、提升、畅通”八字方针，在七大重点工作任务中，促进形成强大国内市场、扎实推进乡村振兴战略和促进区域协调发展成为解决不平衡不充分发展的重点领域。

第二，深入推进乡村振兴战略是稳就业和稳金融的必由之路。2018 年 9 月，中共中央国务院印发《乡村振兴战略规划（2018 - 2022 年）》，尽管 2018 年中国城镇化率已经达到 59.58%，2019 年将突破 60%，但是距离发达国家还有不小的差距。人民日益增长的美好生活需要和不平衡不充分的发展之间的矛盾在乡村最为突出，我国仍处于并将长期处于社会主义初级阶段的特征很大程度上表现在乡村。按照产业兴旺、生态宜居、乡风文明、治理有效、生活富裕的总要求，引导人才和金融资本合理流向乡村，促进农业农村现代化基本实现和乡村全面振兴。

第三，要进一步促进区域协调发展。目前全国区域差异显著，以省级行政区为单位，人均地区生产总值最大差距超过 4.5 倍。需要进一步贯彻落实区域协调发展的三大目标，即基本公共服务均等化、基础设施通达程度均衡化、人民生活水平趋同化。以“一带一路”建设、京津冀协同发展、长江经济带发展三大支撑带为引领，重新审视和进一步优化西部大开发、东北振兴、中部崛起和东部率先四大板块联动发展的区域发展总体格局，成为新时代区域协调发展的主要方向。

第四，以建设“一带一路”绿色发展国际联盟为切入点，拓宽绿色投资与国际合作领域。目前，中国在与广大发展中国家，如东南亚、非洲等在“一带一路”合作中，设施联通一般被列为合作基础和优先领域，运用先进的绿色技术和发展理念，开展高水平规划、设计、施工与管理。构建新型的绿色发展国际联盟成为高质量投资的体制机制保障。

经济增长趋势未变　但下行压力加大

邹士年　国家信息中心经济预测部新动能（双创）研究室副主任、副研究员

邹士年，安徽省枞阳县人，经济学博士，国家信息中心经济预测部新动能（双创）研究室副主任，副研究员。主要研究方向为宏观经济政策、双创、房地产经济等。主编《创新创业信息周报》，参与国家双创政策和双创示范基地指数的制定。参与国家各部委和地方课题 50 多项，出版专著 1 部，合著 10 余部。在《宏观经济管理》《中国物价》《中国证券报》《中国经济导报》《城乡统筹》等国内核心期刊公开发表论文 50 篇。

2019 年，我国经济增长的动力依然较强，但在内外环境的变化下，增长的压力有所加大。

投资对经济的贡献虽然在下降，但投资仍然具有一定的潜力。首先，我国城镇化空间还较大。2018 年我国常住人口城镇化率为 59.58%，离发达国家还差得很远。其次，区域协调发展潜力巨大。我国区域经济发展的差别使得中西部地区还有很大的追赶空间。再次，我国产业结构升级需求强烈，创新投入和技改投资潜力都会较大。2019 年，随着国家政策对于基建投资力度的加大，房地产企业前期拿地增速较快，加上支持民企发展的政策不断加码，都将对 2019 年的投资形成支撑。同时，减税降费政策促进制造业投资扩大，“六稳”政策对投资的积极效应也将进一步显现。

在出口方面，我国以主动开放促进深化改革，对外开放范围扩展，外贸

“朋友圈”越来越广，共建“一带一路”为企业提供了海外市场空间和国际产能合作机会。民营企业在外贸领域的活力进一步增强；附加值率较高的一般贸易出口占比进一步提高。另外，跨境电商等外贸新业态成为货物贸易出口增长的新动力。

消费对我国经济的贡献越来越大。从我国发展阶段看，居民收入的增长和消费结构的升级蕴涵着巨大的潜力。2019 年，促进消费增长的条件更加有利，新一轮个税改革助推居民收入增长，促进居民消费能力提升。消费的体制机制和政策环境更趋完善，也将有利于激发居民消费潜力的释放。

除此之外，进一步改革开放的红利和新动能的快速成长，都将继续为我国经济发展注入新活力。

但是，内外环境变化也增加经济增长的压力。从外部看，世界经济复苏放缓将导致外需增长动力不足；中美贸易摩擦的影响将在 2019 年更为明显；美国贸易保护主义、单边主义和霸权主义将进一步恶化全球贸易环境；美欧等发达经济体持续收紧货币政策以及国际贸易规则的重塑，都将使 2019 年我国对外贸易发展面临更加严峻的挑战。从内部来看，居民杠杆率快速提升抑制居民消费能力；GDP 增速放缓、出口走弱将拖累就业和居民收入，影响居民消费信心，甚至会产生消费降级。

“六稳”是 2019 年调控的重点。“稳就业”排在首位，稳住就业，就稳住了居民的收入和社会的安定，也就稳住了全面实现小康目标。“稳金融”是防范化解重大风险这一攻坚战的关键，但应防止过急带来新的风险。“稳外贸”既要在出口多元化上下功夫，还要在降低企业出口成本和提升出口竞争力上下功夫。“稳外资”的关键是落实好外资准入的负面清单，完善软环境，结合国内需求，注重外资引入质量。“稳投资”的关键是如何调动民间投资的积极性，打造公平的市场环境，引导投资方向性和区域性。“稳预期”既要稳经济大形势的预期，更要稳关键领域的预期，尤其是房地产和金融领域。总之，要把握“稳”和“进”之间的平衡和火候。提高微观主体活力、增强广大民企和居民信心是维“稳”的关键。

后记

AFTERWORD

在“百名学者前瞻2019年中国经济形势”课题成果结集出版之际，作为这项活动的策划者、组织者和执行者，我对所有关心、支持它的人们心存感激。

感谢国务院发展研究中心原主任、第十三届全国政协常委、第十三届全国政协人口资源环境委员会主任李伟先生！正是在他的悉心指导和大力支持下，从2013年开始的这个项目才能有今天的知名度和影响力。这7年来，我们每年所做的这项调研，李主任不仅亲自修改我们的研究报告、将报告呈送给党中央国务院有关领导，而且多次为调研成果结集出版的书撰写序言（直至今年）。我清楚地记得他每一次在修改研究报告时，为一个用词反复推敲、为一个数据而多方求证的所有细节；清楚地记得每年他看到党中央国务院领导对这些研究报告做出重要批示时，对我们的亲切勉励和具体指导……回想这7年来李主任与我们这项调查活动的那些点点滴滴，怎不让人感动感激感念！

感谢所有参加今年调查活动的100多位专家学者们！7年来，他们中的很多人，因为这项调查，成为我的老师、朋友，成为中国经济时报的作者，哪怕我们的稿费不够高、版面不够大，他们仍然愿意选择积极参与、热情支持。怎不让人感动感激感念！

感谢国务院发展研究中心党组成员、办公厅主任余斌先生！作为中国经济时报社的老社长，他深知报社向智库型媒体转型的不易，无论是作为学者积极参与撰稿，还是作为分管领导为我们争取项目经费、进行业务指导，他都全心全意、不遗余力。怎不让人感动感激感念！

感谢中国经济时报社社长王忠宏先生、总编辑王辉先生！正是他们的大力支持和无私帮助，使这项调查活动能集全编辑部之力，在最短的时间内最高效率地圆满完成！

感谢积极开展问卷调查和约稿采访的编辑部同事们：王彧、王南、徐蔚冰、段树军、赵海娟、唐福勇、毛晶慧、周子勋、陈婧、陈姝含、范媛、胡畔、李海楠、李晓红、刘慧、吕红星、潘英丽、石岩、孙兆、童彤、王彩娜、王晶晶、王静宇、王丽娟、张丽敏、张娜、张炜、张一鸣、赵姗、周雪松！这里尤其要感谢海娟和石岩，收集问卷、编辑初稿、做特刊、校书稿，她们所做的大量琐碎繁杂的事务性工作保证了这本书的如期出版。

我还想感谢报社财务部的张起荣女士和杨凯凯先生！

感谢中国发展出版社社长包月阳先生和编辑陈学英、赵建宏女士！

最后，我还想感谢所有的读者朋友们！感谢一路有你！如果没有你们的陪伴和鼓励，这项活动绝不可能达到今天的高度和广度。

我对所有为本书的出版付出心血的人们充满感激感念！希望未来我们能继续一起前行。

李慧莲

2019 年 4 月 26 日于平西府